U0524785

本书的出版得到华中师范大学文学院中国语言文学一流学科建设经费的资助。

篇章视野下的汉语复句研究

A Study of Chinese Complex Sentences from a Textual Perspective

刘云　李晋霞　○著

中国社会科学出版社

图书在版编目（CIP）数据

篇章视野下的汉语复句研究／刘云，李晋霞著.—北京：中国社会科学出版社，2024.6
ISBN 978 - 7 - 5227 - 3668 - 6

Ⅰ.①篇… Ⅱ.①刘…②李… Ⅲ.①汉语—复句—研究 Ⅳ.①H14

中国国家版本馆 CIP 数据核字（2024）第 110733 号

出 版 人	赵剑英	
责任编辑	许　琳	
责任校对	苏　颖	
责任印制	郝美娜	

出　　版	中国社会科学出版社	
社　　址	北京鼓楼西大街甲 158 号	
邮　　编	100720	
网　　址	http://www.csspw.cn	
发 行 部	010 - 84083685	
门 市 部	010 - 84029450	
经　　销	新华书店及其他书店	

印　　刷	北京君升印刷有限公司	
装　　订	廊坊市广阳区广增装订厂	
版　　次	2024 年 6 月第 1 版	
印　　次	2024 年 6 月第 1 次印刷	

开　　本	710×1000　1/16	
印　　张	16.5	
字　　数	254 千字	
定　　价	98.00 元	

凡购买中国社会科学出版社图书，如有质量问题请与本社营销中心联系调换
电话：010 - 84083683
版权所有　侵权必究

目录

绪 论 / 1
    第一节　复句研究概述 / 1
    第二节　基于语篇的复句研究的内容 / 3
    第三节　基于语篇的复句研究的价值 / 5
    第四节　本书研究思路 / 7

第一章　叙事语篇与复句运用 / 15
    第一节　叙事语篇的构成与凸显等级 / 15
    第二节　叙事语篇中复句的凸显度 / 26
    第三节　叙事语篇的类型与复句运用 / 43
    第四节　叙事语篇的结构与复句运用 / 50
    第五节　叙事语篇的"前景—背景"与复句运用 / 54
    第六节　叙事语篇前景复句的形式和语义 / 59
    第七节　本章小结 / 63

第二章　论证语篇与复句运用 / 65
    第一节　论证语篇的篇章结构 / 66
    第二节　论证语篇的"前景—背景"与凸显等级 / 75
    第三节　论证语篇的结构与复句运用 / 80

第四节　论证语篇的类型与复句运用 / 90
第五节　论证语篇的"前景—背景"与复句运用 / 99
第六节　论证语篇前景复句的形式和语义 / 102
第七节　本章小结 / 107

第三章　说明语篇与复句运用 / 109
第一节　说明语篇的结构 / 112
第二节　说明语篇的凸显等级 / 127
第三节　说明语篇的复句运用 / 133
第四节　说明语篇的"前景—背景"与复句运用 / 142
第五节　本章小结 / 156

第四章　新闻报道与复句运用 / 161
第一节　消息语篇的结构 / 162
第二节　消息语篇的复句与凸显等级 / 182
第三节　消息语篇的结构与复句运用 / 185
第四节　消息语篇的类型与复句运用 / 190
第五节　本章小结 / 193

第五章　新闻评论与复句运用 / 195
第一节　新闻评论的结构 / 196
第二节　新闻评论与复句运用 / 201
第三节　社论的结构与复句运用 / 206
第四节　新闻评论的类型与复句运用 / 211
第五节　本章小结 / 235

结　语 / 238
第一节　语篇类型对复句数量的影响 / 239
第二节　语篇结构对复句分布的影响 / 241
第三节　语篇类型对复句及物性的影响 / 242

参考文献 / 245

附录一　复句关系词语 / 252

附录二　主要语料来源 / 254

后　记 / 257

绪　　论

第一节　复句研究概述

　　复句是现代汉语语法研究的重要内容之一，前辈和时贤在这个领域积累了丰硕的成果，做出了突出的贡献。

　　国内复句研究主要集中在以下几个领域：1）传统研究，如黎锦熙、刘世儒（1962），陈信春（1990），王维贤、张学成、卢曼云、程怀友（1994），陈中干（1995），赵恩芳、唐雪凝（1998），邢福义（2001），徐阳春（2002）等；2）认知语法研究，如沈家煊（2003），李晋霞、刘云（2004），马清华（2005），周静（2007）等；3）功能语法研究，如方梅（2000），姚双云（2012）等；4）历时研究，如席嘉（2010）等；5）类型学研究，如储泽祥、陶伏平（2008），郭中（2019）等；6）语料库语言学研究，如姚双云（2008）等；7）语体研究，如肖任飞（2010）、姚双云（2017）等；8）欧化语法研究，如贺阳（2008）等；9）信息处理研究，如刘云（2009），罗进军（2021）等；10）复句反思研究，如邵敬敏（2007），孙良明（2010），沈家煊（2012），李晋霞、刘云（2017），许立群（2018），史有为（2022），李晋霞（2022），徐晶凝（2023）等。

　　不难看出，随着语法理论的嬗变和研究方法的更新，汉语复句研究虽仍以传统语法和结构主义为主要理论背景，但也呈现出多理论、多视角的研究态势。

　　由于语言自身的差异，汉语语法对汉语句子的划分与以英语为代表的西方语言的句子分类体系有所不同。英语句子通常一分为三：简单句、并列句、复合句。大致来说，汉语的联合复句相当于英语的并列句，汉语的偏正复句大致相当于英语中包含状语从句的复合句。英语语法，特别是传统语法，对英语的基本句子类型有详尽的分析与刻画，这些对于汉语复句研究仍有一定的借鉴意义。

国外与复句相关的研究成果主要集中在以下一些领域：1）修辞结构理论研究，如 Mann 与 Thompson（1988）等；2）语义语用研究，如 Sweetser（1990）等；3）功能语法研究，如 Givón（1990）等；4）话语标记与篇章语法研究，如 Schiffrin（1987），Longacre（1996），Longacre 与 Hwang（2012）等；5）元语研究，如 Hyland（2008）等；6）主观化与主观性研究，如 Stein 与 Wright（1995）等；7）心理空间研究，如 Fauconnier（1994）等；8）类型学与构式语法研究，如 Croft（2001）等；9）语法化研究，如 Hopper 与 Traugott（2003）等。

功能语法在汉语语法研究中的普遍应用，特别是篇章语法的兴起，为汉语复句研究注入新的活力。从篇章入手考察复句，目前研究多集中表现为对复句关系词语在篇章组织方面的地位与功能的深入细致的刻画。这些成果拓宽了复句研究的领域，深化了对于复句关系词语的语篇功能的认识。不过，基于语篇的汉语复句研究还有很大的研究空间，如以下两个方面。第一，研究对象的系统化。复句是一个系统，针对复句系统而开展的篇章语法研究，目前还比较欠缺。第二，研究内容的突破。从语篇着手考察复句关系词语，其研究内容多集中在语篇衔接与连贯方面，这确实是复句关系词语的主要功能，但如何与形式勾连，挖掘复句的形式特征，一直以来都是复句研究的难点和应着力解决的问题。

复句由分句组合而成，分句之间的连贯性是影响复句合法的重要标准。从连贯性来看，复句更接近语篇。篇章语法、功能语法在跨句或超句单位研究中积累的相关理论与方法，为汉语复句研究提供了丰富的理论视角与方法手段，这些无疑有助于汉语复句研究的深化。当然，由于语言自身的不同，汉语复句研究还存在着一些带有根本性的重大争议。要从根源上解决这些争议，就触及汉语语法体系的更深层次的根基问题了。

第二节　基于语篇的复句研究的内容

传统的复句研究,以分析复句内部的逻辑语义关系为主要任务。之所以如此,脱离语境的静态研究方法是重要原因之一。脱离语境的语法单位研究,必然以语法单位的内部分析为首要任务。对于复句而言,语法单位的内部分析首先表现为分句之间的逻辑语义关系。

传统的复句研究为弄清汉语复句的基本的、静态的面貌奠定了扎实基础,随着汉语语法研究的推进,其不足也越来越明显。正像20世纪八九十年代的句法研究,在没有功能语法、认知语法等理论平台时,人们往往是把句子从语境中孤立出来分析其内部结构与静态的句法意义。但在引入了功能与认知语法后,人们才有意识地将句子放在真实的、动态的语篇环境中予以分析,并在句子的功能透视与认知解释上获得重要突破。

与传统的复句研究不同,篇章视野下的复句研究采用篇章语法、功能语法、文章学的相关理论与方法,从不同类型的语篇这些"言语成品"以及具体的语篇上下文入手,考察全局或局部的语篇对复句使用的影响,探讨语篇与复句之间的互动关系。篇章视野下的汉语复句研究还刚刚起步,有哪些值得探讨的问题还需在研究实践中检验、归纳。就笔者浅见,它至少应包括以下内容。

第一,不同类型语篇中复句的使用情况。

语篇有不同类型,如叙事语篇、论证语篇、说明语篇等。复句在这些不同类型语篇中的使用情况明显不同。例如叙事语篇,主要用于叙述事件,由于"时间相似性"原则对汉语语序的明显制约,叙事语篇中复句关系词语的运用比较受限。首先,这种受限表现在复句关系词语的类型与频率上。叙事语篇中,除了与时间表达紧密相关的复句关系词语外,其他类型复句关系词语的使用会受到限制,同时,复句关系词语的使用频率也不高。其次,这种受限还表现在即使出现了与时间表达无关的其他类型的复句关系词语,这些复句关系词语在叙事语篇中的语篇地位也是相对较低的。例如"因为""如果"等，叙事语篇的核心是事件，用篇章语法的术语来说，叙事语篇的"前景"（Foreground）信息是故事链，而"因为""如果"是交代前景事件得以发生的原因和条件，在叙述语篇中隶属于"背景"（Background）信息，语篇地位并不那么重要。考察复句对不同类型语篇的适用性，并从语篇出发予以解释，是篇章视野下复句研究的重要内容之一。

第二，具体的语篇环境对复句运用的影响。

相同类型的逻辑语义有不同的表达方式。如单独的"因为"可用来表达因果关系，而单独的"所以"也可以。这时，是采用"因为"还是"所以"，往往受制于具体语篇环境。"原因"与"结果"的配位方式制约着复句关系词语的选择：表达"原因+结果"时优选"所以"，表达"结果+原因"时优选"因为"。更进一步地，"原因"与"结果"的配位方式又主要受制于篇章信息结构制约下的原因信息与结果信息在重要性上的差异。局部语篇对复句使用的制约是篇章视野下复句研究的另一重要内容。

第三，复句的篇章地位与篇章功能分析。

不同类型的复句，其篇章地位与功能有可能存在明显差异。例如联合复句与偏正复句，联合复句的若干分句有可能在篇章中均处前景地位，而偏正复句的若干分句则有正有偏，正句通常处于前景地位，偏句通常处于背景地位。联合复句与偏正复句的篇章地位与功能不尽相同。

同一类型的复句，篇章地位与功能也可能存在差异。例如"为了"与"为的是"，虽都表示目的关系，但若从语篇分析，二者则有明显不同。一般来说，"为了P，Q"中，事件Q是前景信息，目的P是背景信息；而"Q，为的是P"中，事件Q是背景信息，目的P是前景信息。语篇地位与功能的差异，使二者在信息结构及形式上呈现出诸多不同。从篇章类型、篇章结构、篇章地位、篇章功能等角度入手考察汉语复句，是篇章视野下复句研究的又一主要任务。

第四，复句的形式分析。

复句是浓缩的语篇，某些语篇现象在复句中已有显现，同时，语篇对复句使用还具有明显的制约作用。因此，从语篇角度透视复句，是复句形式分析的有效途径之一。借鉴篇章语法、功能语法在跨句或超句单位的形式刻画方面的理论、方法与成果，探索汉语复句形式分析的有效手段，力求在汉语复句的形式描写方面有所突破，是篇章视野下复句研究的又一重要内容。本书着重借鉴篇章语法的"前景—背景"（Foreground-Background）与"及物性"（Transitivity）理念，尝试对汉语复句进行一些形式分析。毫无疑问，汉语复句的形式描写还任重道远。

第三节　基于语篇的复句研究的价值

由语言到言语，由静态到动态，由句法到章法是汉语语法研究得以深化的重要途径之一。复句作为一类句法单位，既有独立性，同时又是语篇的产物。以语篇为背景考察复句，增加了复句分析的视角和维度，具有较大的理论价值和应用价值。

一　理论价值

第一，立足篇章观察复句，有助于丰富汉语复句研究的理论与方法。

传统的汉语复句研究，理论背景主要依托两个学科：其一语法学，以传统语法和结构主义为主；其二逻辑学，特别是形式逻辑中与复句表达相关的内容。运用这些理论与方法，汉语复句研究在系统构建、类型划分、逻辑语义分析等方面取得了突出成就。

自20世纪90年代以来，现代汉语语法研究不断涌现新的理论与方法，研究范式不断更新，特别是功能与认知语法的引入，给语法研究带来巨大活力，语法研究取得重大进展。功能与认知语法，特别是功能语法，强调从动态的、言语的角度分析语言事实，这种研究理念的转变为重新审视汉语复句提供了新的思想源泉。

与以往的将复句从语篇中剥离出来加以静态分析的研究不同，篇章视野下的汉语复句研究尝试从篇章这个更为宏观、全局的言语层面出发考察复句。这既是由复句这种带有篇章性质的语言单位的性质所决定，同时也是由多理论、多视角分析语言事实的必然趋势所决定。转变研究思路，从语篇审视复句，揭示实际语篇中复句的篇章功能与使用规律，有助于丰富汉语复句研究的理论视角与方法手段。

第二，沟通句法与章法，有助于挖掘汉语复句形式描写的手段与方法。

语法研究讲究形式与意义并重，但在复句研究上，重意义而轻形式的态势却非常明显。形成这种局面的一个重要原因是，在汉语复句的形式描写方面还缺乏有效的方法和手段。传统的单句研究，当刻画完单句内部的语法现象后，单句形式描写的主要工作就基本完成（暂不论形式变换等外部形式分析）。但是这种形式刻画的方法，不太适用于复句。复句的形式分析，既包括对其分句内部的形式描写，同时也不能忽视分句之间在形式特征上的勾连。而且，后者才是复句之所以成为复句的更为本质的形式要素。对于分句内部的形式分析，已有的单句研究可以提供充足的方法与手段，但是，对于制约分句之间的形式勾连的机制是什么，就目前研究而言，似还未找到有效的解决问题的途径。

复句带有语篇的性质，因此篇章语法、功能语法用于跨句或超句单位的形式分析的理念与方法对于汉语复句研究而言，具有借鉴价值。基于语篇的汉语复句研究，对于探索汉语复句形式描写的有效途径具有积极作用。

二 应用价值

第一，有助于语言教学和词典编纂。

篇章视野下的汉语复句研究考察篇章对复句的影响，着力揭示复句的动态使用规律，该研究对于母语和双语教学中汉语复句的学习有直接帮助。同时，复句关系词语是复句的标志，本书对虚词词典中复句关系词语词条的编纂也有参考价值。

第二，有助于汉语信息处理中的复句处理。

目前，复句的信息处理研究多集中在复句关系词语的识别、逻辑语义关系的判定、复句知识库的建设等问题上，从语篇角度提供复句运用动态知识的研究还较少。篇章视野下的汉语复句研究关注复句在真实语篇环境中的使用规律，可为复句的信息处理提供本体依据。

第四节 本书研究思路

一 语篇类型的选择

不同语篇中，复句关系词语的使用情况也不尽相同，如下面三例。①

（1）北山有个叫愚公的老人，快九十岁了。他家的正面对着太行、王屋两座大山，交通阻塞，出入要绕许多弯路。愚公就把全家人召集到一起，商量要搬掉这两座山。大家纷纷表示赞同。

于是，愚公率领子孙三人，凿石头，挖土块，用簸箕和土筐运到了渤海里。邻居的一个寡妇有个小孩，刚刚换奶牙，也跑来帮忙。

有个叫智叟的老头，见了发笑，对愚公说："你也太愚蠢了！凭你这样年老力衰，还能搬山？"

愚公叹了口气说："你的思想真顽固，连小孩都不如。我死了，还有我的儿子；儿子又生孙子，孙子又生儿子；儿子又有儿子，儿子又会有孙子；子子孙孙，没有穷尽。但这山却不能再增高了，还怕平不了它吗？"

（2）在有名的古代寓言中，愚公和智叟两家对"面山而居，惩山北之塞，出入之迂"，采取的态度大不一样，他们的差距也正在这里。愚公是聚室而谋，解疑辩迂，率领子孙和邻友、叩石垦壤，荷担箕畚运于渤海之尾。虽说劈山开道非一人一世之力所能实现，但他那遭到智叟讥讽的"毕力平险"的"傻劲儿"，却是改造世界为社会造福的真实功力。而智叟自以为是无所事事的空话，其实是于己于世均无所补益的"小聪明"。

（3）愚公移山，《列子·汤问》所记寓言。古代有位北山愚公，将近九十岁了，因太行、王屋二山阻碍出入，想把山铲平。有人笑他，他说："虽我之死，有子存焉；子又生孙，孙又生子；子又生子，子又有孙。子子孙孙，无穷匮也。而山不加增，何苦而不平？"今常用以喻做事有顽强的毅力，不怕困难，人定胜天。

---

① 这三例引自蔡生光、周承义编著《说明文读写知识》，山东教育出版社1988年版，第6—7页。本书少量用例存在重复使用的情况，按顺序予以编号，不再一一指出，特此说明。

例（1）为叙事语篇，例（2）为论证语篇，例（3）为说明语篇。上述三例均使用"愚公移山"的素材，但因语篇类型不同，复句关系词语的使用也有所不同。排除引语，例（1）出现了三个复句关系词语：就、于是、也；例（2）出现的复句关系词语较多，有也、虽说、但、却、而；例（3）出现了一个复句关系词语：因。叙事语篇，重在记叙一件事，因此，表示事件先后的连贯关系词语，就倾向于出现，如例（1）中的"就、于是"。论证语篇，要论辩是非、证明对错，因此用来表达对立双方行为或观点的并列关系词语"而"、用来表现对比论证的转折关系词语"虽说……但……"等倾向于出现，如例（2）。说明语篇，要阐明事物或事理的内在逻辑，因此，表示因果关系的复句关系词语就倾向于出现，如例（3）中的"因"。由此可见，语篇类型对复句关系词语的使用有明显影响。

要考察语篇类型对复句使用的制约，首先要对语篇进行分类。语篇分类是一个复杂问题。我国关于语篇类型的研究，多集中在文章学、修辞学、语体学中，如蔺羡璧（1985）；杨荫浒（1990）；黎运汉（1989）；王德春、陈瑞端（2000）；袁晖、李熙宗（2005）等。文体分类有不同的角度，角度不同，分类结果也不同。这里仅介绍文章学中与本书研究思路最契合的一种文体分类方案，即从表达方式出发，将文章分为记叙文、议论文、说明文。这种分类方案中，记叙文、议论文、说明文，均为文体分类的上位概念，每类中均含多种下位类型。陈亚丽（1995：252—257）对这种分类方案的下位文体给予了比较细致的说明，并将"实用文"与记叙文、议论文、说明文并列，具体如下。

1. 记叙文
（1）新闻体裁
①消息
②通讯
（2）散文（包括叙事散文、抒情散文）
（3）回忆录
（4）游记
（5）人物传记

（6）三史（厂史、校史、公司史等）

2. 议论文

（1）政治性专论

（2）宣言

（3）声明

（4）社论、编辑部文章

（5）评论

①短评

②国际时事评论

③思想评论

④文艺评论

（6）讲话稿（报告）

（7）决议

（8）会议纪要

（9）序、跋

（10）按语

（11）科学论文

（12）杂文

3. 说明文

（1）说明书

（2）解说词

（3）科学小品

（4）教科书（讲义）

4. 实用文

（1）一般实用文（包括调查报告、总结、日记、书信、计划、启事、读书笔记、会议记录、公约）

（2）公文（包括命令、批复、批示、通知、通报、布告等）

文体分类是一个容易见仁见智的问题。上述分类方案的优点是对记叙文、议论文、说明文、实用文的外延进行了比较清晰的说明。

国外篇章语法学界，从语法角度出发对语篇分类进行了开拓性研究。如 Biber（1988，1989）提出了语篇分类的六个维度：1）交互性与信息性表达（Involved Versus Informational Producton）；2）叙述性与非叙述性关切（Narrative Versus Nonnarrative Concerns）；3）指称明晰性与情境依赖型指称（Elaborated Versus Situation-Dependent Reference）；4）显性劝说型表达（Overt Expression of Persuasion）；5）信息抽象与具体程度（Abstract Versus Nonabstract Style）；6）即席信息组织精细度（Online Information Elaboration），并据此对英语语篇进行了类型划分。又 Longacre（1996：10）根据"事件时间序列"（Contingent Temporal Succession）和"施事导向"（Agent Orientation）两个标准，将语篇分为四类：叙事语篇（Narrative）、过程语篇（Procedural）、行为语篇（Behavioral）、说明语篇（Expository）。

我国文章学的文体分类长于精细、穷尽，不过这种分类并非出于语法研究的需要。国外篇章语法研究的语篇分类方案捕捉到了从语法出发研究篇章的一些重要维度，富有启发意义和借鉴价值，但这些语篇分类方案还不够完善，也不够彻底，显然不能涵盖丰富的语篇类型。同时，因汉语和英语是两种不同的语言，国外篇章语法所提出的用以语篇分类的语法指标，对于汉语语篇的语法研究而言有多大价值，有无缺憾，也需反思和论证。

本书以叙事语篇、论证语篇、说明语篇为主要考察对象，探讨其中复句的使用情况，分析语篇类型对复句使用的制约。本书所说的叙事语篇、论证语篇、说明语篇，即上述我国文章学文体分类方案中的记叙文、议论文、说明文。由上述文章学的文体分类方案可知，叙事语篇、论证语篇、说明语篇均含多种下位文体。因此，如何选择代表上述三类语篇的文体样本，就是接下来要认真思考的问题。

篇章语法研究，通常需对文本进行穷尽分析，工作量大，操作难度大。同时，目前国内外篇章语法研究，特别是国内篇章语法研究，主要针对叙事语篇展开，其他类型语篇的研究还比较少。因此，笔者从语料分析的可行性和研究现状出发，主要是以基础教育中的记叙文、议论文、说明文以及相当于这种水平的记叙文、议论文、说明文，作为上述三类语篇的语料来源。这些文本通常篇幅较短、内容较简单，便于穷尽分析。毋庸讳言，这种选择是权宜之计。从理论上讲，应是上位语篇的所有或多数下位类型都基本清楚之后，才可进一步提炼或思考上位语篇的语法面貌或特征。但这种由下而上的研究路径不具有可行性。基础教育中的记叙文、议论文、说明文，对于作为上位概念的记叙文、议论文、说明文（或叙事语篇、论证语篇、说明语篇）而言，大致相当于认知语法中所说的"范畴的典型成员"与"范畴"的关系。即虽然上位语篇含众多下位类型，从人们习得和感知语篇类型的角度看，将基础教育中的记叙文、议论文、说明文处理为相应上位语篇的典型成员，具有较高的心理现实性。

以篇幅较短、内容较简单的记叙文、议论文、说明文作为语篇样本，考察其中的复句使用规律，借以分析语篇类型对复句使用的制约，是本书的基石。不过，由上述文章学的文体分类方案可知，文体类型丰富多样，以篇幅较短、内容较简单的记叙文、议论文、说明文作为叙事语篇、论证语篇、说明语篇的代表，具有操作上的便宜性和一定的认知基础，但是也应看到，这样处理在样本选择上也存在着明显不足。为此，笔者又拓展了考察范围，选择新闻语体作进一步分析。

新闻语体具体包括两大类：新闻报道和新闻评论，新闻报道属于叙事语篇，新闻评论属于论证语篇。新闻报道与基础教育中所说的记叙文，二者在复句运用上既呈现出明显的相似之处，又有一些不同；新闻评论与基础教育中所说的议论文，亦然。由这些相同与不同中，可明显看出叙事语篇在复句运用上的共性，以及因语篇下位类型的不同而带来的复句运用上的差异。

对新闻语体中复句运用的探讨，是对前述语篇样本代表性不足的一个弥补。虽然，本书无法对所有下位文体的复句使用情况一一考察，但是，由新闻语体的复句使用调查已可看出，每一种语篇类型的下位文体，它们在复句运用上一定存在共性，这是由它们的语篇属性所决定的。以新闻语体为例，新闻报道与基础教育中的记叙文，二者在复句运用上一定具有共性，这是由它们的叙事语篇的属性所决定的。当然，每一种语篇类型的下位文体，它们在复句运用上也一定存在差异，这是由它们的语篇分类的下位类型的不同所造成的。仍以新闻语体为例，新闻报道与基础教育中的记叙文，二者在复句运用上一定存在不同，这种不同就与新闻报道、中小学记叙文二者本身的差异有关了。

因此，面对上述文章学的文体分类方案，不同语篇类型、不同语篇类型的各种下位文体，它们在复句使用上的大致图景已比较清晰地展现在眼前。

第一，每一种语篇类型的下位文体，它们在复句使用上一定存在共性。这种共性是由相同的语篇类型（即上位语篇）所决定的。这种由相同的语篇类型所决定的复句使用上的共性，可称为"本质共性"。如叙事语篇，用来记叙事件，具有［+时间性］，因此，与时间性相关的复句类型，在叙事语篇的各种下位文体中通常相对常见，如故事语篇中的连贯复句、新闻报道中的时间复句。①

第二，每一种语篇类型的下位文体，它们在复句使用上也应存在差异。这种差异是由下位文体的不同所造成的。这种由语篇下位分类的不同所造成的复句使用上的差异，可称为"下位差异"。如同属于消息语篇，动态消息中时间复句占明显优势，而述评性消息中时间复句不占优势。②

第三，不同的语篇类型，它们在复句使用上一定存在差异。这种差异是由语篇类型的不同所决定的。这种由语篇类型的不同而导致的复句使用上的差异，可称为"本质差异"。如叙事语篇与论证语篇，前者具有［+时间性］，因此体现时间性的复句类型在叙事语篇中会相对常见；后者具有［-时间性］，因此体现时间性的复句类型在论证语篇中出现的机会就比较少。

之所以要从语篇类型出发对复句进行考察，主要是基于篇章语法"宏观决定微观"的研究理念。语篇不是句子的堆积，而是有着完整而复杂的结构。人们读完一篇文章，之所以能够对其进行定性、归类，主要是因为不同的语篇具有不同的宏观结构。例如，我们可以把叙述语篇、

---

① 故事语篇中的连贯复句、新闻报道中的时间复句，详见下文分析。
② 动态消息中时间复句占明显优势，而述评性消息中时间复句不占优势，详见下文分析。

论证语篇、说明语篇的宏观结构极简地表述为：

叙事语篇的宏观结构：主角＋事件

论证语篇的宏观结构：论点＋证明

说明语篇的宏观结构：说明对象＋解说

每一类语篇都有一个宏观结构的原型，这些原型共同构成认知语篇类型的原型图谱。每一个具体语篇都可在这一原型图谱中找到自己的位置，而这一原型图谱又随着语篇的发展与演进不断进行着自我调整。

宏观决定微观，微观在宏观中定义自己。复句研究是汉语语法研究的重要课题，从新中国成立初期到现在，汉语学界运用传统语法、结构主义语法、功能认知语法、语法化、语体语法、语言类型学等多种理论和方法对复句及相关问题进行了大量、深入的研究，取得了丰硕成果。近些年兴起并发展起来的篇章语法，又为汉语复句研究提供了新的思路和角度。本书拟从语篇类型和语篇结构出发，综合运用篇章语法和文章学的理论与方法，在语篇这一宏观视野下考察复句，分析不同类型语篇在复句运用上的异同，刻画语篇与复句之间的制约与互动。本研究是对已有研究的补充。

二　本书的结构安排

本书除绪论和结语外共分五章。绪论主要介绍本书的研究基础、研究内容、研究价值和研究思路。第一章考察叙事语篇中的复句使用，包括叙事语篇的构成与凸显等级、叙事语篇中复句的凸显度、叙事语篇的类型与复句运用、叙事语篇的结构与复句运用、叙事语篇的"前景—背景"与复句运用、叙事语篇前景复句的形式和语义；第二章考察论证语篇中的复句使用，包括论证语篇的篇章结构、论证语篇的"前景—背景"与凸显等级、论证语篇的结构与复句运用、论证语篇的类型与复句运用、论证语篇的"前景—背景"与复句运用、论证语篇前景复句的形式和语义；第三章考察说明语篇中的复句使用，包括说明语篇的结构、说明语篇的凸显等级、说明语篇的复句运用、说明语篇的"前景—背景"与复句运用；第四章考察新闻报道中的复句使用，包括消息语篇的结构、消息语篇的复句与凸显等级、消息语篇的结构与复句运用、消息语篇的类型与复句运用；第五章考察新闻评论中的复句使用，包括新闻评论的结构、新闻评论与复句运用、社论的结构与复句运用、新闻评论的类型与复句运用。结语以叙述语篇、论证语篇、说明语篇为抓手，总结宏观语篇对复句运用的制约，突出表现在三个方面：第一，语篇类型对复句数量的影响；第二，语篇结构对复句分布的影响；第三，语篇类型对复句及物性的影响。

第一章

叙事语篇与复句运用

第一节 叙事语篇的构成与凸显等级[①]

本节以故事作为叙事语篇的样本,探讨叙事语篇的构成与凸显等级。本节所说的故事,特指篇幅短小、情节简单、适合幼儿阅读的小故事。这种小故事是叙事语篇的浓缩形态,因形式短小、内容简单而相对容易进行穷尽分析。

关于叙事语篇的结构,国外已有不少研究。Grimes(1975:44—79)指出,叙事语篇分析首先要区分"事件"(Events)与"非事件"(Non-events),前者的重要特点是有"顺序"(Sequence),并详细列举了"顺序"的各种表现,而"非事件"则包括环境(Setting)、背景(Background)、评价(Evaluations)、附属(Collateral)。Hopper(1979:213)认为,"事件"指真实故事线(Storyline),"非事件"指支持材料(Supportive Material);前者即"前景"(Foreground),是语篇的骨干;后者即"背景"(Background),不用来叙述主要事件。Longacre(1996:21—24)同样认为"主线"(Mainline)与"支持材料"(Supportive Material)的区分是重要的,并给出了一个英语叙事语篇的凸显框架(A Salience Scheme for Eng-

---

[①] 本节原载《语言研究》2017年第2期,题为《汉语故事语篇的结构与凸显等级》。有改动。

lish Narrative）。该框架包括七个等级：第一等级"Storyline"（故事线，即前景），第二等级"Background"（背景），第三等级"Flashback"（倒叙），第四等级"Setting"（环境），第五等级"Irrealis"（非事实），第六等级"Evaluation"（评价），第七等级"Cohesive"（衔接）。上述七个等级在语篇凸显度（Salience）上呈递减态势。Longacre（1996：25—27）指出，上述凸显框架的构成基础是六对指标：1）实体—非实体（Substantive vs. Nonsubstantive）；2）叙述—非叙述（Narrative vs. Nonnarrative）；3）事实—非事实（Realis vs. Irrealis）；4）动态—非动态（Dynamic vs. Nondynamic）；5）顺序—非顺序（Sequential vs. Nonsequential）；6）点态—非点态（Punctiliar vs. Nonpunctiliar）。

英语叙事语篇的研究成果为汉语叙事语篇研究提供了很好的参考。本节将主要借鉴 Longacre（1996）的研究成果分析汉语叙事语篇的构成，并在此基础上，归纳汉语叙事语篇的凸显等级。

一 叙事语篇的构成

笔者运用 Longacre 的英语叙事语篇凸显框架及奠定此框架的 6 对指标，分析了 29 个汉语小故事。[①] 根据分析结果，并结合自己的理解，将汉语叙事语篇的结构归纳如下（见图 1－1）。

汉语叙事语篇，首先根据"实体—非实体"这对指标，可分为"实体""非实体"两部分。"非实体"，即语篇的衔接成分，相当于 Longacre（1996：24）的第七等级"Cohesive"。不过，在哪些成分隶属于衔接成分上，笔者与 Longacre 的认识不尽相同。如 Longacre（1996：24）将状语从句归入衔接成分，而笔者则认为状语从句虽有衔接功能，但更重要的作用在于为叙事主线作铺垫，所以不将其处理为衔接成分。[②]

---

① 这 29 个小故事出自瑞雅编著《宝贝最爱听的睡前好故事·棒棒糖卷》，上海科学普及出版社 2014 年版。具体为：《小鹿斑比》《狮子与报恩的老鼠》《北风和太阳》《灰兔和刺猬》《斑马与水牛》《狼和七只小羊》《懂礼貌的小白兔》《自私的小猴子》《两只笨狗熊》《狼与鹭鸶》《最奇妙的蛋》《编草席的王子》《三片羽毛》《爱喝酒的猩猩》《拇指姑娘》《顽皮的孩子》《女娲造人》《七色花》《蝙蝠与黄鼠狼》《贪吃的小猪》《画龙点睛》《小鸡溜冰》《农夫和鹰》《驴和蝈蝈》《鼓和香草》《猴子和老虎》《燕子和乌鸦》《最好吃的蛋糕》《咕咚来了》。

② 本节将状语从句处理为"主体"中的"背景"，详见下文。

第一章 叙事语篇与复句运用 // 17

```
汉语叙事语篇结构 ┬ 非实体:衔接(Cohesive)
              └ 实体 ┬ 非叙述:评价(Evaluation)
                    └ 叙述 ┬ 情境 ┬ 环境(Setting)
                          │      └ 非事实(Irrealis)
                          └ 主体 ┬ 顺叙 ┬ 前景(Storyline)
                                │      └ 背景(Background)
                                └ 倒叙(Flashback)
```

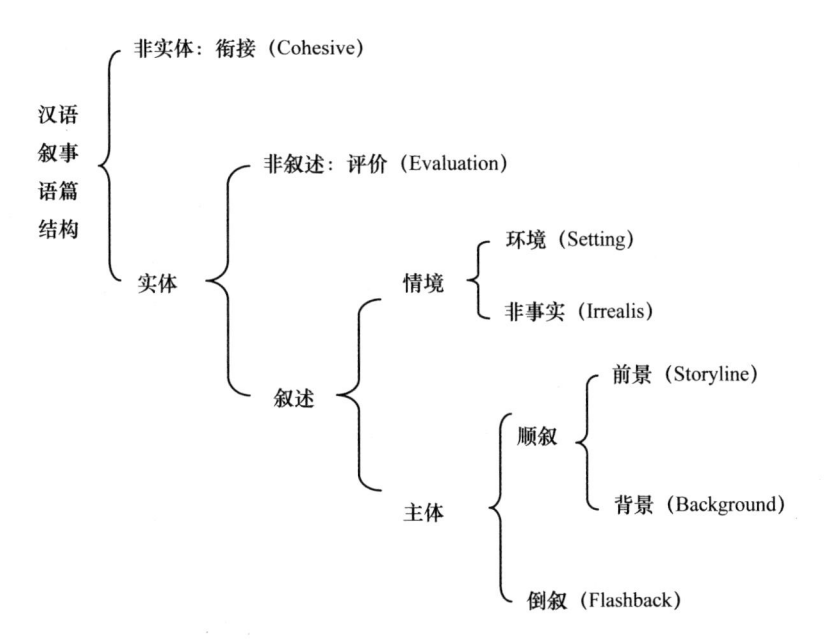

图 1-1　汉语叙事语篇的结构

在本节的操作系统中,"非实体"的衔接成分主要指句首或小句首的连词、连接性副词、连接性短语等,① 如下例中的"但是"。

(1) 北风张大嘴巴,对着行人一阵猛吹。但是,风刮得越猛,行人越是紧紧捂住自己的衣服。(《北风和太阳》)②

与"非实体"相对的是语篇的"实体"部分。后者根据"叙述—非叙述"这对指标,又可分为"叙述""非叙述"两部分。"非叙述",指篇章的评价部分,相当于 Longacre(1996:24)的第六等级"Evaluation",即语篇作者闯入语篇,表达自己的观点。"非叙述"如:

(2) 这个叫丘比特的孩子真顽皮,他老跟着每一个人,很爱开玩笑。(《顽皮的孩子》)

例(2)出自《顽皮的孩子》最后一段。该故事的结构有点与众不同。其他小故事,故事讲完,语篇也就结束了,而这篇故事,故事讲完,

---

① 句中连接成分暂不考虑。
② 例句以节为单位进行编号。下同。

语篇并未结束，而是加上了作者对故事主角"丘比特"的评价。例（2）是作者的主观评价，属于"非叙述"。

语篇的"叙述"部分，又根据"动态—非动态"这对指标，分为"情境"和"主体"两部分，前者具有非动态性，后者具有动态性。

在"动态—非动态"的鉴别上，心理、认识动词比较特殊。一方面，它们表示心理、思维层面的行为，具有动态性，但同时这种动态性又不大具有外化的可见性，因此比较隐蔽。这里人为规定心理、认识动词具有"动态性"，属于"主体"部分。

"情境"具体包括"环境"和"非事实"。"环境"，大致相当于Longacre（1996：24）的第四等级"Setting"，"非事实"大致相当于Longacre（1996：24）的第五等级"Irrealis"。本操作系统中，"环境"主要包括以下三类。

1）时空框架，如下面两例加点部分。

（3）森林里，一只母鹿正在生宝宝。（《小鹿斑比》）

（4）这时，木瓜树上正好又有一个熟了的木瓜，"咕咚"一声掉进湖里。（《咕咚来了》）

2）对角色、场景等的静态描述。

（5）小斑马和小花牛是好朋友。（《斑马与水牛》）

（6）他们长得胖嘟嘟的。（《两只笨狗熊》）

（7）夜色很美好。（《驴和蝈蝈》）

（8）她旁边有一棵大树。（《小鹿斑比》）

3）表示状态或情态的句首（或小句首）状语，如下面的"忽然""不巧"。

（9）忽然，一只大白熊向珍妮扑来。（《七色花》）

（10）小白兔蹦蹦跳跳地上桥了。不巧，桥对面走来了山羊老爷爷，小白兔连忙下了桥。（《懂礼貌的小白兔》）

本操作系统中，"非事实"主要包括否定和疑问，其中"否定"包含"没（有）"字句和"不"字句。

（11）哥儿俩相互看看，半天也没有说出一句话来。（《两只笨狗熊》）

(12) 等了很久，却不见小花牛来。(《斑马与水牛》)
(13) 但是怎么分呢？(《两只笨狗熊》)

否定句否定了行为或状态的发生，并没有从正面描述事件的进展，因此不具有现实性。疑问句旨在提问，也没有正面叙述，所以也不具有现实性。

需说明的是，将来时的动作行为，在 Longacre（1996：24）中属于第五等级"Irrealis"，即属于"非事实"。但考虑到将来时的动作行为在将来有可能发生，且一旦发生通常具有动态性，所以本操作系统不将其处理为"非事实"。

再看语篇的"主体"部分。根据"顺序—非顺序"这对指标，"主体"又分为"顺叙"与"倒叙"两部分。"顺叙"具有顺序性，即按事件的先后顺序来叙述。"倒叙"不具有顺序性，相当于 Longacre（1996：24）的第三等级"Flashback"。"倒叙"如：

(14) 农夫在地里干活，忽然听见鸟叫声。他走近一看，原来是一只老鹰被捕兽夹夹住了。(《农夫和鹰》)

例（14）中，"农夫干活—听见鸟叫声—走近看"之间具有顺序性，而最后一项动作所"看"到的内容"老鹰被夹住"则至少在"听见鸟叫声"时就已经发生。可见，"老鹰被夹住"这件事不是按时间先后顺序排列的，即不具有顺序性，隶属于"倒叙"。"原来"是其隶属于"倒叙"的词汇标志。

"顺叙"又分为"前景"和"背景"，分别对应于 Longacre（1996：24）的第一等级"Storyline"和第二等级"Background"。"前景"与"背景"，来自国外篇章语法研究中的"Foreground"与"Background"。这两个概念对于厘清篇章结构十分重要，但是，二者在定义上存在着明显的见仁见智、宽窄不一的情形，[①] 为这两个概念的实践操作带来难度。Hopper（1979：216）给出了"前景"与"背景"的主要区别，前景具有"完成""时序性""事件视角""主语的一致性""焦点的无标记性""人类话题""动力事件性""前景化""现实性"等特点，背景则与之相反。将 Longacre（1996）与 Hopper（1979）对比，不难看出，"前景"

---

① 详见 Dry（1992）的分析。

与"背景"之分,可以很宽泛,宽泛到可将整个语篇一分为二:"前景"部分、"背景"部分。同时,"前景"与"背景"之分也可以很细微,细微到"前景"之中还有"前景","背景"之中还有"背景",即"前景—背景"是个连续统。相对而言,Hopper(1979)是"前景—背景"二分法,Longacre(1996)则后出转精,七等级凸显框架是"前景—背景"渐进法。

Longacre(1996:26)运用"punctiliar vs. nonpunctiliar"这对指标将第一等级"Storyline"与第二等级"Background"区分开来。Punctiliar,是希腊语动词"体"的一种,多翻译为"点态",指"整体性的动作",表示动作已发生,但没有说明发生的特征。[①] Punctiliar 这个术语,在汉语语法学界似不常见。不过,理解起来,Punctiliar 大致相当于 Hopper(1979:216)所说的"完成"与"事件视角"的综合,这里暂将"Punctiliar"译为"整体完成性"。

"整体完成性",包含"整体"与"完成"两项指标。动作是否完成,相对容易判断;而动作是否具有整体性,则不大容易判定。如可以说"钱花完了"具有整体完成性;而对于"钱慢慢花完了",说它具有完成性并无异议,但它是否具有"整体性",就可能因为"慢慢"的共现而见仁见智。并且,对于汉语这种非形态语言来说,一旦遇到多指标定性的问题,指标之间就容易打架。所以,在操作层面,这里将"整体完成性"简化为"完成性",即具有"完成性"的动作行为隶属于"前景",具有"非完成性"的动作行为隶属于"背景"。这样处理至少符合 Hopper(1979:216)对前景、背景主要差别的认识。如:

(15)a 一只狮子正在睡觉,b 小老鼠把他吵醒了。c 狮子生气地抓住了小老鼠。d 小老鼠哀求道:"狮子大王,饶命啊,您要是放了我,我将来一定会报答您的!"(《狮子与报恩的老鼠》)

例(15)叙述了四件事:狮子睡觉(a)、老鼠吵醒狮子(b)、狮子抓住老鼠(c)、老鼠向狮子哀求(d)。这四件事先后依次发生,具有顺序性,因此属于故事"主体"的"顺叙"部分。若用"完成性—非完成

[①] 参见杨金兰《新约古希腊语教程》,四川大学出版社 2010 年版,第76页。

性"这对指标衡量，a、d 不具有"完成性"，属于"背景";① b、c 具有"完成性"，属于"前景"。

下面交代一下心理认识动词、将来时动作行为在本操作系统中的处理。

前文已述，心理认识动词人为规定具有动态性，因此本操作系统将其归入"主体"。不过，心理认识动词一般不具有"完成性"，所以多属于"背景"，只在表现出"完成性"时才归入"前景"。如：

（16）冬天到了，小河结冰了，小鸡想："这下子，我就可以去溜冰啦！"（《小鸡溜冰》）

（17）她灵机一动，想到了一个好办法。（《女娲造人》）

例（16）（17）两例都出现了心理动词"想"。例（16）中的"想"不具有"完成性"，属于"背景"；例（17）中的"想"有"到""了"共现，具有"完成性"，属于"前景"。

将来时的动作行为，如前所述，一旦发生通常具有动态性，所以本操作系统将其归入"主体"。不过，将来时的动作行为不具有完成性，所以属于"背景"。

以上简要说明了本节进行汉语叙事语篇结构分析所依据的标准及对汉语叙事语篇结构的认识。笔者对叙事语篇各构成部分的分析、标注是以"小句"或"句子"为单位。② 由前文汉语叙事语篇的结构图可知，"主体"与"情境"构成了叙事语篇的"叙述"部分，地位重要。从篇幅上看，在所调查的 29 个小故事中，有 28 个小故事，"主体"部分的小句数都大于"情境"部分的小句数。只有 1 篇《贪吃的小猪》，二者相等。换言之，对于篇幅短小、情节简单的小故事而言，故事"主体"的篇幅一般要大于故事"情境"。

同时，所调查的 29 个小故事都出现了"前景""背景"；有 28 个小

---

① d 是会话。叙事语篇的语言大致分两类：叙述语言、会话语言，前者叙述事件，后者记录会话。已有的前景、背景的区分，是针对叙述语言来说的。篇章语法关于叙事语篇中会话语言的研究，目前成果还很少。正文根据"完成性—非完成性"将 d 处理为背景，仅是权宜之计。

② 只有"非实体"的衔接成分存在例外。即有时句首或小句首的衔接成分并不占据一个小句，但也记为"非实体"。

故事出现了"环境";有 27 个小故事出现了"非实体",即衔接成分;有 18 个小故事出现了"非事实";有 2 个小故事出现了"倒叙";有 1 个小故事出现了"非叙述",即"评价"。可见,就本次调查的幼儿故事而言,叙事语篇各构成部分在出现与否上存在着比较明显的等级差异,按出现可能性由高到低可排序为:

前景、背景、环境、非实体(衔接)＞非事实＞倒叙、非叙述(评价)

上述排序不难理解,在幼儿故事中,"前景、背景、环境、非实体(衔接)"通常必须具备;"非事实"有较大的可能出现;"倒叙""非叙述(评价)"则根据情况可有可无。

如果对比"前景"与"背景"的小句数量,就本调查而言,二者都相对较多:有时前景小句数大于背景小句数,有时相反,有时相等,并无明显倾向。换言之,就本调查所涉及的幼儿故事而言,前景与背景在篇幅上不存在优势差异。

二 叙事语篇的凸显等级

一个故事,由最引人注目的故事主线,到与故事主线同步展开的背景行为,再到故事发生时的情境描述,无论是从语篇理解的角度看,还是从认知感受的角度看,其内部都存在着一个凸显等级。即叙事语篇的不同构成部分,具有不同的语篇显著度。简言之,越是靠近故事主线的部分,在故事中的地位越重要,在认知中越具有"焦点"效应;反之,越是远离故事主线的部分,在故事中的地位越不重要,在认知中越具有"背景"效应。

由上述对汉语叙事语篇的结构分析不难看出,汉语叙事语篇存在着一个"前景＞背景＞倒叙＞环境＞非事实＞非叙述＞非实体"的凸显度由高到低的等级序列。

"非实体"是语篇衔接成分,在本操作系统中,大都不再由谓词性成分充当。

"非叙述"是语篇作者现身于语篇当中,表达自己的观点、认识等。

虽然可由谓词性成分充当，但因不属于故事事件，所以凸显度也很低。

剩下的"前景、背景、倒叙、环境、非事实"构成了故事的"叙述"部分，除了在"环境"中还存在着部分由非谓词性成分充当小句或句子的情况外，"叙述"的绝大部分都是"谓词"，特别是"动词"的舞台。可见，叙事语篇的"叙述"部分，不仅是叙事语篇的主体，同时还是篇章与句法交互作用最明显的地带。

就显著度而言，具体来说，"前景"的凸显度必然高于"背景"；"倒叙"虽在行文上违背了顺序性，但毕竟表达了故事事件链条上的某件事，仍具动态性，并且人们可经过认知加工推测出倒叙事件的大致时间，从而梳理出倒叙事件与主体事件之间的先后关系；"环境"的动态性则明显降低，因此凸显度低于"倒叙"；而"非事实"已不再具有现实性，所以凸显度更低。

语篇地位的差异，在很大程度上制约着语言的编码形式。分析叙事语篇不同构成部分的语言形式，可得出体现上述凸显度等级的语言编码序列。从这两个序列中可清楚看出语篇对句法的制约，同时也可看出汉语是如何运用句法手段来表征篇章功能的。

鉴于"叙述"部分集中体现了语篇对句法的制约，下面主要分析该部分中各语篇构成成分的语言形式。

第一，前景句。

就本调查而言，前景句主要包括以下三种。

1）含"了"句。包括句中的"了$_1$"和句末的"了$_2$"。[①] 如：

（18）他闻到了食物的香味。（《贪吃的小猪》）

（19）三只小老鼠开心地搂着妈妈笑了。（《最好吃的蛋糕》）

2）含有其他"有界"标志的完成句。根据沈家煊（1995），"有界"行为具有完成性，除"了"外，汉语还存在其他"有界"标志。就本调查而言，主要包括：

[①] 这样处理并不意味着"了$_1$""了$_2$"的篇章功能没有差别。关于二者的篇章功能，可参见屈承熹《汉语篇章语法》，潘文国等译，北京语言大学出版社2006年版，第54、119页；朱庆祥《从序列事件语篇看"了"的隐现规律》，《中国语文》2014年第2期等。

A 趋向补语

(20) 从树丛中蹿出一只大老虎。(《灰兔和刺猬》)

B 结果补语

(21) 老鹰喝完水。(《农夫和鹰》)

C 处所补语

(22) 大灰狼把很多石灰撒在爪子上。(《狼和七只小羊》)

D 动量与名量

(23) 对着行人一阵猛吹。(《北风和太阳》)

(24) 乌鸦咳嗽一声。(《燕子和乌鸦》)

E "V（一）V"句，如：

(25) 大象摇摇头。(《咕咚来了》)

3) 意合完成句。即通过语义来体现完成性的句子，如：

(26) 他们告别妈妈。(《两只笨狗熊》)

(27) 大木瓜挣脱木瓜妈妈的怀抱。(《咕咚来了》)

(28) 国王和王妃一看就知道是王子编织的。(《编草席的王子》)

上述三例中的"告别""挣脱""知道"，从语义可知具有瞬间完成性。

第二，背景句。

就本调查而言，背景句主要包括以下七种。

1) 直接引语句。如：

(29) 她高兴地对妈妈说："妈妈，我想去溜冰。"(《小鸡溜冰》)

2) 有显性标志的持续句，如包含"正在""着""V着V着""去VP""V呀，V呀"等，如：

(30) 小白兔正在河边吃草。(《咕咚来了》)

(31) 兔妈妈摸着小兔子的头。(《小鹿斑比》)

(32) 走着走着，她被一条小河拦住了去路。(《懂礼貌的小白兔》)

(33) 小白兔高高兴兴去采蘑菇。(《懂礼貌的小白兔》)

(34) 在手里捏呀，揉呀，团呀。(《女娲造人》)

3) 意合持续句。即通过语义来表明持续性，如：

(35) 他慢慢开始出汗。(《北风和太阳》)

(36) 小白兔稳稳地坐在乌龟的背上。(《懂礼貌的小白兔》)

(37) 狮子愤怒地吼叫。(《狮子与报恩的老鼠》)

由例(35)的"慢慢开始"、例(36)的"坐在乌龟的背上"、例(37)的"愤怒地吼叫"可知，这三例均不具有完成性。

4)"谓得补"动态句。特指补语表示动态行为的状态"得"字句。如：

(38) 吓得东西掉了一地。(《狼和七只小羊》)

"吓得"本表状态，但补语"东西掉了一地"具有动态性。综合起来看，本操作系统将这类句子归入背景句。

5) 状语从句。如：

(39) 因为她们看到了鹿宝宝的身体。(《小鹿斑比》)

上例中"她们看到了鹿宝宝的身体"本身具有完成性，但因处于原因状语从句中，语篇地位下降，隶属于背景。

6) 心理认识句。如前所述，本操作系统中，心理、认识行为通常归入背景。如：

(40) 小驴想买些家具。(《自私的小猴子》)

(41) 众人都认为张僧繇是神人。(《画龙点睛》)

7) 将来句。如前所述，本操作系统中，将来句也归入背景。如：

(42) 刚要询问价钱，……(《自私的小猴子》)

第三，倒叙句。

本调查中以小句或句子形式出现的倒叙句只有两例，一例为前文例(14)，另一例为：

(43) 丘比特老是跟着人，他从前有一次还射中了你爸爸和妈妈的心呢! 你问问他们就知道了。(《顽皮的孩子》)

上例出自《顽皮的孩子》最后一段。其中，"他从前有一次还射中了你爸爸和妈妈的心呢"这件事，是发生在上文故事主体事件之前的事，但行文上却出现在故事主体事件之后，因此违背了顺序性，属于"倒叙"。其属于"倒叙"的词汇标志是"从前"。

第四，环境句。

这里只考察以谓词性的小句或句子形式出现的环境句。就本调查而言，主要包括以下六种。

1)"有"字句。如：

(44) 羊妈妈有七个孩子。(《狼和七只小羊》)

2)"是"字句。如：

(45) 她的羽毛是金色的。(《最奇妙的蛋》)

3)"像"字句。如：

(46) 她的鸡冠像一朵红艳艳的花朵。(《最奇妙的蛋》)

4)"叫"字句，如：

(47) 一只叫金金。(《最奇妙的蛋》)

5) 形容词谓语句。如：

(48) 王宫热闹极了。(《最奇妙的蛋》)

6)"谓（得）补"状态句。如：

(49) 他们长得胖嘟嘟的。(《两只笨狗熊》)

(50) 老诗人看呆了。(《顽皮的孩子》)

第五，非事实句。

在本操作系统中，非事实句包括两种：否定句和疑问句，如：

(51) 鹿妈妈没有力气回话。(《小鹿斑比》)

(52) 但是怎么分呢？(《两只笨狗熊》)

以上着重分析了汉语故事"叙述"部分的语言编码形式，综合上述分析可得出不同编码形式的凸显度等级，按凸显度由高到低可排列为：前景句＞背景句＞倒叙句＞环境句＞非事实句。该序列中，不同等级的句类具有不同的叙事语篇功能，并分别对应着不同的语言编码形式，呈现出不同的语法特征，从中可看出篇章对句法的深刻影响。

篇章是反观、解释句法现象的重要平台。篇章语法研究在揭示语篇结构与规律的同时，必将加深对句法现象的认识。

第二节 叙事语篇中复句的凸显度[①]

探讨不同类型语篇中复句的凸显度，是考察章法制约句法的一个重

---

① 本节原载《全球华语》2016 年第 2 卷。有改动。

要维度。本节以幼儿故事作为叙事语篇样本，通过考察不同类型复句在叙事语篇中的分布，得出它们在叙事语篇中的凸显度等级，以求更加深入地探索语篇对复句的制约，挖掘复句的篇章功能。

叙事语篇的突出特点是按时间先后记叙过去发生的事。Longacre（1996：21—24）给出了英语叙事语篇的凸显框架，前文已详述。简言之，该框架是将"前景—背景"看作一个连续统从而对英语叙事语篇所作的结构分析：第一等级"故事线"，主要指故事主干中动作行为具有"完成性"的"事件"；第二等级"背景"，主要指故事主干中动作行为不具有"完成性"的"活动"；第三等级"倒叙"，指叙事语篇中的倒叙部分；第四等级"环境"，主要指叙事语篇中的静态描述部分；第五等级"非事实"，主要指否定、疑问、将来等非事实部分；第六等级"评价"，主要指语篇作者出现在语篇中并进行评价；第七等级"衔接"，主要指衔接成分。从第一等级至第七等级，各部分在叙事语篇中的凸显度呈递减趋势。

下面以 Longacre（1996）的英语叙事语篇凸显框架为理论背景，分析不同类型复句在叙事语篇中的分布与功能。

一　叙事语篇中复句的用量调查

为了考察复句在叙事语篇中的使用，笔者以两本幼儿故事书作为语料来源。这两本书是：《宝贝最爱听的睡前好故事：棒棒糖卷》（以下称《棒棒糖卷》）、《宝贝最爱听的睡前好故事·泡泡糖卷》（以下称《泡泡糖卷》），前者包含 29 个小故事，后者包含 26 个小故事。[①]

[①] 瑞雅编著《宝贝最爱听的睡前好故事·棒棒糖卷》《宝贝最爱听的睡前好故事·泡泡糖卷》，上海科学普及出版社 2014 年版。这 29 个小故事具体为：《小鹿斑比》《狮子与报恩的老鼠》《北风和太阳》《灰兔和刺猬》《斑马与水牛》《狼和七只小羊》《懂礼貌的小白兔》《自私的小猴子》《两只笨狗熊》《狼与鹭鸶》《最奇妙的蛋》《编草席的王子》《三片羽毛》《爱喝酒的猩猩》《拇指姑娘》《顽皮的孩子》《女娲造人》《七色花》《蝙蝠与黄鼠狼》《贪吃的小猪》《画龙点睛》《小鸡溜冰》《农夫和鹰》《驴和蝈蝈》《鼓和香草》《猴子和老虎》《燕子和乌鸦》《最好吃的蛋糕》《咕咚来了》。这 26 个小故事具体为：《纺锤、梭子和针》《糖果屋》《野天鹅》《巨人的花园》《我不是最弱小的》《程门立雪》《鹬蚌相争》《一个豆荚里的五粒豌豆》《聪明的农家女》《夸父逐日》《狮子和蚊子》《布莱梅的音乐家》《快乐王子》《滥竽充数》《七颗钻石》《木偶奇遇记》《红舞鞋》《狐狸和酸葡萄》《南辕北辙》《找朋友》《坚定的锡兵》《铁杵磨成针》《机智的兔子》《阿凡提种金币》《熊猫兄弟买西瓜》《手捧空花盆的孩子》。电脑字数统计，平均每个故事 441 字。

本节所调查的复句关系词语见本书附录一。以这些关系词语为关键词在上述两本书中所搜集来的语料多为复句，也有单句和句群。这里不作严格区分，均纳入考察范围，为表述方便，统称为复句。

就附录一所示的关系词语而言，除了选择复句未见用例外，其他类型复句在这两本书中的用量呈现出比较明显的一致性，具体表现为如下数量由多到少的等级序列：

顺承＞转折/并列＞递进/因果/假设/条件/目的

具体来说，顺承复句最多：《棒棒糖卷》184 例，《泡泡糖卷》122 例。数量次之的是转折、并列复句：《棒棒糖卷》分别为 43 例、17 例；《泡泡糖卷》分别为 28 例、27 例。数量最少的是递进、因果、假设、条件和目的复句。《棒棒糖卷》这几类复句依次为：9 例、7 例、5 例、2 例、1 例；《泡泡糖卷》这几类复句依次为：9 例、10 例、6 例、5 例、1 例。

不难看出，顺承复句在以幼儿故事为样本的叙事语篇中占绝对优势。这不难理解。叙事语篇是以时间为线索展开的，而表达时间先后关系正是顺承复句的主要功能之一：如表示事件开端的"首先""起先""先"，表示事件发展的"然后""后来""接着""接下来""跟着""于是"，表示事件结果的"终于""最后""结果"等。顺承复句适应了叙事语篇的表达需要，因此在数量上占优势。

值得一提的是，就本调查而言，顺承关系词语"就"在幼儿故事叙事语篇中的出现频率最高。具体表现为：《棒棒糖卷》184 例顺承复句中，"就"占 134 例，约为 72.83%；《泡泡糖卷》122 例顺承复句中，"就"占 54 例，约为 44.26%。"就"出现频率最高，体现了叙事语篇的微观组织规律：如果说"起先""后来""最后"等倾向表征的是叙事语篇宏观层面的时间关系的话，那么"就"倾向表征的是叙事语篇微观层面的时间关系。如：

（1）有一天，他在学习中遇到了不明白的地方，就和同学一起去向当时著名的学者程颐请教。(《泡泡糖卷·程门立雪》)

顺承复句在幼儿故事叙事语篇中的重要性仅从用量就可看出。同时，各类复句在这类语篇中的使用还存在明显的倾向性差异，下面进一步予以说明。

二 叙事语篇中复句的凸显度及其等级差异

(一) 叙事语篇中复句的凸显度

叙事语篇中复句的凸显度，指从"前景—背景"连续统出发的复句在叙事语篇中的重要性等级。复句在叙事语篇中越靠近前景，则凸显度越高，地位越重要；反之，则凸显度越低，地位越不重要。就语言编码而言，根据叙事语篇是按时间顺序记叙过去已发生事件的这一篇章特征，可以推测，彰显［+现实性］［+时间性］［+完成性］等特征的复句，必然在叙事语篇中地位重要，通常充当故事主线；反之，不具备这些特征的复句则必然疏离故事主线，凸显度较低。

就具体操作而言，如前所述，Longacre（1996）将英语叙事语篇分为凸显度递减的7个等级，据此分析汉语叙事语篇，并进一步考察各类复句在叙事语篇各凸显等级中的分布，便可得出复句在叙事语篇中的凸显度。简言之，越倾向于出现在高凸显度等级的复句，语篇地位越重要；反之，越倾向于出现在低凸显度等级的复句，语篇地位越不重要。

不过，从复句研究的角度看，Longacre 的叙事语篇凸显框架也有两个不足。

第一，该框架将衔接成分独立为第七等级"Cohesive"。这样一来，关系词语与分句就被割裂为不同等级，不便于复句分析。

第二，该框架似乎未考虑叙事语篇中可能出现的对话。即对话很难合情合理地纳入该框架的分类体系。

鉴于此，笔者对 Longacre 的凸显框架做了两处改动。

第一，删除第七等级"Cohesive"，将关系词语与前、后分句看作一个整体，并以无标记语序时后分句所隶属的凸显等级为准，记作整个复句所隶属的凸显等级。如：

(2) 刚说完，珍妮就发现自己一个人在冰天雪地的北极了。（《棒棒糖卷·七色花》）

例（2）为"刚……就……"格局，且为无标记语序。虽然前、后分句在"前景—背景"连续统上地位有别，但为了考察整个复句在叙事语篇凸显等级中的分布，笔者是这样处理的：因为后分句隶属于凸显等级中的"前景"，所以整个例（2）也这样处理。

以此类推，当后分句中包含若干谓词性成分时，以最后一个谓词性成分为准，确定整个复句的凸显等级。如：

（3）国王给了强盗们一百块金子，然后就派了很多士兵跟着他们。（《棒棒糖卷·编草席的王子》）

例（3）为"……然后就……"格局，后分句包含两个谓词性成分：派了很多士兵、跟着他们。笔者以后分句最后一个谓词性成分"跟着他们"为准确定例（3）这一顺承复句的凸显等级。

第二，对于一个完整的直接引语来说，Longacre（1996）的凸显框架可以分析其中的发话者和言说动词，却不宜分析言说内容，如：

（4）蚊子说："谁怕谁？来吧！"（《泡泡糖卷·狮子和蚊子》）

上例中，发话者、言说动词（即"蚊子说"）可用 Longacre 的凸显框架分析，但言说内容（画线部分）却无法适宜地纳入该框架。鉴于此，笔者将言说内容独立出来，另立为叙事语篇的一个凸显等级，简称为"对话"。

（二）检测复句凸显度的形式标准

Longacre（1996）不仅给出了英语叙事语篇的凸显框架，而且明确指出了奠定该框架的 6 对语义指标。就本节的此次调查而言，复句在幼儿故事叙事语篇中的使用主要集中在 Longacre 凸显框架的前 5 个等级，所以，下面简要交代这 5 个等级之间的语义区别及在此次调查中所呈现出的主要形式类别，同时也对笔者所单列的"对话"予以简要说明。

1. 前景

这里的前景，即 Longacre 凸显框架中的第一等级"Storyline"。根据 Longacre（1996：26）兼及 Hopper（1979），前景的重要特征是 [+ 完成性]。

顺承复句在本次调查中用例最多，下面就以顺承复句为例，说明"前景"的句法表现。主要有三类：

第一，含"了"句。包括句中"了"和句末"了"，如：

（5）他再次来敲门，细声细气地说话，这次小羊们就开了门。（《棒棒糖卷·狼和七只小羊》）

（6）说完，提着篮子就出门了。（《棒棒糖卷·狼和七只小羊》）

第二，含有其他"有界化"手段的句子。常见的"有界化"手段包括结果补语、处所补语、时间补语、数量名宾语、重叠以及部分趋向补语等（有界，沈家煊1995），有时这些句法手段与"了"共现，分别如：

（7）可是没过几天，他就饿死了。（《棒棒糖卷·驴和蝈蝈》）

（8）大灰狼一进屋，就把小羊一只一只地吞入肚子里。（《棒棒糖卷·狼和七只小羊》）

（9）于是，王子又学了一周。（《棒棒糖卷·编草席的王子》）

（10）说完，国王又在宫外吹了三片羽毛。（《棒棒糖卷·三片羽毛》）

（11）灰兔看着小刺猬身上的刺，又看看自己的皮毛，羞红了脸。（《棒棒糖卷·灰兔和刺猬》）

（12）鼠弟弟们同意了，于是，他们就把自己的零花钱从存钱罐里倒了出来。（《棒棒糖卷·最好吃的蛋糕》）

第三，谓语动词为瞬间动词。这些动词的词义本身含有完成性，因此以瞬间动词为谓语动词的句子隶属于前景。如下例中的"发现"：

（13）后来，拇指姑娘在田鼠家门口发现一只冻僵了的小燕子。（《棒棒糖卷·拇指姑娘》）

2. 背景

这里的背景，即Longacre凸显框架中的第二等级"Background"。根据Longacre（1996：25—27），背景的重要特征是［＋动态性］［－完成性］。仍以本次调查中用例最多的顺承复句为例，具备［＋动态性］［－完成性］的句法形式主要包括：

第一，直接引语句。[①] 如下例中的"问"：

[①] 将直接引语句归入背景，只是权宜的处理。本章第一节已有说明。

(14) 他旁边的人都很好奇，就问："您为什么不给龙画上眼睛呢？"（《棒棒糖卷·画龙点睛》）

第二，带"着"结构，如：

(15) 国王给了强盗们一百块金子，然后就派了很多士兵跟着他们。（《棒棒糖卷·编草席的王子》）

第三，"去"+"VP"结构，如：

(16) 从前有一个女人，她很想有个孩子，就去恳求女巫。（《棒棒糖卷·拇指姑娘》）

第四，不能预示动作终点的部分趋向补语句，如：

(17) 最后，连大象也跟着跑起来，喊起来。（《棒棒糖卷·咕咚来了》）

第五，其他表义上具有持续性的动作行为，如：

(18) 拇指姑娘不愿意，就在莲叶上大哭。（《棒棒糖卷·拇指姑娘》）

(19) 玩具们吵得要命，珍妮走到哪里，玩具们就跟到哪里。（《棒棒糖卷·七色花》）

3. 倒叙

倒叙，即 Longacre 凸显框架中的第三等级"Flashback"。倒叙在篇幅短小、情节简单的幼儿故事中出现得很少。就本次调查而言，倒叙主要集中在因果复句中，如：

(20) 他在路上相继遇到了一条猎狗、一只公鸡和一只猫，他们都是因为年老体衰，被主人抛弃了，就决定结伴前往布莱梅做音乐家。（《泡泡糖卷·布莱梅的音乐家》）

从事件顺序看，上例中因果复句（画线部分）所表达的事件发生在"他在路上相继遇到了一条猎狗、一只公鸡和一只猫"这件事之前。该因果复句违反了时间顺序原则，隶属于倒叙。

4. 环境

环境，即 Longacre 凸显框架中的第四等级"Setting"。根据 Longacre（1996：25—27），环境的重要特征是[+静态性]。

就本次调查而言，具有[+静态性]的句法形式主要有：

第一,"V + 状态补语"句,如:

(21) 不一会儿,小猪的肚子就撑得圆鼓鼓的了。(《棒棒糖卷·贪吃的小猪》)

上例中,"圆鼓鼓的"是"撑"的状态补语。"V + 状态补语"句因谓语核心是动词,所以带有一定的动态性,考虑到状态补语的语义更突显,这里将该类结构归入具有"静态性"的句法形式。

第二,以形容词为谓语核心的句子,如:

(22) 可是,他肚子大得已经走不出树洞了。(《棒棒糖卷·贪吃的小猪》)

(23) 他们长得胖嘟嘟的,但是头脑简单,笨得出奇。(《棒棒糖卷·两只笨狗熊》)

第三,静态动词句,如下例中的画线部分,其中"叫做"为静态动词:

(24) 她长得如拇指一般大小,因此被叫做"拇指姑娘"。(《棒棒糖卷·拇指姑娘》)

5. 非事实

非事实,即 Longacre 凸显框架中的第五等级"Irrealis",主要包括否定、疑问、将来等。考虑到将来的行为也可能实现,笔者不将"将来"处理为"非事实",而处理为"背景"。所以,就本次调查而言,"非事实"主要表现为否定和疑问。

第一,否定形式,具体包括"不""没(有)"两类,如:

(25) 她刚说完,玩具们就都不见了。(《棒棒糖卷·七色花》)

(26) 小猴子只听见一声惨叫,井里就一点儿动静都没有了。(《棒棒糖卷·猴子和老虎》)

第二,疑问形式,如:

(27) 面包的浓香让哥儿俩都流下了口水。但是怎么分呢?(《棒棒糖卷·两只笨狗熊》)

6. 对话

对话指直接引语的言说内容,如下例画线部分:

(28) 老诗人说:"不过你的弓已经坏了。"(《棒棒糖卷·顽皮的孩

子》)

叙事语篇中,"对话"的内部组织规律及语法特点是什么,目前还不清楚。以顺承复句为例,就拿"前景"中的顺承复句与"对话"中的顺承复句相比,就本次调查结果看,二者在语言编码上存在明显不同。"前景"中的顺承复句,在动作的时体上表现为过去时且具有完成性,如例(5)—(13);而对话中的顺承复句则多表示将来的行为或状况,如下两例画线部分:

(29)牧羊女说:"让你们王子学一门手艺吧,学会了,我就嫁给他。"(《棒棒糖卷·编草席的王子》)

(30)老婆婆说:"别哭了,我送你一朵'七色花',你想要什么,就撕下一片花瓣,扔出去,说:'花瓣,花瓣,我想要……',它就能实现你的愿望。"(《棒棒糖卷·七色花》)

叙事语篇中常常出现对话,对话的语篇功能与句法形式值得专门研究。

(三)叙事语篇中复句的凸显度等级

受叙事语篇内部组织规律与不同类型复句自身特点的制约,复句在叙事语篇中的凸显度呈现出梯级差异。下面,在分析不同类型复句的叙事语篇凸显等级分布的基础上,归纳其凸显度等级。

1. 顺承复句

在以幼儿故事为样本的叙事语篇中,顺承复句的前景度最高。这不仅表现在顺承复句的数量优势上,还表现在顺承复句的凸显等级分布与句法特征上。笔者穷尽分析了《棒棒糖卷》中所有顺承复句的分布。在184例顺承复句中,具有"完成性",充当"前景"的有114例,约占61.96%;具有"动态性"和"非完成性",充当"背景"的有36例,约占19.57%;具有"静态性",充当"环境"的有4例,约占2.17%;具有"否定"特征充当"非事实"的有8例,约占4.35%;出现在"对话"中的有22例,约占11.96%。

由上述数据可知,《棒棒糖卷》中顺承复句在语篇各凸显等级中的分布,按用量由多到少可排序为:

前景 > 背景 > 对话 > 非事实/环境

顺承复句用于"前景"的，如（体现分布的形式依据见画线部分，下同）：

（31）没过多久，小蝙蝠又被另外一只黄鼠狼抓住了。（《棒棒糖卷·蝙蝠与黄鼠狼》）

顺承复句用于"背景"的，如：

（32）有一次，她们吵得不可开交，就去找鸡国王评理。（《棒棒糖卷·最奇妙的蛋》）

顺承复句用于"对话"的，如：

（33）他笑着说："眼睛可不敢画，一画上，它们就飞走了。"（《棒棒糖卷·画龙点睛》）

顺承复句用于"非事实"的，如：

（34）珍妮好奇地接过七色花，说了声"谢谢"，老婆婆就不见了。（《棒棒糖卷·七色花》）

顺承复句用于"环境"的，如：

（35）不一会儿，小猪的肚子就撑得圆鼓鼓的了。（《棒棒糖卷·贪吃的小猪》）

笔者同时统计了《泡泡糖卷》中122例顺承复句的分布：充当"前景"的82例，约占67.21%；充当"背景"的34例，约占27.87%；充当"非事实"的1例，约占0.82%；充当"对话"的5例，约占4.10%。按数量由高到低可排序为：

前景 > 背景 > 对话 > 非事实

可见，除了《泡泡糖卷》中未见顺承复句用于"环境"的用例外，上述两本书中顺承复句的分布倾向基本一致。由上述两序列及相关数据可知，顺承复句在幼儿故事叙事语篇中的优势分布是"前景"。

2. 转折复句

《棒棒糖卷》中共计43例转折复句：充当"前景"的12例，约占

27.91%；充当"背景"的10例，约占23.26%；充当"环境"的6例，约占13.95%；充当"非事实"的10例，约占23.26%；出现在"对话"中的5例，约占11.63%。按用量由多到少可排序为：

前景/背景/非事实＞环境/对话

转折复句用于"前景"的，如：

（36）鹿妈妈没有力气回话，只是温柔地笑了。（《棒棒糖卷·小鹿斑比》）

转折复句用于"背景"的，如：

（37）但是，看着还有那么多好吃的，他忍不住又一个劲儿地吃起来。（《棒棒糖卷·贪吃的小猪》）

转折复句用于"非事实"的，如：

（38）有一次，他在一座寺庙的墙壁上画了四条巨龙，却没有画眼睛。（《棒棒糖卷·画龙点睛》）

转折复句用于"环境"的，如：

（39）过了一周，王子已经会编草席了，但是编的草席还很普通和粗糙。（《棒棒糖卷·编草席的王子》）

转折复句用于"对话"的，如：

（40）另一只猩猩说："这准是猎人故意放在这里引诱我们的。酒虽然好喝，但是我们千万不能上当。"（《棒棒糖卷·爱喝酒的猩猩》）

由上述序列可知，《棒棒糖卷》中转折复句的分布大致可分两个等级：位于"前景""背景""非事实"的相对多些；位于"环境""对话"的相对少些。由具体数据可以看出，转折复句在语篇各凸显等级中的分布相对均衡，未见优势分布于某凸显等级的情形。

笔者同时统计了《泡泡糖卷》中28例转折复句的分布：充当"前景"的8例，约占28.57%；充当"背景"的9例，约占32.14%；充当"环境"的1例，约占3.57%；充当"非事实"的6例，约占21.43%；充当"对话"的4例，约占14.29%。按数据由多到少可大致排序为：

背景/前景/非事实 > 对话 > 环境

与《棒棒糖卷》中转折复句的调查结果相比，可以说，两本书所呈现的分布倾向基本一致：位于"前景""背景""非事实"三部分的转折复句相对多些，而就其中的"前景""背景"而言，哪个更占优势，倾向不明显。

3. 并列复句

《棒棒糖卷》中共计17例并列复句：充当"前景"的2例，约占11.76%；充当"背景"的13例，约占76.47%；充当"非事实"的1例，约占5.88%；充当"对话"的1例，约占5.88%。可见，《棒棒糖卷》中并列复句的优势分布是"背景"，充当"前景""对话""非事实"的均不多。可大致排序为：

背景 > 前景 > 非事实/对话

并列复句充当"背景"的，如：

（41）她一边跑着，一边抬头看天上飞来飞去的小鸟。（《棒棒糖卷·七色花》）

并列复句充当"前景"的，如：

（42）不一会儿，最后两条龙也飞走了。（《棒棒糖卷·画龙点睛》）

并列复句用于"非事实"的，如：

（43）可惜，他是个瘸子，不能跑，也不能跳。（《棒棒糖卷·七色花》）

并列复句用于"对话"的，如：

（44）快乐王子说："城市那一头的阁楼里，有一个年轻的剧作家，他又饿又渴。我的眼睛是蓝宝石做的，你取一颗送给他吧。"（《棒棒糖卷·快乐王子》）

笔者同时统计了《泡泡糖卷》中27例并列复句的分布：充当"前景"的4例，约占14.81%；充当"背景"的11例，约占40.74%；充当"环境"的4例，约占14.81%；充当"非事实"的4例，约占14.81%；充当

"对话"的4例，约占14.81%。按数据由多到少可排序为：

背景＞前景/环境/非事实/对话

结合上述两序列及相关数据可以看出，并列复句的优势分布为"背景"，这一点不难理解。并列复句虽可表达动作行为，但并不必然具有完成性，恰恰相反，更多地是用来表达持续性的动作行为，因此优先充当"背景"。

4. 递进复句

《棒棒糖卷》中共计9例递进复句：充当"前景"的5例，约占55.56%；充当"背景"的3例，约占33.33%；充当"非事实"的1例，约占11.11%。递进用例总数不多，由上述数据可以看出，充当"前景"的相对多些，稳妥起见，可大致排序为：

前景＞背景/非事实

递进复句充当"前景"的，如：

(45) 幸好，山羊大叔、牛伯伯、马婶婶在山坡下，他们赶快扶起了小驴，并且狠狠地批评了小猴子。（《棒棒糖卷·自私的小猴子》）

递进复句充当"背景"的，如：

(46) 她喜欢明亮的太阳、柔和的月亮和会眨眼的星星，还喜欢重重叠叠的高山、广阔蔚蓝的大海，更喜欢活泼的鸟兽虫鱼。（《棒棒糖卷·女娲造人》）

递进复句充当"非事实"的，如：

(47) 原来，她下的是一个四四方方的正方形鸡蛋，而且每一面的颜色也不相同。（《棒棒糖卷·最奇妙的蛋》）

笔者同时统计了《棒棒糖卷》中9例递进复句的分布：充当"前景"的2例，约占22.22%；充当"背景"的4例，约占44.44%；充当"对话"的3例，约占33.33%。递进复句总量仍较少，其中用于背景的略多一些，可大致排序为：

背景＞对话/前景

将上述两序列结合起来看，就本次调查而言，递进复句的优势分布可以是"前景"，也可以是"背景"，何者更占优势，倾向不明显。

5. 因果复句

《棒棒糖卷》中共计 7 例因果复句：充当"前景"的 1 例，充当"背景"的 1 例，充当"环境"的 1 例，充当"非事实"的 2 例，充当"对话"的 1 例，还有 1 例充当"倒叙"。可见，因果复句在《棒棒糖卷》中数量有限且分布均衡，看不出明显的倾向性。

因果复句充当"前景"的，如：

（48）有一天，狼刚吃了一只羊，由于吃得太快，羊骨头卡在喉咙里了。（《棒棒糖卷·狼与鹭鸶》）

因果复句充当"背景"的，如：

（49）小白兔非常懂礼貌，所以森林里的小动物们都喜欢她。（《棒棒糖卷·懂礼貌的小白兔》）

因果复句充当"环境"的，如：

（50）她长得如拇指一般大小，因此被叫做"拇指姑娘"。（《棒棒糖卷·拇指姑娘》）

因果复句充当"非事实"的，如：

（51）小羊们看见了窗台上大灰狼的黑爪子，所以，还是没有开门。（《棒棒糖卷·狼和七只小羊》）

因果复句充当"对话"的，如：

（52）王子回到王宫，紧紧抱住王妃，说："我之所以能活着回来，多亏你当初让我学手艺呀！"（《棒棒糖卷·编草席的王子》）

因果复句充当"倒叙"的，如：

（53）忽然，她们停止了吵闹，因为她们看到了鹿宝宝的身体。（《棒棒糖卷·小鹿斑比》）

例（53）原因分句"她们看到了鹿宝宝的身体"所表示的事件发生在前，但语序上却后置，可见，原因分句隶属于"倒叙"。

笔者同时统计了《泡泡糖卷》中 10 例因果复句的分布：没有充当"前景"的，充当"背景"的 2 例；充当"环境"的 1 例；充当"非事实"的 1 例；充当"对话"的 3 例；充当"倒叙"的 3 例。由这些数据似可看出以下两点。

第一，如将"前景"用例与"背景"用例对比的话，前者为 0 后者为 2，似透露出因果复句在叙事语篇中的背景度略高。

第二，排除"对话"，就《泡泡糖卷》的调查看，因果复句充当"倒叙"的相对较多，10 例中有 3 例。这或许表明，倒叙是因果复句的一种特殊功能，当因果复句以"结果—原因"语序呈现时，必然归入"倒叙"，如例（53）。再看一例：

（54）艾丽莎笑着跑过去，因为她看到了她的哥哥们。（《泡泡糖卷·野天鹅》）

若将《棒棒糖卷》和《泡泡糖卷》两本书的调查结果结合起来看，可以大致地说，因果复句在幼儿故事叙事语篇中的背景度似乎略高，同时，表达倒叙是因果复句的一种特殊功能。

6. 假设复句

《棒棒糖卷》共 5 例假设复句，均用于对话，如：

（55）小老鼠哀求道："狮子大王，饶命啊，您要是放了我，我将来一定会报答您的！"（《棒棒糖卷·狮子与报恩的老鼠》）

（56）小驴想："这歌声真好听，如果我也能唱出这样的歌声该多好呀！"（《棒棒糖卷·驴和蝈蝈》）

《泡泡糖卷》共 6 例假设复句，也均用于"对话"。就本次调查看，假设复句均出现于"对话"，说明假设复句因其自身的"非现实性"已基本脱离了故事语篇的叙事主线。

7. 目的复句

《棒棒糖卷》仅 1 例目的复句，充当"前景"，如：

（57）为了公平，老国王找了三片羽毛。（《棒棒糖卷·三片羽毛》）

《泡泡糖卷》仅 1 例目的复句，充当"背景"，如：

（58）母亲把女儿的床移到窗户边上去，好让她看到这粒正生长着的小豌豆。（《泡泡糖卷·一个豆荚里的五粒豌豆》）

例（58）中由"好"引出的目的分句"让她看到这粒正生长着的小豌豆"，表达的是一种使役行为，具有"动态性"，但不具有"完成性"，所以隶属于"背景"。

将《棒棒糖卷》和《泡泡糖卷》两本书结合起来可以看出，目的复句很少见，且在隶属于"前景"抑或"背景"上，倾向不明显。

8. 条件复句

《棒棒糖卷》共 2 例条件复句，均用于"对话"，如：

（59）最后一只被捉住的猩猩垂头丧气地说："都怪我们太贪心，没有改掉爱喝酒的老毛病，这才落得这样的下场。"（《棒棒糖卷·爱喝酒的猩猩》）

（60）他对强盗们说："我是给王宫编织草席的。我三天就能编三张草席，我编的草席很值钱，你们只要把我编的草席拿到王宫，宫里的人就会给你们一百块金子。"（《棒棒糖卷·编草席的王子》）

《泡泡糖卷》共 5 例条件复句，其中 3 例用于"对话"，1 例用于"前景"，1 例用于"背景"。用于"对话"的不再重复举例，用于"前景"的如：

（61）匹诺曹苦苦哀求，老板才放了他。（《泡泡糖卷·木偶奇遇记》）

用于"背景"的如：

（62）国王一看，就让他把金杵也交出来，不然就要把他抓进大牢。（《泡泡糖卷·聪明的农家女》）

例（62）中"不然就"所引领的结果小句表示将来行为，前文已述，将来行为在本操作系统中归入"背景"。

将上述两本书中条件复句的使用情况结合起来，大致可说，条件复句总量有限，虽有"前景""背景"用例，但用于"对话"相对更多。这说明，条件复句的条件属性已与叙事语篇的主要功能相背离，所以条件复句多集中于"对话"，位于叙事主线的较少。

以上分析了不同类型复句在幼儿故事叙事语篇中的凸显等级分布，由此可进一步得出各类复句的凸显度等级。按凸显度由高到低可大致排序为：

顺承＞转折/递进＞并列＞目的/因果/条件/假设

顺承、转折、递进、并列，这几类复句在所调查的《棒棒糖卷》和《泡泡糖卷》两本书中，其前景用例与背景用例相对而言均比较常见。换言之，它们的常见用法均为充当叙事语篇主干。其中，顺承复句前景用例占显著优势，凸显度最高；而转折、递进复句，就两本书的调查看，有时前景用例多于背景用例，有时相反，因此这两类复句的凸显度低于顺承复句；而并列复句，其背景用例则均多于前景用例，所以凸显度又低于"转折/递进"复句。

因果、条件、假设，这几类复句的相对常见的分布已不是前景或背景：因果复句位于对话、倒叙的更多一些，条件、假设复句则位于对话的更多一些。这说明，这几类复句已较明显地疏离了叙事语篇主干，凸显度最低。

目的复句，在两本书中共出现2次，1次为前景，1次为背景，倾向不明显，似与"转折/递进"相似。不过，目的复句用例很少，说明其在叙事语篇中的地位还不能与"转折/递进"相比。为稳妥起见，暂将目的复句与凸显度最低的因果、条件、假设并列。

由上述序列可明显看出语篇类型与复句类型之间的相互制约关系。叙事语篇是按时间先后记叙过去事件的一种语篇类型。顺承复句因时间性显著而在叙事语篇中最为重要。转折、递进复句，可以记叙过去事件中情节之间的逆转与发展，所以地位次之。并列复句，虽可记叙过去事件，但因多不具有完成性而背景度凸显。目的、因果复句，可以记叙过去事件中所包含的目的、因果关系，不过，幼儿故事多是按时间顺序自然而然地记叙事件经过，并不特别强调事件间的内在逻辑关系，所以，二者在幼儿故事中的使用也比较受限。条件、假设复句，多以未来事件为导向，与叙事语篇的主要功能相背，因而已基本脱离了叙事语篇主干。

上述序列展现了以幼儿故事为样本的叙事语篇中不同类型复句的凸显度等级。当然，幼儿故事只是一种小型的叙事语篇。随着叙事语篇的复杂化，其中复句的使用规律也会发生变化。

第三节 叙事语篇的类型与复句运用

本节笔者以基础教育中的记叙文作为叙事语篇样本,考察叙事语篇的下位分类与复句运用的关系。

根据已有研究(王作昌主编 1989;陆鉴三、归瀚章主编 1995;范学望 2014),记叙文一般分为四类:1)写人的记叙文;2)记事的记叙文;3)写景的记叙文;4)状物的记叙文。

写人的记叙文,指以记述人物经历、事迹为主要内容的记叙文。

记事的记叙文,指以叙述事情为主要内容的记叙文。

写景的记叙文,指以描写景物为主要任务,并通过景物表现作者情怀的记叙文。

状物的记叙文,指以摹状某种物体为主要任务,借以表现作者情志的记叙文。

金贤《初中生记叙文》一书按类型编排记叙文,笔者未经刻意选择,从中收集写人记叙文 13 篇(电脑统计共 14295 字)、记事记叙文 11 篇(电脑统计共 12862 字)、写景记叙文 16 篇(电脑统计共 12677 字)、状物记叙文 11 篇(电脑统计共 9305 字),[①] 作为分析叙事语篇下位类型与复句运用之间关系的语料来源。

一 叙事语篇的句子类型

句子可分单句和复句,复句又可分意合和形合两种。即句子可分为

[①] 写人记叙文具体为:《浪漫的我》《未来的姐夫》《讨厌的妹妹》《写给我的……》《笑声》《心灵中的色彩》《搞推销的网友》《"五独"轶事》《守山的老人》《"大喇叭"》《山边的小姑娘》《山乡男子汉》《忘不了那"破烂爷"》。记事记叙文具体为:《夜晚,我一个人在家》《家庭趣事》《元宵乐》《逝去的爱》《"团圆饭"的风波》《这事发生在我们班里》《早》《一场失败的绝食运动》《那件事,增强了我自强不息的意识》《老师也有流泪时》《初三了》。写景记叙文具体为:《观日出》《天文奇观》《清晨》《月的滋味》《金色的秋天》《四季的帆》《夏》《昆明的冬天》《雨的脚步声》《南国的绿》《海涂》《大江烟雨》《山林之晨》《雨前的山》《双峰排云》《峨眉云海》。状物记叙文具体为:《校园里的爬山虎》《红棉礼赞》《野草赞》《虞美人赞》《卧狮》《我的"小乐团"》《明年春天来看我》《两只小鹦鹉》《两只麻雀》《欢欢》《珍珠鸟的故事》。

三类：单句、形合复句、意合复句。形合复句，根据关系词语是否出现在第一大层，又可分为首层形合复句、非首层形合复句。首层形合复句，指由大往小切分，复句在第一大层上出现了关系词语；非首层形合复句，指由大往小切分，复句在第一大层上没有出现关系词语。

首层形合复句，关系词语在第一大层出现，直接决定了形合复句的逻辑类型；同时，与非首层形合复句相比，首层形合复句的逻辑类型受语篇的影响更明显，因此，形合复句有必要区分首层形合复句与非首层形合复句，并且，从语篇的角度考察形合复句，首层形合复句应是重点研究对象。

笔者统计了上述四类叙事语篇样本中的句子类型，结果如表1-1所示。

表1-1　　　　　　　不同叙事语篇的句子类型与用量

叙事语篇类型 \ 句子类型与用量	总句数	单句数（比例）	意合复句数（比例）	形合复句数（比例）
写人记叙文	444	133（29.95%）	186（41.89%）	125（28.15%）
记事记叙文	375	120（32%）	155（41.33%）	100（26.67%）
写景记叙文	383	117（30.55%）	177（46.21%）	89（23.24%）
状物记叙文	313	78（24.92%）	162（51.76%）	73（23.32%）

由表1-1可知，不同类型的记叙文在句子类型与复句运用上规律相同，均表现为意合复句数量最多，其次是单句，数量最少的是形合复句。即上述四类记叙文在句子类型上均呈现如下数量由多到少的排序：

意合复句＞单句＞形合复句

由此可见，形合复句在叙事语篇中分布较少，不是叙事语篇的优势句子类型。

前文已述，形合复句又分首层形合复句与非首层形合复句，且从篇章视角切入，首层形合复句是重点研究对象。为此，笔者进一步统计了首层形合复句在上述四类叙事语篇中的出现频率，情况如下：

写人记叙文，共 14295 字，约每 146 字出现 1 个首层形合复句；

记事记叙文，共 12862 字，约每 181 字出现 1 个首层形合复句；

写景记叙文，共 12677 字，约每 186 字出现 1 个首层形合复句；

状物记叙文，共 9305 字，约每 160 字出现 1 个首层形合复句。

对比上述数据可以看出，四类叙事语篇在首层形合复句的出现频率上没有特别显著的差别，四类叙事语篇均为每 150—190 字出现一个首层形合复句。

二　叙事语篇下位类型的复句运用

叙事语篇的下位分类是否会影响复句的使用？为回答这一问题，笔者统计了写人记叙文、记事记叙文、写景记叙文、状物记叙文中首层形合复句的使用情况，结果如下所示。

写人记叙文样本中，首层形合复句共 98 例，其中，连贯 32 例，约占 32.65%；转折 32 例，约占 32.65%；并列 13 例，约占 13.27%；因果 8 例，约占 8.16%；递进 8 例，约占 8.16%；假设 2 例，约占 2.04%；时间 2 例，约占 2.04%；目的 1 例，约占 1.02%。数量占据前两位的复句类型有三类：转折、连贯、并列，这三类可排序如下：

连贯（32.65%）/转折（32.65%） > 并列（13.27%）

记事记叙文样本中，首层形合复句共 71 例，其中，连贯 25 例，约占 35.21%；转折 11 例，约占 15.49%；并列 10 例，约占 14.08%；递进 10 例，约占 14.08%；因果 5 例，约占 7.04%；时间 5 例，约占 7.04%；目的 2 例，约占 2.82%；选择 2 例，约占 2.82%；条件 1 例，约占 1.41%。大致而言，数量占据前两位的复句类型有四类：连贯、转折、并列、递进，[①] 这四类可排序如下：

[①] 转折（15.49%）与并列、递进（14.08%）的数据差距非常小，因此三者均处理为数量占据第二位。

连贯（35.21%）＞转折（15.49%）/并列（14.08%）/递进（14.08%）

写景记叙文样本中，首层形合复句共 68 例，其中，连贯 23 例，约占 33.82%；并列 15 例，约占 22.06%；转折 14 例，约占 20.59%；递进 5 例，约占 7.35%；时间 5 例，约占 7.35%；因果 3 例，约占 4.41%；选择 1 例，约占 1.47%；递进 1 例，约占 1.47%；条件 1 例，约占 1.47%。大致而言，数量占据前两位的复句类型有三类：连贯、并列、转折，可排序如下：

连贯（33.82%）＞并列（22.06%）/转折（20.59%）

状物记叙文样本中，首层形合复句共 58 例，其中，连贯 17 例，约占 29.31%；转折 10 例，约占 17.24%；并列 9 例，约占 15.52%；递进 7 例，约占 12.07%；时间 5 例，约占 8.62%；因果 4 例，约占 6.90%；条件 3 例，约占 5.17%；假设 3 例，约占 5.17%。大致而言，数量占据前两位的复句类型有三类：连贯、转折、并列，[①] 这三类可排序如下：

连贯（29.31%）＞转折（17.24%）/并列（15.52%）

将上述四类记叙文的数据加和，可得出本调查所有记叙文中首层形合复句的使用情况。具体为：所有记叙文中首层形合复句共 295 例，其中，连贯 97 例，约占 32.88%；转折 67 例，约占 22.71%；并列 47 例，约占 15.93%；递进 31 例，约占 10.51%；因果 20 例，约占 6.78%；时间 17 例，约占 5.76%；假设 5 例，约占 1.69%；条件 5 例，约占 1.69%；目的 3 例，约占 1.02%；选择 3 例，约占 1.02%。可见，就本

[①] 转折（17.24%）与并列（15.52%）的数据差距非常小，因此二者均处理为数量占据第二位。

调查而言，叙事语篇中数量占据前三位的复句类型是连贯、转折、并列。

总的来看，由上述统计结果可看出写人、记事、写景、状物四类记叙文在复句运用上的共性和差异。

共性主要表现在以下两个方面。

第一，连贯复句在四类记叙文中用量均为第一，这说明叙事语篇最占优势的复句类型是连贯复句。

叙事语篇中连贯复句最占优势，这对于写人和记事两类记叙文而言，不难理解。因为不论是写人还是记事，都离不开对事件的记叙，因此会较多地用到表示动作或事件先后关系的连贯复句。其实，写景和状物，这两类记叙文也不例外。这是由这两类记叙文的"记叙"文体所决定的。写景，可以是静态的，但写景记叙文中对景物动态变化的记述往往较多；状物，也可以是静态的，但状物记叙文中则常包含较多的对所状之物动态变化的记述。即"记叙"这种文体决定了写景记叙文、状物记叙文中写景与状物的动态性和事件性。因此，这两类记叙文中，连贯复句也相对最多。下面分别就写人、记事、写景、状物四类记叙文中的连贯复句各举一例：

（1）一进家门他就喊道："小俊，快来吃冰棒。"（《浪漫的我》）

（2）我把门锁好，就开始写作业。（《夜晚，我一个人在家》）

（3）那叶小舟越走越远，终于消失在苍茫漆黑的大海里了。（《天文奇观》）

（4）小麻雀在屋中盘旋了一周，便朝窗户飞去，一下子撞在玻璃上，接着就跌落在窗台上。（《两只麻雀》）

就所调查的四类记叙文样本而言，连贯复句共97例，其中，"就/便"40例（"就"22例、"便"18例）、"一……（就/便）……"16例，"又"9例，"于是"9例，"然后"8例，"终于"7例，"最后"2例，"再"2例，"（紧）接着"2例，"后来"1例，"结果"1例。可见，以"就/便"为形式标记的连贯复句数量最多。

第二，除了递进复句在记事记叙文中数量也相对较多外，一般而言，连贯、转折、并列这三类复句是四类记叙文所共有的常见复句类型。

连贯复句前文已述，不再赘述。转折复句在四类记叙文中相对常见，其语篇动因是记叙文在内容上的"曲折性"。"文如看山不喜平",为了吸引读者,记叙文通常会在内容上制造一些或大或小的波澜,对立、冲突就是这种波澜的常见表现形式,而要表现对立、冲突就可能用到转折复句。以下分别是写人、记事、写景、状物四类记叙文中转折复句的用例,从它们的语义可看出记叙文在内容上的波澜:

(5) 姐不回来,那"丑家伙"却来了。(《未来的姐夫》)

(6) 一个星期六晚上,妈妈让爸爸一起跳,他却不高兴,说难学,太繁了。(《家庭趣事》)

(7) 春三月,北国还沉睡在冬的静谧中,南国却经一夜春风哗然苏醒了。(《南国的绿》)

(8) 虽然你没有青松的英姿,没有垂柳的婀娜,没有桃李的绚烂,没有芝兰的芳香,但你浑身却充满大自然的活力,你在我心里已深扎了根!(《野草赞》)

在所考察的四类记叙文样本中,转折复句共 67 例。其中,前、后分句均有关系词语的转折复句有 4 例,其余 63 例为主句出现关系词语,可见后者占绝对优势。在主句出现关系词语的 63 例转折复句中,"可(是)" 24 例("可" 22 例、"可是" 2 例);"却" 18 例;"但(是)" 11 例("但" 10 例,"但是" 1 例);"而" 4 例;①"然而" 4 例;"只是" 1 例,"只不过" 1 例。可见,就所调查的记叙文而言,其所使用的转折复句以"可(是)"为优势类型,特别是以"可"为形式标记的转折复句数量相对最多。

并列复句在上述四类记叙文中也相对常见,主要是因为记叙文在写人、记事、写景、状物时,往往可从并列的角度予以展开,分别如:

(9) 我在一旁忍不住哈哈大笑,毕阿姨也傻呵呵地笑了起来。(《"大喇叭"》)

(10) 不知怎么的,我的心里直发毛,手里的笔也不听使唤了。

---

① "而"归入并列关系词语还是转折关系词语,存在争议。为便于归类和统计,笔者以"而"的语境为据判定"而"的逻辑类型。当"而"的前后语境为并列关系,"而"归入并列关系词语;当"而"的前后语境为对立关系,"而"归入转折关系词语。

(《夜晚，我一个人在家》)

（11）它不像东北凛冽的寒风，吹得人直哆嗦；也不像北京的风，吹得人睁不开眼。(《昆明的冬天》)

（12）鸟儿的天性不是被关在笼中，而是属于蓝天的！(《珍珠鸟的故事》)

在所考察的四类记叙文样本中，并列复句共47例，其中，"也"29例，"又"9例，"而"6例，"不是……而是……"2例，"一边……一边……"1例。可见，以"也"为形式标记的并列复句数量最多。

另外，从上述统计结果还可看出，四类记叙文在复句运用上也存在差异。主要表现在："写人"记叙文与"记事、写景、状物"这三类记叙文不同。换言之，就本调查而言，"记事、写景、状物"这三类记叙文在复句运用上一致性更高。

"写人"记叙文与"记事、写景、状物"这三类记叙文的差异，表现在：转折复句在写人记叙文中占优势，与连贯复句并列第一；而在后三类记叙文中，转折复句在数量排序上均位居第二等级。笔者以为，这种差异的语篇动因主要来自写人记叙文刻画人物的需要：彰显人物特点是写人记叙文的用意所在，而彰显人物特点的一个重要手段就是在对立与矛盾中书写人物，无疑，转折复句是表达对立与矛盾的一种常见语言形式，如：

（13）我喜欢读琼瑶、三毛和张爱玲的作品，从那里寻觅孤独与悲哀，但我更爱读革命烈士著作，从中获得精神和力量，体会生命的意义与价值。(《浪漫的我》)

例（13）是一个转折复句，出自写人记叙文，从前件"喜欢读琼瑶、三毛和张爱玲的作品"与后件"更爱读革命烈士著作"之间的对立，"我"的特点就呈现出来了。

前文已述，"文如看山不喜平"，记叙文为了引起读者的兴趣，会在内容上制造一些波澜，从而较多地用到转折复句。这种转折复句往往用来表现"动态事件"在发展过程中的曲折性。这与例（13）运用转折复句表现"静态对立"以刻画人物的用法有所不同。简言之，写人记叙文对上述"动态曲折"与"静态曲折"都比较倚重。因此，在写人记叙文中，转折复句的数量明显多于另外三类记叙文。

第四节　叙事语篇的结构与复句运用

一　叙事语篇的结构

就篇章结构而言，叙事语篇一般分为序幕、开端、发展、高潮、结局、尾声六部分。为了考察叙事语篇不同部分在复句运用上的异同，笔者选择了在结构上可较清晰地划分出上述六部分的叙事语篇共 20 篇作为语料来源。①

叙事语篇的上述六部分，一般以段落为界，在结构上有明确边界。不过，当构成部分内容简单、篇幅短小时，也会出现边界消失的情况。就上述 20 篇叙事语篇而言，构成部分边界消失具体表现为：有些叙事语篇，"结局"包含在"高潮"之中。这种情况，记作"高潮（结局）"。如此一来，上述 20 篇叙事语篇的篇章结构，具体情况如下：

1）由"开端""发展""高潮""结局"4 部分构成，有 6 篇；

2）由"序幕""开端""发展""高潮""结局""尾声"6 部分构成，有 4 篇；

3）由"序幕""开端""发展""高潮""结局"5 部分构成，有 4 篇；

4）由"序幕""开端""发展""高潮""结局"5 部分构成，有 3 篇；

5）由"开端""发展""高潮""结局""尾声"5 部分构成，有 2 篇；

6）由"开端""发展""高潮""结局"4 部分构成，有 1 篇。

---

① 具体为：《独腿人生》《那个孩子》《鼓神》《捅马蜂窝》《一件小事》《孔乙己》《最后一课》《社戏》《我的叔叔于勒》《芦花荡》《台阶》《孤独之旅》《荷花淀》《装在套子里的人》《孟姜女》《皇帝的新装》《古代英雄的石像》《渔夫和金鱼的故事》《渔童》《一百鞭》。这些叙事语篇出自：初高中语文教材；中考命题研究小组编著《一本必胜：中考记叙文课外阅读》，青岛出版社 2009 年版；黎明、于辰文编选《中国民间故事》，中国少年儿童出版社，1994 年版。

可见，在情节起伏明显的叙事语篇中，"开端""发展""高潮""结局"通常是语篇的必有组成部分，而"序幕""尾声"则是语篇的可有组成部分。鉴于"序幕""尾声"是可有部分，且篇幅一般较短，这里将"序幕"与"开端"合并、"尾声"与"结局"合并，然后统计叙事语篇不同构成部分的复句运用情况。

上述20篇叙事语篇共出现首层形合复句340例。其中，"开端"和"序幕"90例，约占26.47%；"发展"116例，约占34.12%；"高潮"103例，约占30.29%；"结局"和"尾声"31例，约占9.12%。可见，"结局"和"尾声"中复句数量最少，而其他部分则复句相对较多，且数量接近。就本调查而言，叙事语篇不同构成部分在复句数量上按由多到少可排序如下：

发展＞高潮＞开端和序幕＞结局和尾声

"开端"和"序幕"所出现的复句共90例，其中连贯33例，约占36.67%；转折19例，约占21.11%；并列13例，约占14.44%；因果12例，约占13.33%；条件4例，约占4.44%；目的3例，约占3.33%；假设3例，约占3.33%；递进2例，约占2.22%；时间1例，约占1.11%。由此可见，在叙事语篇的"开端"和"序幕"中，数量占据前三位的复句类型按由多到少可排序为：

连贯（36.67%）＞转折（21.11%）＞并列（14.44%）

"发展"中所出现的复句共116例，其中连贯39例，约占33.62%；转折22例，约占18.97%；并列22例，约占18.97%；时间7例，约占6.03%；递进7例，约占6.03%；因果6例，约占5.17%；条件6例，约占5.17%；目的4例，约占3.45%；假设3例，约占2.59%。由此可见，在叙事语篇的"发展"中，数量占据前三位的复句类型按由多到少可排序为：

连贯（33.62%）＞转折（18.97%）/并列（18.97%）

"高潮"中所出现的复句共 103 例，其中连贯 49 例，约占 47.57%；转折 22 例，约占 21.36%；并列 16 例，约占 15.53%；递进 5 例，约占 4.85%；因果 4 例，约占 3.88%；条件 3 例，约占 2.91%；时间 2 例，约占 1.94%；目的 1 例，约占 0.97%；假设 1 例，约占 0.97%。由此可见，在叙事语篇的"高潮"中，数量占据前三位的复句类型按由多到少可排序为：

连贯（47.57%）＞转折（21.36%）＞并列（15.53%）

　　"结局"和"尾声"中所出现的复句共 31 例，其中连贯 12 例，约占 38.71%；转折 11 例，约占 35.48%；因果 3 例，约占 9.68%；并列 2 例，约占 6.45%；时间 2 例，约占 6.45%；目的 1 例，约占 3.23%。由此可见，在叙事语篇的"结局"和"尾声"中，数量占据前三位的复句类型按由多到少可排序为：

连贯（38.71%）＞转折（35.48%）＞因果（9.68%）①

　　由上述排序可知，叙事语篇各部分在优势复句类型上表现一致。就本调查而言，均表现为连贯复句数量最多，转折复句位居第二。

二　复句运用分析

　　叙事语篇各部分均以连贯复句为最多，正体现了叙事语篇"时间性"的篇章属性。叙事语篇通常是按时间的先后顺序叙述事件的发展过程，而在各类复句中，连贯复句最符合叙事语篇的这一要求，因此，叙事语篇各部分均以连贯复句为最多。下面分别举例：

　　（1）打开一看，里面有个又白又胖的小姑娘，于是就给她起了个名

---

① "结局"和"尾声"中，因果复句虽排序第三，但实际只有 3 例。因数量过少，下面不再分析。

字叫孟姜女。(《孟姜女》)

(2) 员外见他挺老实，知书达礼，就答应把他暂时藏在家中。(《孟姜女》)

(3) 语法课完了，我们又上习字课。(《最后一课》)

(4) 站起来向外一望，那孔乙己便在柜台下对了门槛坐着。(《孔乙己》)

(5) 一到家，他第一件事就是从桌子上撤去华连卡的照片；然后他上了床，从此再也没起过床。(《装在套子里的人》)

(6) 转年开春，有两只马蜂飞到爷爷的窗檐下，落到被晒暖了的木窗框上，然后还在去年的旧窝的残迹上爬了一阵子，跟着飞去而不再来。(《捅马蜂窝》)

上述 6 例均为连贯复句。例 (1) 出自序幕，例 (2) 出自开端，例 (3) 出自发展，例 (4) 出自高潮，例 (5) 出自结局，例 (6) 出自尾声。

本调查中，转折复句在叙事语篇各部分中数量均位居第二，体现了叙事语篇在情节上的波折。本调查所使用的叙事语篇，均能在结构上比较清晰地划分出序幕、开端、发展、高潮、结局、尾声等不同部分，换言之，这些叙事语篇在情节上具有明显的起伏。转折复句在这些叙事语篇不同部分中均数量较多，与这种情节的起伏有较大关系。下面分别举例：

(7) 其间耳闻目睹的所谓国家大事，算起来也很不少；但在我心里，都不留什么痕迹，倘要我寻出这些事的影响来说，便只是增长了我的坏脾气，——老实说，便是教我一天比一天的看不起人。(《一件小事》)

(8) 他们摆出两架织布机，装作是在工作的样子，可是他们的织布机上连一点东西的影子也没有。(《皇帝的新装》)

(9) 孔乙己是这样的使人快活，可是没有他，别人也便这么过。(《孔乙己》)

(10) 哪知那鱼盆一碎，小渔童却跳起来活了！(《渔童》)

(11) 但我吃了豆，却并没有昨夜的豆那么好。(《社戏》)

(12) 独有这一件小事，却总是浮在我眼前，有时反更分明，教我

惭愧，催我自新，并且增长我的勇气和希望。(《一件小事》)

以上均为转折复句。例(7)出自序幕，例(8)出自开端，例(9)出自发展，例(10)出自高潮，例(11)出自结局，例(12)出自尾声。

由上述四个排序可以看出，除了连贯和转折，并列在叙事语篇中也相对常见，这一点从开端和序幕、发展、高潮中并列复句的用量排序可以看出：开端和序幕中，并列复句排序第三；发展中，并列复句排序第二；高潮中，并列复句排序第三。并列复句在叙事语篇中比较常见，主要是因为在叙事时，相同或相似情形并叙的情况比较常见，如：

(13) 他们提防有人给苇塘里的人送来柴米，也提防里面的队伍会跑了出去。(《芦花荡》)

(14) 父亲老实厚道低眉顺眼累了一辈子，没人说过他有地位，父亲也从没觉得自己有地位。(《台阶》)

(15) 打鼓的汉子一脸虔诚地把有如婴儿手臂粗的双槌直往他面前送，那些打小鼓腰鼓铜锣铜钹的后生们也满脸殷殷地望着他。(《鼓神》)

(16) 他们一面议论着戏子，或骂，或笑，一面加紧的摇船。(《社戏》)

以上4例均为并列复句。例(13)出自序幕，例(14)出自开端，例(15)出自发展，例(16)出自高潮。

综上所述，叙事语篇不同构成部分在优势复句的类型上具有明显的一致性，即均以连贯复句和转折复句为最多。同时，除结局和尾声外，并列复句在叙事语篇各部分中也有相对较高的数量分布。这说明，叙事语篇的不同构成部分，在复句运用上并不存在明显差异。换一个角度看待上述问题，这说明，叙事语篇不是复句运用敏感的语篇类型。

第五节 叙事语篇的"前景—背景"与复句运用[①]

篇章语法从语篇地位和重要性出发，将一个完整语篇分为前景、背

[①] 本节原载《华中师范大学学报》2019年第1期，题为《试论语篇类型对复句使用的制约》。有改动。

景两部分。语篇中提供主要内容的材料叫前景，不直接有效地服务于交际目的而只起辅助性、引申性等的材料，叫背景（Hopper 与 Thompson 1980）。

篇章语法的上述论述与我国文章学中的表达方式研究、语法学中的句群研究有异曲同工之妙。孙移山（1986：182、190、196）指出基本表达方式有五种：叙述、描写、抒情、说明、议论，并且表达方式存在融合现象，即一篇文章以一种表达方式为主，其余的方式为辅。用篇章语法的术语来讲，为主的表达方式即语篇前景，为辅的表达方式即语篇背景。

吴为章（1988：25—41）根据句群在构成段落时所起的作用，将句群分为主体句群、过渡句群和插入句群，主体句群是构成段落、篇章必不可少的语言单位，根据表达作用的不同，主体句群又分"记叙句群""描写句群""说明句群""议论句群"和"抒情句群"。吴为章先生对主体句群分布与作用的分析与篇章语法前景、背景的精神实质相同。以与本节联系紧密的记叙句群为例，吴为章（1988：25—41）指出，记叙句群主要用于记叙文中；在论说文中，记叙句群的主要作用是为议论或说理提供事实或论据；在说明文中，记叙句群可用来说明事物的形状和特征。换用篇章语法的术语，记叙文体中，记叙句群是前景，记叙之外的其他句群是背景。

不同的语篇类型有不同的语篇功能，而语篇功能主要通过前景来实现（李晋霞、刘云 2018）。因此，叙事语篇的前景就是叙事部分，非叙事部分为背景。语篇类型与语篇前景功能上的一致性，使得语篇类型对前景的语言形式有明显的制约作用。即相对比而言，语篇类型对前景语言的控制力要大于其对背景语言的控制力。鉴于前景在语篇地位上的重要性及语篇类型与前景的功能一致性，这里只考察语篇前景的复句使用，由此探讨语篇类型对复句使用的制约。

一　叙事语篇前景中复句的分布

从可操作性出发，笔者以两本幼儿故事书中的 55 篇幼儿故事作为叙事语篇样本,① 并将这些幼儿故事分为前景、背景两部分,进而考察前景中复句的使用。

Longacre（1996：21—24）将叙事语篇分为凸显度不同的七个等级：第一等级"Storyline"（故事线,即前景）,第二等级"Background"（背景）,第三等级"Flashback"（倒叙）,第四等级"Setting"（环境）,第五等级"Irrealis"（非事实）,第六等级"Evaluation"（评价）,第七等级"Cohesive"（衔接）。第七等级衔接成分与本节的考察对象复句有重合,暂时予以排除,因此,本节所说的叙事语篇前景对应于Longacre体系的第一、二、三等级,叙事语篇背景对应于第四、五、六等级,前者具有叙述性,后者除"非事实"带有一定的叙述性外,一般具有非叙述性。②

按照上述办法划出55篇幼儿故事的前景部分,以本书附录一所示复句关系词语为据,统计样本中前景的复句使用,详见表1-2。

表1-2　　　　　　　　叙述语篇前景的复句使用

复句类型 语篇构成	连贯 （例）	转折 （例）	并列 （例）	递进 （例）	因果 （例）	目的 （例）	条件 （例）	假设 （例）	选择 （例）
叙事语篇前景	266	39	30	14	8	2	2	0	0

---

① 具体为：《小鹿斑比》《狮子与报恩的老鼠》《北风和太阳》《灰兔和刺猬》《斑马与水牛》《狼和七只小羊》《懂礼貌的小白兔》《自私的小猴子》《两只笨狗熊》《狼与鹭鸶》《最奇妙的蛋》《编草席的王子》《三片羽毛》《爱喝酒的猩猩》《拇指姑娘》《顽皮的孩子》《女娲造人》《七色花》《蝙蝠与黄鼠狼》《贪吃的小猪》《画龙点睛》《小鸡溜冰》《农夫和鹰》《驴和蝈蝈》《鼓和香草》《猴子和老虎》《燕子和乌鸦》《最好吃的蛋糕》《咕咚来了》《纺锤、梭子和针》《野天鹅》《我不是最弱小的》《鹬蚌相争》《聪明的农家女》《狮子和蚊子》《快乐王子》《七颗钻石》《糖果屋》《巨人的花园》《程门立雪》《一个豆荚里的五粒豌豆》《夸父逐日》《布莱梅的音乐家》《滥竽充数》《布偶奇遇记》《红舞鞋》《南辕北辙》《坚定的锡兵》《机智的兔子》《阿凡提种金币》《熊猫兄弟买西瓜》《手捧空花盆的孩子》《狐狸和酸葡萄》《找朋友》《铁杵磨成针》。这55个幼儿故事出自瑞雅编著《宝贝最爱听的睡前好故事·棒棒糖卷》《宝贝最爱听的睡前好故事·泡泡糖卷》,上海科学普及出版社2014年版。

② 前景与背景的区分是相对的,而且是一个连续统。本节所说的前景、背景是广义的,正文Longacre体系中的"前景"（Storyline）"背景"（Background）是狭义的。二者并不矛盾,详见李晋霞（2017）。

由表1-2可知，叙事语篇前景中连贯复句的数量（266例）明显多于其余类型复句，最具优势。从篇章语法的角度看，上述复句分布不难解释。叙事语篇具有"时间性"，其前景的主要功能是按时间顺序记叙某件事，而连贯复句又分三种：以时间为序、以空间为序、以逻辑事理为序，其中以时间为序的连贯复句正与叙事语篇前景的"时间性"吻合，因此，叙事语篇前景中，连贯复句数量最多。

连贯复句用于叙事语篇前景，如：

（1）很久以前，有三只母鸡都认为自己最漂亮，谁也不服谁。这三只母鸡，一只叫金金，她的羽毛是金色的。一只叫七彩，她的羽毛有七种颜色。另一只叫花花，她的鸡冠像一朵红艳艳的花朵。

有一次，她们吵得不可开交，就去找鸡国王评理。（《最奇妙的蛋》）

例（1）包含两段，第一段为叙事语篇背景，交代故事主角"三只自认为漂亮的母鸡"的名字和她们的羽毛颜色。第二段为叙事语篇前景，语篇由此进入故事主线，语篇由背景转入前景的词汇标志为"有一次"。上例叙事语篇前景的表达形式为连贯复句，关系词语为"就"。

简言之，语篇前景的篇章属性控制着在语篇前景中出现的优势复句类型，而复句类型的不同，也昭示了它们在语篇前景中地位的差异。

二 叙事语篇前景中复句的及物性

复句的形式分析是复句研究的难题（李晋霞、刘云2017），国外语法学界所提出的包含10项语法语义参数的"及物性"（Transitivity）理念（Hopper与Thompson，1980），为分析复句中分句的语法语义特征提供了一个工具。

为考察叙事语篇前景复句的语法语义特点，笔者借用及物性理念，将所调查的复句拆分为小句，并分析所有小句在及物性10项参数上的表现，从而得出叙事语篇前景复句的及物性数据，详见表1-3，该表只列了"高及物性"数据。

表1-3　　　　　　　叙事语篇前景复句的高及物性表现

前景复句的高及物性 高及物性参数	叙事语篇前景复句高及物性 小句比例（%）
两个参与者	51.53
动作动词句	92.45
完成	54.94
瞬时性	17.78
意志性	79.17
肯定性	97.58
现实性	98.18
高施事力	92.81
受事受影响	55.29
受事个体	58.97

由表1-3可知，叙事语篇前景复句具有"高及物性"，具体表现为：在10项参数中，除"瞬时性"表现为"低及物性"占优势外（17.78%），其余9项参数均表现为"高及物性"占优势，以"动作动词句"为例，有92.45%的前景复句表现为由动作动词充当小句谓语，呈高及物性。

简言之，叙事语篇前景复句具有"高及物性"，下面举例说明。

"参与者"参数：

（2）国王被艾丽莎感动了，又把她带回了王宫。（《野天鹅》）

例（2）位于叙事语篇前景，包含两个小句，每个小句包含两个参与者，均为国王、艾丽莎，呈高及物性。

"完成"参数：

（3）不一会儿，最后两条龙也飞走了。（《画龙点睛》）

例（3）位于叙述语篇前景，由句末"了"可知，小句具有"完成性"。

"意志性"参数：

（4）她又把水罐递给了女儿。（《七颗钻石》）

例（4）位于叙事语篇前景，小句谓语动词为"递"，具有"意志性"。

"现实性"参数:

(5) 就在这一瞬间,水罐从银的变成了金的。(《七颗钻石》)

例(5)位于叙事语篇前景,由句中"了"可知,小句具有"现实性"。

"施事力"参数:

(6) 然后母亲就安心地去做工了。(《一个豆荚里的五粒豌豆》)

例(6)位于叙事语篇前景,小句谓语动词为"做工",具有"高施事力"。

"受事受影响"参数:

(7) 然后,他把身上的黄金片送给了其他的穷人。(《快乐王子》)

例(7)位于叙事语篇前景,受事为"黄金片",该例中受事的领有关系发生了改变,由"他"转移到"其他的穷人",因此具有"受事受影响"性。

"受事个体"参数:

(8) 齐宣王听了很高兴,就爽快地把他编进了那支三百人的吹竽队伍里。(《滥竽充数》)

例(8)位于叙事语篇前景,受事为"他",是所指确定的某个人,因而具有"受事个体"性。

由已有研究可知(Hopper 与 Thompson,1980;方梅,2005),叙事语篇前景具有"高及物性",位于叙事语篇前景的复句自然也受制于这种"高及物性",可见语篇前景的宏观形式特征对其微观句法的控制。

第六节 叙事语篇前景复句的形式和语义

与叙事语篇背景相比,叙事语篇前景中复句的使用情况更能代表叙事语篇复句的使用特点。因此,下面以叙事语篇前景复句为考察对象,尝试分析其形式和语义特征。本节叙事语篇语料为 29 个汉语小故事,具体篇目与来源见本章第一节。

一　叙事语篇前景复句的形式

29 个汉语小故事的前景复句，切分后共得 363 个小句。根据句式不同，可分七种：

1）连动句，有 26 例；
2）处置句，包括"把"字句和"将"字句，有 21 例："把"字句 20 例，"将"字句 1 例；
3）兼语句，有 8 例；
4）双宾句，有 5 例；
5）存现句，有 4 例；
6）直接引语句，有 16 例；①
7）一般谓词性谓语句，有 283 例。

可见，一般谓词性谓语句最多。需略作说明的是，叙事语篇前景复句的小句中会出现直接引语，即叙事语篇角色所说的话，这种包含直接引语的小句虽然不在传统句式分类之列，但在分析叙事语篇前景复句的小句形式时是不能回避的，② 因此，上面也专列一类。

283 例一般谓词性谓语句，根据构成形式的不同，又分四类：

1）主语＋谓语＋宾语，有 82 例，约占 28.98%；
2）谓语＋宾语，有 60 例，约占 21.20%；
3）主语＋谓语，有 70 例，约占 24.73%；
4）谓语，有 71 例，约占 25.09%。

可见，在叙事语篇前景复句的小句中，上述四类形式的数量比较均衡。

二　叙事语篇前景复句的语义

一般谓词性谓语句，在叙事语篇前景中数量最多，下面以一般谓词

---

① 本章第一节根据"完成性"将直接引语句处理为背景，这里根据语篇内容重要与否，将直接引语句处理为前景。标准不同，处理结果亦不同。这一问题还需进一步探讨，特此说明。

② 说明语篇、论证语篇的前景复句的小句中就极少出现直接引语句，从中不难看出叙事语篇与上述两种语篇类型的不同。

性谓语句为样本,分析叙事语篇前景复句中小句的语义特征。主要从以下两个方面着手。

1)一般谓词性谓语句中,谓语动词的语义类型。即上面1)、2)、3)、4)四种形式中谓语的语义类型。

2)一般谓词性谓语句中,主语的语义类型。即上面1)、3)两种形式中主语的语义类型。

由上述分析可看出叙事语篇前景复句所表达的主要事件类型和主语的一些主要特征。

(一)前景复句的小句谓语

由李临定(1990:133—134)可知,动作动词可分为"具体动作动词"与"抽象动作动词"。在此基础上,就语料所及,叙事语篇前景复句的小句谓语就概念类型而言可分四类:

1)具体动作动词,有238例,约占84.10%;

2)心理与认识动词,有27例,约占9.54%;

3)抽象动作动词,有9例,约占3.18%;

4)联系动词,有9例,约占3.18%。

上述四类分别举例如下:

(1)大癞蛤蟆掏空了一个胡萝卜。(《三片羽毛》)

(2)农夫马上明白是怎么回事了。(《农夫和鹰》)

(3)她们都变得比以前谦虚了。(《最奇妙的蛋》)

(4)后来,三只母鸡成了好朋友。(《最奇妙的蛋》)

不难看出,由具体动作动词充当谓语的一般谓词性谓语句,在数量上占绝对优势(84.10%)。这就是说,叙事语篇前景复句通常表达的是具体事件。之所以如此,是由叙事语篇的本质特征所决定的。叙事语篇旨在叙事,而叙事语篇所记叙的事件通常是具体的。这一篇章特征决定了叙事语篇前景的表义内容,而位于叙事语篇前景的复句自然也不例外。

(二)前景复句的小句主语

叙事语篇前景复句的小句主语,即上述序列1)、3)中的主语,共152例。下面,主要从生命度和"通指—单指"两个方面进行分析。

第一,生命度。

前文已述，本节叙事语篇的语料来源是幼儿故事，而幼儿故事中的"动物"和"无生事物"常常会被赋予人格特征，即拟人化了。所以，从生命度看，这类拟人化的"动物"和"无生事物"应该与人相同，具有"高生命度"；幼儿故事中也存在没有拟人化的"动物"，这类动物具有"次高生命度"；未拟人化的"无生事物"则具有"非生命度"。

这样一来，上述152例包含主语的一般谓词性谓语句，其主语根据生命度的不同可分三种：1）高生命度，有136例，约占89.47%；2）非生命度，有14例，约占9.21%；3）次高生命度，有2例，约占1.32%。分别如：

（5）小男孩立刻就站了起来。（《七色花》）

（6）小猪开心地吃起来。（《贪吃的小猪》）

（7）这些泥点就变成了跳着、叫着的小人儿。（《女娲造人》）

（8）不一会儿，最后两条龙也飞走了。（《画龙点睛》）

例（5）（6）的主语"小男孩""小猪"具有"高生命度"，其中例（6）的主语"小猪"被人格化。例（7）的主语"泥点"具有"非生命度"，例（8）的主语"龙"具有"次高生命度"。

不难看出，高生命度主语在数量上占绝对优势（89.47%）。这就是说，叙事语篇前景复句所表示的事件通常是由具有高生命度特征的人所发出的。显然，这是叙事语篇的"施事导向"（Longacre，1996：10）的篇章特征在前景复句中的体现。

第二，"通指—单指"。

"通指"与"单指"也是分析叙事语篇前景复句中小句主语的一项重要指标。由陈平（1987）可知，名词性成分的所指对象如果是整个一类事物（class），则该名词性成分为通指成分；如果名词性成分的所指对象是一类中的个体（individual），则该名词性成分为单指成分。

上述152例包含主语的一般谓词性谓语句，其主语具有"单指"特征的有147例，约占96.71%；其主语具有"通指"特征的仅5例。分别如：

（9）后来，拇指姑娘在田鼠家门口发现一只冻僵了的小燕子。（《拇指姑娘》）

（10）所以森林里的小动物们都喜欢她。(《懂礼貌的小白兔》)

显然，单指主语在数量上占绝对优势（96.71%）。这就是说，叙事语篇前景复句所表示的事件通常是由具体的个体发出的。叙事语篇记叙"主角"发生的事，"主角"通常是独一无二的，具有个体性。上述一般谓词性谓语句中单指主语占优势，是叙事语篇"主角"的个体性特征在叙事语篇前景复句中的体现。

第七节 本章小结

本章考察叙事语篇中的复句运用，主要分析了六个问题。

第一，叙事语篇的构成与凸显等级。

叙事语篇，首先可分为"实体"与"非实体"，"非实体"即语篇衔接成分。"实体"又可分为"叙述"与"非叙述"，"非叙述"即语篇作者的"评价"。"叙述"又可分为"情境"与"主体"。"情境"包括"环境"与"非事实"。"主体"包括"顺叙"与"倒叙"。"顺叙"又包括"前景"与"背景"。叙事语篇的内部构成部分在显著度上存在着明显的等级差异，按凸显度由高到低可排序为：前景＞背景＞倒叙＞环境＞非事实＞非叙述＞非实体。

由叙事语篇主要构成部分的句法形式，可得出"前景句＞背景句＞倒叙句＞环境句＞非事实句"这一凸显度由高到低的形式序列，从中可看出篇章对句法的深刻影响。

第二，叙事语篇中复句的凸显度。

不同类型复句在叙事语篇中的凸显度等级不尽相同，具体表现为：顺承＞转折/递进＞并列＞目的/因果/条件/假设。

第三，叙事语篇的类型与复句运用。

叙事语篇中，意合复句数量最多，其次是单句，数量最少的是形合复句。形合复句不是叙事语篇的优势句子类型。

叙事语篇可分为写人、记事、写景、状物四类。这四类叙事语篇在复句运用上的共性主要表现为：1）连贯复句在四类叙事语篇中用量均为第一；2）连贯、转折、并列是四类叙事语篇共有的常见复句类型。这四类叙事语篇在复句运用上的差异主要表现为：写人记叙文中转折复句的数量明显多于另外三类记叙文。

第四，叙事语篇的结构与复句运用。

就结构而言，叙事语篇可分为序幕、开端、发展、高潮、结局、尾声六部分。这些不同构成部分在优势复句类型上具有明显的一致性，均以连贯复句和转折复句为最多。复句使用不因叙事语篇不同构成部分而呈现出明显差异，这说明叙事语篇不是复句敏感的语篇类型。

第五，叙事语篇的"前景—背景"与复句运用。

在各类复句中，连贯复句与叙事语篇的"时间性"最吻合，因而在叙事语篇前景中数量最多。叙事语篇前景的"高及物性"对前景复句中小句的形式特征也有明显制约：叙事语篇前景复句的小句也呈现出"高及物性"。宏观章法对微观句法的制约由此可见。

第六，叙事语篇前景复句的形式和语义。

叙事语篇前景复句的小句以一般谓词性谓语句为多。就谓语动词的概念类型看，由具体动作动词充当的谓语占绝对优势；由主语的生命度看，高生命度主语在数量上占绝对优势；由通指—单指看，单指主语在数量上占绝对优势。上述绝对优势现象既体现了叙事语篇前景复句的语法特征，同时又说明了叙事语篇的篇章属性对叙事语篇前景的语法制约。

第二章

论证语篇与复句运用

本章考察论证语篇中复句的使用。从可操作性出发，以初中、高中议论文或相当于这一水平的议论文为选材范围，共选论证语篇70篇，[①] 其中立论文35篇、驳论文35篇。[②]

[①] 这70篇议论文出自刘青文主编《高中生议论文精华》，北京教育出版社2013年版；史亚田主编《高中生作文综合训练》，东北师范大学出版社1996年版；周文涛主编《高中生满分作文1000篇》，湖南教育出版社2013年版；王建军主编《创新作文训练系列（高中）》，武汉大学出版社2001年版；吴爱麟主编《议论大全》，延边人民出版社1999年版；刘珍珍、胡卉、刘金路等编《初中生分类作文全辅导（7年级）》，重庆出版社2014年版；余良丽主编《中学生作文一本全（精编版）》，北京工业大学出版社2015年版；余良丽主编《中学生分类作文一本全》，北京工业大学出版社2015年版；郭虹《初中生作文能力培养与课堂教学设计》，中南大学出版社2016年版；高星云主编《出彩好作文·高中生议论文论点论据论证大全》，湖南教育出版社2016年版；刘再平编著《议论文法门》，西安交通大学出版社2014年版；王学东《让作文教学更有效——王学东写作教学手记》，西南师范大学出版社2013年版；陈纪宁主编《21世纪应用文写作大全》，内蒙古大学出版社2002年版；钟添贵主编《现代实用文写作大全》，远方出版社2002年版；张小龙编著《申论80分经典范文100篇》，教育科学出版社2011年版。

[②] 35篇立论文是：《用舍由时，行藏在我》《出格》《成长密码》《顺其自然的美丽》《找准位置，绽放光彩》《奋斗铸就成功》《站对人生的舞台》《业精于勤》《让挫折与荣誉共舞》《困境是成功的阶梯》《遭遇挫折，笑对痛苦》《挫折是人生的基石》《面对挫折当自强》《在阴影中撑起一片光明》《失败也是一首歌》《给梦想一次开花的机会》《梦想在现实中起舞》《追逐梦想，期待成功》《给自己一个目标》《目标与现实》《磨炼是一种财富》《立志》《坚持就是胜利》《贵在坚持》《挖掘自信的源泉》《成功的第一秘诀》《谈拼搏》《美好的生活源自拼搏》《要不断进取》《知足云天淡，进取风雨行》《高尚的道德就是最大的财富》《一颗感恩的心》《学与问》《兴趣是最好的老师》《只争朝夕》。35篇驳论文是：《流行就一定高尚吗》《谨防冷战思维抬头——驳"遏制中国"论》《人与自然——从非洲难民捕食鲸鱼说起》《人与自然》《劝退"婚前同居"大学生合理吗》《近墨者未必黑》《"开卷有益"质疑》《东施无过》《分数高≠优秀生》《"班门弄斧"新解》《"亡羊补牢"为时晚矣》《有志者，事竟成吗》《驳"罚款有效论"》《憎莲说》《有欲则刚》《旁观者未必清》《姜，一定是老的辣吗》《做一天和尚就得撞一天钟》《论"小事"》《淡泊未必明志，宁静未必致远》《驳"包子有肉不在褶上"》《这岂是小事》《驳"成事在天"》《驳"难得糊涂"》《驳斥"粗话有理"》《做有能力的一代新人》《驳"机遇出人才"》《勇于正视缺陷》《评"比上不足，比下有余"》《也谈"失荆州"》《驳"嘴上没毛，办事不牢"》《谈"找乐"》《这是爱国行动吗》《希望的所在》《"有志者事竟成"异说》。本章个别地方另有语料来源，特此说明。

第一节　论证语篇的篇章结构

就结构而言，论证语篇通常可分三部分：引论、本论、结论。这三者之中，只有本论是论证语篇必不可少的组成部分。就所考察的70篇议论文而言，所有议论文均有本论，63篇有引论，37篇有结论。就本调查来看，虽然引论和结论都不是议论文的必有组成部分，但引论出现的可能性明显大于结论。

一　论证语篇的引论

论证语篇的引论位于文章开头，是点明所要论述的问题，亮明作者观点的部分。

点明论题，亮明观点，是引论所具有的篇章功能。不过，论证语篇引出论题与观点的方式多种多样。根据"互动性"的强弱，引论可分两大类：

1）强互动性的引论，即以与读者互动的形式引出论题和观点；

2）弱互动性的引论，即以作者自白的形式引出论题和观点。

弱互动性的引论，根据表达方式的不同，又可分为：1）以"议论"的方式引出；2）以"叙述"的方式引出；3）以"描写"的方式引出；4）以"说明"的方式引出；5）以"抒情"的方式引出。①

强互动性的引论，如：

（1）朋友，当你遇到困境，心里生出沮丧之时，你是否能意识到困境是成功的阶梯？（《困境是成功的阶梯》）

例（1）是《困境是成功的阶梯》的开头，即引论。该引论通过与

---

① 有些论证语篇是以引用名人名言或名篇语句等开头的，这种"引用"式开头也可根据表达方式的不同，将其归入不同类型的引论。如："业精于勤荒于嬉，行成于思毁于随。"人生如同在修缮一座苍老的古城，需要延绵不断的工序，一旦停止，城墙便会因为一次的随性嬉闹坍塌，只有不断去夯实，才能得以修成。（《业精于勤》）上例是《业精于勤》第一段，即引论部分。该段以引用名言开头，因"业精于勤荒于嬉，行成于思毁于随"在表达方式上属于议论，因此，上例这种引论属于以"议论"的方式引出论题与观点。

读者互动的方式引出论题和论点:困境是成功的阶梯。① 互动的词汇标志是朋友、你。

弱互动性的引论中,以"议论"的方式引出论题与观点的,如例(2):波浪线部分是论题和论点,直线部分引出论题与论点,直线部分在表达方式上属于"议论":

(2) 芸芸众生,不论是谁,都会在人生的道路上遇到大大小小的挫折。面对挫折,不少人会因此放弃奋斗目标,变得消沉颓丧。然而,面对挫折,自强者终会知道这是人生路上必须搬开的绊脚石,更会去体验战胜困难、超越自我的快乐。(《面对挫折当自强》)

以"叙述"的方式引出论题与观点,如例(3):波浪线部分是论题和论点,直线部分引出论题与论点,直线部分在表达方式上属于"叙述":

(3) 有两个人结伴横穿沙漠。到沙漠腹地时,一人中暑了,又没水喝,不能行动。同伴给他一支手枪,五颗子弹,嘱咐他过3小时后,每隔一小时鸣一枪,以让他能辨别方向,回来会合。过了8小时,同伴提着满壶清水带着骆驼商旅循枪声找来。结果只见到一具尸体,其头部被一颗子弹穿透了,手枪和五个弹壳散落在死者周围。他自杀了,没有坚持到还有被救希望的最后一刻。他的沙漠之旅的悲剧结局,从反面向人们提出了一个警示:坚持,再坚持。(《贵在坚持》)

以"描写"的方式引出论题与观点,如例(4):波浪线部分是论题和论点,直线部分引出论题与论点,直接部分在表达方式上属于"描写":

(4) 虎啸深山,鱼翔浅底,驼走大漠,雁排长空……世间万物各有属于自己的一片天地,生命的玄机是找到自己的位置,绽放属于自己的光彩。(《找准位置,绽放光彩》)

以"说明"的方式引出论题与观点,如例(5):波浪线部分是论题和论点,直线部分引出论题与论点,直线部分在表达方式上属于"说明":

(5) 俗话说:"包子有肉不在褶上",意思是说有好的内容,就不必在乎什么形式。乍听起来似乎还算在理,但细究下去,未免有些偏颇。

---

① 在写作学、文章学中,论题与论点不同。就语言研究而言,鉴于论题常可蕴含在论点之中,表达形式上二者难以截然分开,所以正文不作严格区分。

(《驳"包子有肉不在褶上"》)

单纯以"抒情"这种表达方式引出论题与论点，比较少见。引论中引出论题和论点的部分，可以带有抒情性，不过，这种抒情性往往是建立在描写和叙述的基础上的，如例（6）：波浪线部分是论题和论点，直线部分引出论题与论点，直线部分带有抒情的性质，这种抒情性是以描写和叙述为依托，并非单纯地、纯粹地抒发感情：

（6）落叶在空中盘旋，谱写着一曲感恩的乐章，那是大树对滋养它的大地的感恩；白云在蔚蓝的天空中飘荡，描绘着一幅幅感人的画面，那是白云对哺育它的蓝天的感恩。因为感恩才会有这个多彩的社会，因为感恩才会有真挚的友情，因为感恩才让我们懂得了生命的真谛。（《一颗感恩的心》）

当然，上述几种引出论题与论点的方式，也可同时使用。这时，论证语篇的引论在表达方式上就呈现出多种类型并存的情形。

二　论证语篇的本论

本论是论证语篇的结构主体，是最能体现论证语篇语法特征的组成部分。Longacre（1996）、Longacre 与 Hwang（2012）根据"事件时间序列"和"施事导向"两个标准，将语篇分为四类：叙事语篇、过程语篇、行为语篇、说明语篇。这四类语篇在上述两个指标上的赋值如表 2-1 所示。

表 2-1　　　　　　　　　　Longacre 的语篇分类方案

分类标准 语篇类型	事件时间序列	施事导向
叙事语篇	＋	＋
过程语篇	＋	－
行为语篇	－	＋
说明语篇	－	－

事件时间序列，指事件是按一定的时间顺序发生的；施事导向，指施事形式在整个语篇中频繁出现，推进语篇进展。由表 2-1 可知，说明

语篇的语法特点是：-事件时间序列；-施事导向。而我国传统所说的议论文，也呈现"-事件时间序列；-施事导向"的特点。即按Longa-cre等学者的语篇分类方案，我国传统所说的议论文，应归入他们所说的"说明语篇"。

论证语篇主体在语法上至少包含三个特点：-事件时间序列；-施事导向；+主观性。下面分别说明。

（一）"-事件时间序列"

"事件时间序列"是以叙事语篇为坐标确定的一个语篇分类标准。论证语篇不是叙述事件，因此，论证语篇的语篇推进不具有"事件时间序列"。即论证语篇不是在"时间"维度上推进语篇的。论证语篇是在"逻辑"维度上推进语篇，下例就很好地说明了这一点：

（7）<u>成长密码：性格决定成长方向。</u>充满好奇心的人勇于探索，善于发现，并为每一次的所得欢欣鼓舞，所以能经受更多的磨炼，拥有坚韧的品质；处事谨慎的人心思缜密，他们往往老成持重，在每次历练中都能把持大局，不为外界诱惑所动；个性洒脱的人不拘小节，不为生活中的条条框框所束缚，也常会拥有异于常人的奇思妙想，开创一番伟业……所以，性格是人内心品质的体现，性格决定了人的处事态度、价值取向，影响了人的发展方向。正因为不同的性格，才有了不同的人生道路，有了不同的成长经历。<u>性格是人成长路上的决定因素。</u>（《成长密码》）

上例是《成长密码》中的一段，该段有一个分论点，即段落首句（画线部分）。接下来，作者从"充满好奇心的人""处事谨慎的人""个性洒脱的人"这三类人的成长轨迹出发，对上述分论点展开论证，然后以"所以""正因为"为标志，对上述论证过程予以归纳。最后一句（画线部分）回应句首分论点，从而收束整段。上例段落结构为"总—分—总"，中间"分论"部分内部结构为"分—总"，其中的"分"在内部结构上又表现为并列（波浪线部分），其中的"总"以"所以"为标志。上例虽是论证语篇中的一段，却很好地表现了论证语篇宏观结构的"总—分—总"类型。论证语篇的段落结构是论证语篇宏观结构的一个缩影，二者在章法上具有递归性。上面以论证语篇中的一段为例，以小见大，已可明显看出论证语篇篇章推进的"逻辑性"。

"－事件时间序列"是论证语篇主体的宏观特征,即论证语篇主体在宏观推进上具有"－事件时间序列"。这一特征并不意味着论证语篇所有部分都与"时间性"无关。论证语篇局部也可呈现出"事件时间序列"。例如,论证语篇中的事实论据,通常由事件构成,事实论据的推进多由时间维度展开。如:

(8)法国的乔利在为一位贵妇人熨一件高贵的礼服时,一不小心将煤油灯打翻,煤油滴在了贵妇的礼服上,为此他要白做一年工。他将这件礼服挂在床头作为警示。后来他发现那件礼服被煤油所浸之处非常洁净,为了找到原因,他不断探索,由此改革了传统的洗衣技术。(《困境是成功的阶梯》)

例(8)出自议论文,在议论文中充当事实论据。不难看出,该例按时间线索陈述事实,其中的时间词语和体标记是时间性的显性标志。

(二)"－施事导向"

论证语篇旨在证明某个观点的正确或驳斥某个观点的谬误,所以,论证语篇的篇章话题是抽象的"观点",而非具体的"人"。论证语篇围绕"观点"而非"人"展开,因此在行文上就具有"－施事导向"。如:

(9)有了目标,就有了拼搏的动力。坚定目标,可以克服任何困难。在人生的道路上,充满了坎坷与困难,但因为有目标,就有了动力,就能奋勇向前。(《给自己一个目标》)

例(9)出自议论文《给自己一个目标》,该文所要论证的观点是:人生需要目标。上例围绕这一抽象观点展开,行文上具有"－施事导向"。

"－施事导向"是论证语篇主体的宏观特征。因此,这一特征并不意味着论证语篇中不能出现"指人"成分,而是说,论证语篇即使出现"指人"成分,它们也不具有推进宏观语篇的作用。

为了分析论证语篇中"指人"成分的使用情况,笔者以35篇立论文的本论部分为考察范围,分"论据"和"非论据"("非论据"即"论证和论点")两部分,调查其中第一、二、三人称代词(包括单数和复数)的用法。下面是调查结果。

第一,"论据"中的人称代词。

论据部分共出现人称代词155次,其中第一人称代词13次("我们"7次,"我"6次),约占8.39%;第二人称代词1次("你们"0次,"你"1次),约占0.65%;第三人称代词141次("他们"6次,"他"119次,"她们"1次,"她"15次),约占90.97%。由此可见,论据中,三类人称代词按出现次数由多到少可排序为:第三人称＞第一人称＞第二人称。第三人称占绝对优势。

论据中第三人称代词占绝对优势,这是因为论据中的"事实论据"具有叙事性。换言之,事实论据在语篇属性上与论证语篇的典型特征不符,是论证语篇中的"叙事性"组成部分。因为事实论据的"叙事性",事实论据在推进时具有"施事导向",因此用来回指叙事主角的第三人称代词数量最多,如:

(10)让·克雷蒂安从小口吃,脸部畸形,他把小石子含在嘴里来练习说话导致血流不止,妈妈心疼他不让他练,他说:"书上说,每一只蝴蝶都是自己冲破茧后才成形的。我要做一只美丽的蝴蝶。"他确实成了一只美丽的蝴蝶,成为加拿大的总理,被称为"蝴蝶总理"。(《让挫折与荣誉共舞》)

例(10)是议论文《让挫折与荣誉共舞》中的事实论据,具有叙事性。该事实论据在内容推进上具有"施事导向",叙事主角是"让·克雷蒂安"。由例(10)可知,之所以其中第三人称代词较多,是回指叙事主角的需要。

第二,"论证和论点"中的人称代词。

论证和论点部分共出现人称代词226次,其中第一人称代词97次("我们"68次,"我"29次),约占42.92%;第二人称代词43次("你"43次,"你们"0次),约占19.03%;第三人称代词86次("他们"27次,"他"50次,"她们"0次,"她"9次),约占38.05%。由此可见,论证与论点中,三类人称代词按出现次数由多到少可排序为:第一人称＞第三人称＞第二人称。第一人称代词相对最多。

论证和论点中,第一人称代词最多,其中又以"我们"更占数量优势("我们"68次,"我"29次)。论证和论点中的"我们",通常是包含读者和作者在内的统称,是作者站在读者立场上的一种称谓。作者在表达自己的观点时,以"我们"开启,既可看出作者自己的身影,又可看出作者对读者的关注。"我们"在论证和论点中的优势分布，从一个细节体现了论证语篇的"主观性"和"互动性"。如：

（11）面对挫折，我们不应放大痛苦，而应直面人生，缩小痛苦，直至成功的那一天。（《遭遇挫折，笑对痛苦》）

例（11）表达了作者"遭遇挫折、直面痛苦"的观点，这一观点的受众是包括作者和读者在内的"我们"。"我们"的使用，既体现了作者的主观认识，又体现了作者对读者加以说服的互动的一面。

当然，作者也可单纯表达自己的观点，这时就出现了第一人称单数代词"我"，如：

（12）我不希望自己的生命如花朵一样娇艳欲滴，我更希望自己的生命是海边礁石，经海浪千万次锤击而愈发挺立。（《困境是成功的阶梯》）

显然，"我"的使用彰显的是作者的"主观性"，对读者的关注就弱多了。

论证与论点中，第三人称代词数量位居第二。这些第三人称代词多是在回指"论据"中出现的人物，如：

（13）"究天人之际，通古今之变，成一家之言"的司马迁也正是用苦难鞭策自己，立志写下宏作。我想也正是由于苦难成就了他。换言之，是在苦难的磨砺中，他实现了自己的人生价值。（《困境是成功的阶梯》）

（14）李太白官场失意却在山水间体味乐趣，陶潜远离尘网却在田间品尝收获滋味。他们都寄情于自然，更寄情于文字，官场上的阴影与文学史上的光明让他们更为后人所敬仰。（《让挫折与荣誉共舞》）

例（13）、（14）中，画线部分属于论据，非画线部分属于论证。论证中出现的第三人称代词"他""他们"，分别回指论据中的"司马迁""李太白和陶潜"。

论证与论点中，第二人称代词数量相对最少，不过就比例而言也不算低（19.03%）。论证与论点中的第二人称代词均为单数的"你"。这个"你"通常指读者，是作者将读者带入论证当中，提高语篇互动性的表现，如：

（15）挫折，在它刺伤你的同时，也教给你人生的经验，也为你埋下了成功的基石。（《挫折是人生的基石》）

综上所述，论证语篇的篇章话题是"观点"，论证语篇围绕"观点"而展开，因此具有"－施事导向"。论证语篇不存在推进语篇前进的施事，并不意味着论证语篇中不能出现"指人"成分。论证语篇中人称代词的分布具有明显的语篇动因。具体表现为："论据"中第三人称代词占绝对优势，"论证和论点"中第一人称代词相对最多；同时，相较而言，"论证和论点"中第二人称代词的绝对数量也不少，而"论据"中的第二人称代词很少。由这种分布可以看出，"论证和论点"旨在表明主张、说服读者，因此，在人称代词的使用上彰显第一人称和第二人称，体现了论证语篇的主观性和互动性；而"论据"旨在叙述事实依据，因此，在人称代词的使用上彰显第三人称，体现了论证语篇中叙事性组成部分的特征。

(三)"主观性"

论证语篇摆事实、讲道理，是为了证明自己观点的正确或驳斥别人观点的谬误。因此，论证语篇是主观性凸显的语篇类型，具有明显的说服性。

从 Longacre 和 Hwang 的语篇分类方案看，我国传统所说的议论文和说明文均属于他们所说的说明语篇，因为二者均具有"－事件时间序列"和"－施事导向"。但是，议论文和说明文毕竟不同，如果增加"主观—客观"的区分维度，二者的不同就可呈现出来。议论文是论证性语篇，目的在于说服（Persuasive）；说明文是解释性语篇，目的在于提供信息（Informative）。前者凸显主观性，后者凸显客观性。即论证语篇与说明语篇的异同可用三个指标予以鉴别，详见表2-2。

表2-2　　　　　　　　　论证语篇与说明语篇的异同

语篇属性与区分指标 语篇类型	语篇性质	语篇功能	事件时间序列	施事导向	主观性
论证语篇	说服性语篇	观点说服	－	－	＋
说明语篇	解释性语篇	信息提供	－	－	－

论证语篇的主观性，表现在语言表达上至少包括以下几个方面。

第一，论证语篇中表明言者观点的动词相对常见，如证明、指出、认为、说明、反对、否认等。如：

（16）历史已经证明，遏制中国是注定要失败的。（《谨防冷战思维抬头——驳"遏制中国"论》）

（17）应当指出，在处理国与国的关系时，必须遵循尊重别国主权，不干涉别国内政的原则。（《谨防冷战思维抬头——驳"遏制中国"论》）

第二，论证语篇中表明言者意愿的能愿动词相对常见。如：

（18）我们在处理和自然的关系的时候，应该有大局意识和责任感。（《人与自然——从非洲难民捕食鲸鱼说起》）

（19）因此，必须警惕遏制论蔓延，谨防冷战思维抬头。（《谨防冷战思维抬头——驳"遏制中国"论》）

第三，论证语篇中引出言者观点的插入语相对常见。如：

（20）我想只要国际社会共同努力，不仅可以让难民不用吃鲸鱼，还可以消除难民现象。（《人与自然——从非洲难民捕食鲸鱼说起》）

（21）显然，这些论据根本站不住脚。（《谨防冷战思维抬头——驳"遏制中国"论》）

第四，论证语篇中，用以说服读者的祈使句、反问句相对常见。如：

（22）给爱一点空间，让你爱的人在爱的滋润下健康成长！（《给爱一点空间》）

（23）不要用热烈的心炙烤鲜花，因为这样它会凋谢，不要强加给琴弦一个它不能承受的力道，因为这样它会断掉。（《给爱一点空间》）

（24）深爱着孩子的父母呵，何不给孩子一个空间、一次机会，让他们自由地穿越风雨、展翅九天？（《给爱一点空间》）

（25）我们是要求他们守着宝藏过穷日子呢，还是应该让他们合理地开发宝藏让自己获益、让国家获得资源？（《人与自然》）

例（22）是肯定祈使句，例（23）是否定祈使句，例（24）是特指疑问句形式的反问句，例（25）是选择问形式的反问句。上述四例在论证语篇中均用来与读者互动、说服读者。

三 论证语篇的结论

结论是论证语篇的结束部分，旨在归纳观点、收束全篇。因此，带有总结性的论证语言，通常是结论中不可或缺的内容，如例（26）、

(27)、(28)的直线部分;除此之外,因论证语篇具有说服性,所以,结论中也会出现一些感召性、祈使性、互动性等非论证性的语言,分别如例(26)、(27)、(28)中的波浪线部分所示:

(26) 树立远大的志向,不断发扬艰苦奋斗的精神,掌握过硬的本领,锻炼强健的体魄。伟哉!中华英雄之少年。(《奋斗铸就成功》)

(27) 遭遇挫折,不应放大痛苦。擦一擦额上的汗,拭一拭眼中欲滴的泪,继续前进吧!(《遭遇挫折,笑对痛苦》)

(28) 站对人生的舞台,成就人生的辉煌!你觉得呢?(《站对人生的舞台》)

显然,结论中带有总结性的论证语言,语篇地位更为重要。

第二节 论证语篇的"前景—背景"与凸显等级

一 论证语篇的"前景—背景"[①]

"前景—背景"反映了篇章语法从"重要性"或"凸显度"出发分析语篇的一种研究理念。大致而言,从功能上看,一个语篇中最重要的部分提炼出来,即为前景,其他则为背景;从认知上看,一个语篇中最凸显的部分提炼出来,即为前景,其他则为背景。功能上重要的、认知上凸显的,往往可通过语言学实验或心理学实验得到证明。比如让被试进行语篇缩写或语篇复述,经缩写或复述而来的压缩文本,往往在内容上大体对应或隶属于原有语篇的前景部分。

由于篇章语法研究首推叙事语篇,因此人们一提到前景、背景就自然与叙事语篇挂起钩来。如 Hopper(1979)认为,叙事语篇的骨干结构是前景而支持性材料为背景;又 Hopper 与 Thompson(1980)由对叙事语篇的研究得出:前景通常表现为高及物性,背景通常表现为低及物性。但实际上,前景、背景这组概念适用于所有语篇类型。这一点在 Hopper

---

[①] 本节为《论证语篇的"前景—背景"与汉语复句的使用》(《华中师范大学学报》2017年第4期)一文的部分内容。有改动。

与Thompson（1980）中也有说明：语篇中提供主要内容的材料叫前景，不直接有效地服务于交际目的而只起辅助性、引申性等作用的材料，叫背景。可见，前景、背景并不局限于叙事语篇。

每种语篇类型都有各自的交际目的和用途。直接服务于这种交际目的和用途的篇章组成部分，即为前景；间接服务于这种交际目的和用途的篇章组成部分，即为背景。因此，何为前景、何为背景是相对于语篇类型而言的，并不是固定不变的。我国文章学或写作学中常有表达方法之说，即记叙、议论、说明、描写、抒情等，并认为一篇文章可以一种表达方法为主，兼用其他表达方法。换用篇章语法的表述，即在记叙文中，记叙就是前景，议论、说明等是背景；而在议论文中，议论就是前景，记叙、说明等是背景；以此类推。由此可见，前景、背景因语篇类型而不同，并非固定不变。

论证语篇的功能是"论证"，而论证的突出特点是"逻辑性"。从论证语篇的功能和论证的突出特点出发，可以推测，在论证语篇中，前景与背景的差别表现为"逻辑性"与"非逻辑性"。即具有逻辑推理性质的语篇组成部分，是论证语篇的前景；而不具有逻辑推理性质的语篇组成部分，是论证语篇的背景。

关于论证语篇的内部结构，廖秋忠（1988）进行了开拓性研究，他指出：第一，论证语篇的结构可分为"核心""外围"两部分；第二，"核心"由"论题""论据"构成，论题是真实性需要证明的命题，论据是立论的根据；第三，"外围"包括"引论"和"结尾"，引论常提供论题产生的背景、缘由，结尾重述论题，有时还包含与论题有关的引申话题等。

笔者根据上述框架分析了35篇议论文，[①] 将上述每篇议论文都分解

---

① 这35篇议论文出自王剑冰、翟秀海主编《金榜作文·议论文》，东北师范大学出版社1998年版。具体为：《我不做牛》《莫等闲，白了少年头》《从一则佛教故事想到的》《做"林中鸟"，不做"笼中鸟"》《克制》《谈谈"尺有所短，寸有所长"》《散发生命的光热》《校园生活谈》《要重视小事》《达·芬奇画蛋的启示》《说说荣誉感和虚荣心》《求同与求异》《电有什么用?》《节俭，势在必行》《说"花钱"》《人和机遇》《顺境与逆境》《浅论人生价值》《告别自己》《"明志"何必"淡泊"》《蜜蜂·鹰眼·镜子》《应该利用日历进行爱国主义教育》《切莫妄自尊大》《正确评价他人》《虚心纳谏，值得提倡》《财富》《小议"装模作样"》《礼物的危害》《"东施效颦"之我见》《现今中国阴盛阳衰吗?》《"金莲病态"该休矣》《人比人得死，货比货得扔吗?》《我最喜爱的一句名言》《理解》《重要的是首创精神》。

为论题、论据、引论、结尾四部分。实践表明，廖秋忠（1988）的框架可操作性很强。不过，为便于更加精细地分析篇章结构对复句使用的制约，笔者对上述框架做了两处改动。

第一，将"结尾"分解为"结论""尾声"两部分。

廖秋忠（1988）所说的"结尾"包含性质不同的两种成分：1）重述的论题；2）引申的话题。不难看出，前者具有总结全篇的作用，与上述框架"核心"中的"论题"本质相同；而后者则通常是议论文论证结束后、文章煞尾前的"题外话"。在笔者所及的样本中，这种"题外话"多表现为号召、鼓励等内容。有鉴于此，笔者将廖秋忠（1988）所说的"结尾"拆为两部分：结论和尾声。结论是重述的论题，隶属于"核心"；尾声是引申的话题，隶属于"外围"。

第二，在已有框架中加入"论证"这一要素。

写作学或文章学中常有议论文三要素之说，即论点、论据、论证。论点，解决"证明什么"的问题；论据，解决"用什么来证明"的问题；论证，解决"怎样证明"的问题（吴道文，1999：14）。论点，即廖秋忠（1988）所说的论题。[①] 论据，也已在该框架中列出。不过，该框架未列"论证"一项。这可能与廖秋忠（1988）所分析的语篇样本有关：在这些样本中，往往论据一经摆出，论点就得到了证明，论据与论点之间的逻辑联系显而易见，无须多加论证。鉴于论点、论据具备而论证缺失的议论文是议论文的一种情形，笔者从分析的方便性与准确性出发，在廖秋忠（1988）的基础上加入"论证"一项。试举一例：

（1）世界上从来就没有过完美的东西。《骆驼和羊》中，骆驼长得很高大，能吃到树上的叶子，便自鸣得意。可有一天它看到了一块肥美的草地却吃不到草，原因只是草地外那堵墙，它根本过不去，只好望草兴叹。而一贯因个儿矮吃不到树叶而被骆驼嘲笑的羊，在被骆驼视为大障碍的墙前，却轻而易举地从墙脚小洞中一钻而过，饱餐了一顿青草。

[①] 在写作学和文章学中，论点、论题有所不同。不过，就正文所讨论的问题而言，二者不必作严格区分。

二者的优劣恰好调了个个儿。骆驼盲目自大，太得意于自己的高个儿，而忽略了个儿高有时也是个短处，终于受到了惩罚；而羊却在墙洞前发挥了长处。(《谈谈"尺有所短，寸有所长"》)

例（1）中，加点部分为论点，直线部分为论据，波浪线部分为论证。至此，论证语篇的篇章结构可如图 2-1 所示。

```
                        论证语篇
          ┌───────────────┼───────────────┐
        非论证结构         论证结构          非论证结构
          │         ┌──────┼──────┐         │
         引论      论点    论据    论证       尾声
```

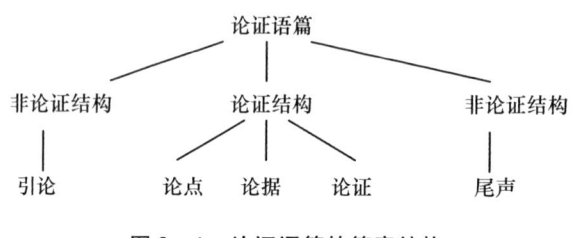

图 2-1　论证语篇的篇章结构

论证语篇由两部分组成：论证结构、非论证结构。论证结构，指论证语篇中直接用于证明的语篇组成部分，具体包括论点、论据、论证（上述单列的"结论"归入"论点"中）。非论证结构，指论证语篇中不直接用于证明而是起辅助作用的语篇组成部分，具体包括引论、尾声。从前景、背景的角度看，论证语篇的前景即论证结构，论证语篇的背景即非论证结构。对于论证语篇而言，前者是不可或缺的，后者则可有可无。

二　论证语篇的凸显等级

论证语篇的凸显等级，指依据重要性的不同，对论证语篇的不同构成部分所做的等级区分。等级越凸显，篇章地位越重要。

就结构而言，论证语篇通常分为三部分：引论、本论、结论。同时，论点、论据、论证是议论文的三要素。三要素在论证语篇中的分布，具有一定的规律性。

三要素中，论点是作者对所论述的问题或事物所持的见解和主张；论据是用来证明论点的理由和根据，就中学生议论文而言，论据主要有两类：事实论据和理论论据，前者指可以证明论点的事件，后者则常常表现为名人名言；论证则指运用论据证明论点的过程。议论文的三要素，是论证语篇"论证"功能的体现，是论证语篇不可或缺的部分。

论点在论证语篇中的分布最灵活，引论、本论、结论三部分中均可出现；论据的分布比较固定，通常在本论中出现；论证的分布也比较固定，集中出现在本论中，不过，引论和结论中也可有少量分布。

引论旨在点明论题、亮明观点。不过，在行文风格上，不是所有论证语篇都开门见山地提出论题和观点，不少论证语篇在提出论题和观点之前，往往有一个引出论题和观点的"导引"部分。这个"导引"不在议论文三要素之内，也不是论证语篇所必有的组成部分，篇章地位不重要。

同理，结论旨在归纳观点，收束全篇。在行文上，除了具有总结性的论证语言外，结论还会包含一些具有感召性、祈使性或互动性等的非论证语言。这些非论证语言是结论中的延伸部分，也不在议论文三要素之内，篇章地位也不重要。

本论是论证语篇最为重要的组成部分，由论点、论据、论证三部分构成，突出体现了论证语篇的"论证"特征。不过，就论点、论据、论证三者而言，论据是为论点、论证服务的，并且，论据的篇章属性也多与论证语篇的典型特征不符，如事实论据的叙事性。因此，在议论文三要素中，相较而言，论点、论证比论据重要，前者才彰显论证语篇的典型特征。

综上所述，根据组成部分是否具有"论证性"，论证语篇的凸显等级首先可一分为二：非论证部分、论证部分。前者的篇章功能不在于论证，具体包括：1）引论中的"导引"部分；2）结论中的"延伸"部分；后者的篇章功能为论证，具体包括论点、论据、论证，即议论文的三要素。论证部分根据重要性的不同，又分前景和背景两部分，前景即论点和论证，背景即论据。需略作说明的是，前景中的论点，除在本论中出现外，在引论和结论中也会出现；而前景中的论证，主要分布于本论中，引论和结论中也会有少量论证语言。

上述论证语篇的凸显等级如图 2-2 所示。

```
                    ┌ 引论中的"导引"部分
        ┌ "非论证"部分 ┤
        │           └ 结论中的"延伸"部分
        │
        │                              ┌ 背景：论据
        │                              │
        └ "论证"部分（论点、论据、论证）┤
                                       │
                                       └ 前景：论点和论证
```

图 2-2　论证语篇的凸显等级

由图 2-2 可知，论证语篇中，"论证"部分比"非论证"部分重要，"论证"部分中，论点和论证又比论据重要。不难看出，这种凸显等级的差异，是由论证语篇的篇章功能决定的。

第三节　论证语篇的结构与复句运用

论证语篇通常分引论、本论、结论三部分。本论是论证语篇的必有组成部分，且在篇幅上占绝对优势。与引论、结论相比，本论部分的内部结构更为复杂。对于只有"总论点"而没有"分论点"的论证语篇而言，本论部分的内部结构相对简单；对于既有"总论点"又有"分论点"的论证语篇而言，本论部分的内部结构相对复杂：根据各"分论点"之间的逻辑关系，本论部分的内部结构呈现出不同类型。

根据已有研究（彭杰，1989：152—157；方仁工、陈昌富编著，1992：144；郭宏才，2016：97—106），当本论部分的内部结构比较复杂时，各"分论点"之间的常见关系主要有以下三种。

第一，各"分论点"之间具有并列关系，本论部分的宏观结构为"并列论证"。这种论证语篇的篇章结构可图示为：

引　论········本论········结　论

总论点······并列论证·····总结

第二，各"分论点"之间具有递进关系，本论部分的宏观结构为"递进论证"。这种论证语篇的篇章结构可图示为：

引　论······本论······结　论
总论点······递进论证·····总结

第三，各"分论点"之间具有正反对比关系，本论部分的宏观结构为"对比论证"。这种论证语篇的篇章结构可图示为：

引　论······本论······结　论
总论点······对比论证·····总结

下面，考察论证语篇的宏观结构与本论内部结构的不同，对复句使用是否存在影响以及存在何种影响。

一　论证语篇的宏观结构与复句运用

第一章第三节已有交代，根据关系词语的位置，形合复句可分两类：1）首层形合复句；2）非首层形合复句，前者受宏观语篇的制约更明显。为此，本节在分析论证语篇的宏观结构对复句使用的影响时，将考察对象确定为首层形合复句。

本调查35篇立论文中，首层形合复句共259例。其中，引论部分共23例，具体为：转折11例，假设3例，条件2例，并列2例，时间1例，递进1例，解说1例，因果1例，连贯1例；结论部分共15例，具体为：因果4例，假设4例，条件3例，递进2例，转折1例，连贯1例；本论部分共221例，具体为：转折64例，假设37例，并列32例，因果24例，连贯19例，递进17例，条件16例，时间7例，目的4例，解说1例。

本调查35篇驳论文中，首层形合复句共262例。其中，引论部分共26例，具体为：转折7例，假设6例，递进3例，因果3例，时间3例，并列2例，连贯2例；结论部分共8例，具体为：因果2例，条件2例，并列2例，时间1例，转折1例；本论部分共228例，具体为：转折47例，假设45例，并列35例，递进34例，因果32例，条件14例，连贯8例，选择4例，目的4例，解说3例，时间2例。

综合上述调查，70 篇论证语篇中，首层形合复句共 521 例。其中，引论部分共 49 例；结论部分共 23 例；本论部分共 449 例。首层形合复句主要分布于本论，约占 86.18%；其次是引论，结论中的形合复句最少。

引论部分的 49 例首层形合复句，具体包括：转折 18 例，假设 9 例，并列 4 例，时间 4 例，递进 4 例，因果 4 例，连贯 3 例，条件 2 例，解说 1 例。由此可见，引论中转折复句相对最多，约占 36.73%。

结论部分的 23 例首层形合复句，具体包括：因果 6 例，条件 5 例，假设 4 例，递进 2 例，并列 2 例，转折 2 例，连贯 1 例，时间 1 例。由此可见，结论中各类复句均不多，且各类之间在数量上差距不大，看不出某类复句占绝对优势，若就调查数据而言，因果复句占首位。

本论部分的 449 例首层形合复句，具体包括：转折 111 例，假设 82 例，并列 67 例，因果 56 例，递进 51 例，条件 30 例，连贯 27 例，时间 9 例，目的 8 例，解说 4 例，选择 4 例。由此可见，本论中数量居前两位的复句类型是：转折，约占 24.72%；假设，约占 18.26%。

（一）引论中的转折复句

引论旨在点明论题，亮明观点。引论中，转折复句相对最多，主要是因为转折复句较好地满足了引论部分的表达需要。具体而言，主要有两种。

第一，转折复句满足了引论点明论题、亮明观点的表达需要。

论证语篇要通过摆事实、讲道理，来证明观点的正确。可见，论证语篇所要证明的，有可能是别人并不接受的。这样一来，作者在引入论题、亮明观点时，通常会考虑得比较周全，往往从正、反两个方面展开，这就为转折复句的使用提供了空间。如：

（1）什么是财富，仁者见仁、智者见智，但无外乎有如下观点：财富就是金钱，财富就是知识，财富就是阅历……严格来说这些观点没有问题，但笔者认为高尚的职业道德也是宝贵的财富。（《高尚的道德就是最大的财富》）

例（1）是《高尚的道德就是最大的财富》第一段，即引论部分。该引论由两个转折复句构成，均以"但"为标志。第一个转折复句点明论题,即告诉读者该议论文讨论的是"财富是什么"的问题;第二个转折复句亮明观点,即告诉读者作者的观点:高尚的职业道德是财富。上述论题与观点的表述,均考虑了正、反两个方面。以第一个转折复句为例,作者在交代论题"财富是什么"时,既考虑了关于此问题的"见仁见智"的一面,又考虑了关于此问题的"一般认知"的一面。第二个转折复句,同理。

第二,转折复句满足了引论中引发论题和论点的事件表达的需要。

由事件引出论题和论点,是论证语篇比较常见的开启模式。而能引发作者讨论的事件,往往具有一定的复杂性,是人们在认识上容易产生分歧的事件。这类事件就其内部而言,往往包含一定的矛盾和对立,因为这种矛盾和对立的存在,作者在叙述这类事件时会相对较多地用到转折复句。如:

(2)近来在学校食堂吃饭,见到许多不尽人意的事情。其中,浪费粮食的现象令人瞠目,吃惊。有的同学嫌饭菜不好吃,弃之桌上,扬长而去;有的同学买菜打饭数量控制不当,剩饭剩菜一倒了之;甚至有的同学把馒头、包子扔来扔去打仗玩……当有人对此提出批评时,个别同学却不以为然:"这么点儿小事,有什么值得大惊小怪的?"

<u>浪费是一件小事吗?</u>

<u>答案是与此相反的。</u>(《这岂是小事》)

例(2)是《这岂是小事》前三段,即引论部分。波浪线部分是论题和论点所在,第一段是引出论题和论点的部分,是在叙述"学生浪费粮食"这件事。人们对这件事存在不同认识,因此,作者在叙述这件事时,用到了转折复句。

简言之,引论中之所以转折复句相对最多,是因为转折复句相对而言更好地满足了引论的两种语篇功能:1)点明论题与论点;2)叙述铺垫性事件。相较而言,前者是引论中转折复句的主要功能。就所调查的70篇议论文而言,引论中出现的转折复句共18例,其中,用于点明论题与论点的有12例,用于叙述铺垫性事件的有6例。可见,前者是引论中转折复句更为重要的语篇功能。

（二）本论中的转折和假设复句
1. 本论中的转折复句

本调查 35 篇立论文中，本论部分的转折复句共 64 例，其中，用于论据的转折复句 31 例，用于论证和论点的转折复句 33 例。

本调查 35 篇驳论文中，本论部分的转折复句共 47 例，其中，用于论据的转折复句 12 例，用于论证和论点的转折复句 35 例。

综上所述，70 篇议论文中，本论中出现的转折复句共 111 例。其中，用于论据的有 43 例，约占 38.74%；用于论证和论点的有 68 例，约占 61.26%。由此可见，本论中转折复句的优势分布是论证和论点，而非论据。①

用于论证和论点的转折复句，分别如：

（3）当然，也有人是直到晚年才取得成就的，即人们所说的"大器晚成"，但这毕竟只是其中一部分人。（《驳"嘴上没毛，办事不牢"》）

（4）按理说那些失败者完全可以尝到胜利的喜悦，但他们往往缺少一种胜利的必要条件，那就是坚持。（《坚持就是胜利》）

用于论据的转折复句如：

（5）在那个人人埋怨的时代，沈从文先生目睹现实的残酷却依然将那个西南小城写成了山美、水美、人美的世外桃源。（《梦想在现实中起舞》）

根据关系词语的不同，转折复句可分三类：1）一般转折，指偏句没有关系词语的转折复句，如：P，但（是）/却/可（是）/然而/而 Q；2）实让转折，指偏句出现关系词语且关系词语为"尽管""虽然"的转折复句；3）虚让转折，指偏句出现关系词语且关系词语为"即使"的转折复句。就所考察的 70 篇议论文而言，本论部分的 111 例转折复句中，一般转折 90 例，实让转折 14 例，虚让转折 7 例。可见，论证语篇本论部分的转折复句，以一般转折占绝对优势，约占 81.08%。

若将转折复句的"分布"与"类型"这两个指标相结合，那么，70 篇议论文的本论部分中，位于论据的转折复句共 43 例，就类型而言有两

---

① 本论中转折复句相对最多，其语篇动因详见本章第四节的解释。

种：1）一般转折，有39例；2）实让转折，有4例。位于论证和论点的转折复句共68例，就类型而言有三种：1）一般转折，有51例；2）实让转折，有10例；3）虚让转折，有7例。

由上述调查可得出两点。

第一，无论是位于论据中的转折复句，还是位于论证和论点中的转折复句，就类型而言，均以"一般转折"占绝对优势。

第二，论据中的转折复句，没有"虚让转折"，"虚让转折"只出现在论证和论点中，这一点不难理解。本调查的70篇议论文，所使用的论据有两类：事实论据和理论论据，前者是已然事件，后者多为名人名言或名篇语句。而论据中的转折复句，绝大多数是用来充当事实论据的，即用来叙述已然事件，"虚让转折"在表义上具有虚拟性和假设性，因此，用来充当事实论据的可能性较小。而在论证和论点中，就其论证过程和论点表述而言，是允许虚拟性和假设性的，因此，论证和论点中的转折复句可以出现"虚让转折"这种类型。

以下是"论据"中的"一般转折""实让转折"和"论证与论点"中的"虚让转折"用例，分别为：

（6）《实话实说》让崔永元着实火了一把，然而在那之后他却空前恐慌，老是觉得自己再也做不出比这更好的节目了。（《让挫折与荣誉共舞》）

（7）周玉兰，一个普通的老师，面对无耻的劫匪，虽头破血流依然保护着数百张考生准考证。（《高尚的道德就是最大的财富》）

（8）即使先天条件差，但经过后天的努力和拼搏，也同样会取得辉煌的成就。（《谈拼搏》）

2. 本论中的假设复句

假设复句有不同的类型，就所调查的语料而言，涉及五类：

1）反事实假设，即假设从句的内容与事实相反；

2）低概率假设，即以"一旦""万一"为代表的、假设从句的实现概率较低的假设复句；

3）隐喻假设，即以"如果说"为代表的、表示不同的认知域之间推理关系的假设复句；

4）否定假设，即以"否则"为代表的、关系词语表示"如果不是这样"的假设复句；

5）一般假设，即以"如果"为代表、用法最普通的假设复句。

就所调查的 35 篇立论文而言，其本论部分的假设复句共 37 例，其中，一般假设 18 例，反事实假设 11 例，低概率假设 3 例，隐喻假设 5 例。可见，一般假设和反事实假设在立论文本论部分占优势，分别约占 48.65%、29.73%。

就所调查的 35 篇驳论文而言，其本论部分的假设复句共 45 例，其中，一般假设 37 例，反事实假设 6 例，否定假设 1 例，低概率假设 1 例。可见，一般假设和反事实假设在驳论文本论部分占优势，分别约占 82.22%、13.33%。

综合以上调查结果，70 篇议论文中，本论中的假设复句共 82 例。其中，一般假设 55 例，反事实假设 17 例，隐喻假设 5 例，低概率假设 4 例，否定假设 1 例。由此可得出论证语篇本论部分各类假设复句在数量上由多到少的排序：

一般假设 > 反事实假设 > 隐喻假设/低概率假设 > 否定假设

各类假设复句分别举例如下：

（9）若一味沉沦于挫折的痛苦中，结果将不堪设想。（《遭遇挫折，笑对痛苦》）

（10）如果罗斯福没有自信，怎能担任总统？（《挖掘自信的源泉》）

（11）如果说理想为你指明了道路，那么拼搏就是你穿越道路的工具。（《美好的生活源自拼搏》）

（12）一旦绝望，坚持就失去了精神的支柱。（《贵在坚持》）

（13）无论在顺利时还是困难时都要对自己充满信心，否则就谈不上"为"。（《驳"成事在天"》）

论证语篇本论中，假设复句的数量相对较多主要是因为：凭借客观世界中的已然事实，有时并不能将观点或道理讲得十分明白，这时，通过假设复句所构建的虚拟世界，可将事件的前因后果彰显无遗，从而将观点、道理说得更加透彻。即论证语篇本论中假设复句较多，是论证的需要。以例（9）为例，该假设复句构建了"沉沦于挫折→结果不堪设想"这一虚拟事件，由该虚拟事件结果的严重性，证明了"遭遇挫折，笑对痛苦"这一观点的正确。

不过，对比上面立论文与驳论文的本论部分的优势假设复句，可以看出，虽然它们都是一般假设数量最多，其次是反事实假设，但是，二者也有差异：就"一般假设"而言，立论文本论中该用法用量较低（48.65%），驳论文本论中该用法用量较高（82.22%）；而就"反事实假设"而言，立论文本论中该用法用量较高（29.73%）而驳论文本论中该用法用量较低（13.33%）。

"一般假设"是无标假设复句，"反事实假设"是有标假设复句。一种假设复句的用量增加，必然会带来另一种假设复句的用量减少。因此，下面着重分析为什么立论文中"反事实假设"用量较高而驳论文中该用法用量较少，从而在一定程度上解释立论文与驳论文本论部分在假设复句使用上的上述差异。

立论文中反事实假设相对较多，而驳论文中反事实假设相对较少，主要是由立论文与驳论文在"立论"与"驳论"上的不同所造成。以"机遇出人才"这个命题为例，如果写一篇立论文，即证明"有机遇→成才"这个命题是正确的，一种常见的论证方式是把上述命题的前项和后项变为否命题，即通过提供"没有机遇→没有成才"的案例来说明"有机遇→成才"的正确。如果将"有机遇"记作 P，将"成才"记作 Q，那么，为了证明"P→Q"的正确，就要提供"非 P→非 Q"的案例。不难看出，当 P 是真命题时，"非 P→非 Q"就是反事实假设句了。如：

（14）如果罗斯福没有机遇，就不可能担任美国总统。（自拟）

换言之，否定已然的前件 P，是反事实假设句得以构成的重要途径。

可是，如果是就"机遇出人才"写一篇驳论文，比如标题是《驳"机遇出人才"》，那么，该驳论文所要证明的就是："有机遇→成才"这个命题是错误的。要证明这个命题的错误，常见的论证方式是把上述命题中的后项变为否命题，即通过提供"有机遇→没有成才"的案例来说明"有机遇→成才"的错误。可见，同样是"有机遇→成才"这个命题，如果要写驳论文的话，其论证方式是否定后项。上文已述，反事实假设句的特点是"否定前件"，因此，否定后件的驳论过程就难以形成反事实假设句了。如：

（15）<u>阿斗继父为帝，与魏、吴鼎足而立，基业显赫，不可谓无"机遇"</u>；有神机妙算的诸葛亮为他出谋划策，更不可谓无"机遇"。<u>但最终为魏所虏，被后世嘲为"扶不起的阿斗"</u>。为什么一个拥有重重"机遇"的人，不能成就一番事业，反而家国不保呢？（《驳"机遇出人才"》）

例（15）出自驳论文《驳"机遇出人才"》，其论证方式即通过提供"有机遇→没有成才"的案例"阿斗"（见画线部分），以此驳斥"机遇出人才"这种认识。因为"有机遇→没有成才"这种驳论过程，否定的是"有机遇→成才"的后件，所以无法构成反事实假设句。

驳论文中也可出现反事实假设句，如：

（16）假设诸葛亮仅是一个目不识丁的凡夫俗子，那么，即使有"机遇"来到他身边，"成功"和"扬名"又岂能与他有缘？（《驳"机遇出人才"》）

例（16）也出自驳论文《驳"机遇出人才"》。为驳斥"有机遇→成才"这种观点，例（16）的论证方式仍是提供"有机遇→没有成才"的案例。只不过这个案例与事实相反，即虚拟了一个与事实不符的情形：诸葛亮目不识丁+诸葛亮有机遇→诸葛亮不能成才，以此说明"仅有机遇无法成才"，从而驳斥"机遇出人才"这种观点。可见，例（16）为了驳斥"有机遇→成才"，遵循的仍是"否定后件"的论证方式，只不过后件之所以被否定是因为增加了一个反事实的前件"诸葛亮目不识丁"。

综合例（15）和例（16）可以看出，驳论文为了驳斥"P→Q"这种观点，其常见的论证方式是"否定后件"，即找出"P→非Q"的种种案例，那么，"P→Q"这种观点就自然驳倒了。

综合上述立论文与驳论文，可以看出，对于"P→Q"这一观点而言，立论文为了证明这一命题的正确性，常常采用"非P→非Q"的论证方式；而驳论文为了证明这一命题的错误，常常采用"P→非Q"这种论证方式。显然，前者与反事实假设句"否定前件"的特点相符，因此，相对比而言，反事实假设句在立论文中更为多见。

（三）结论中的因果复句

论证语篇结论部分的主要功能是归纳观点、总结全篇。结论中，因果复句的数量最多，显然是因为因果复句与结论的上述语篇功能吻合。如：

（17）事物都有正反两方面。面对磨炼，如果你不战胜它，你就会被它打败，所以，把磨炼当成一种财富，勇敢地去面对它吧！（《磨炼是一种财富》）

例（17）是《磨炼是一种财富》最后一段，即结论部分。该结论归纳全文，重申观点，因此用到了因果复句。

二 论证语篇本论的结构与复句运用

前文已述，论证语篇的本论部分若包含不同的分论点，那么，本论部分的结构也会相对复杂。根据"分论点"之间的关系，本论部分有三种常见的结构类型：

1）本论部分的宏观结构为"并列论证"；
2）本论部分的宏观结构为"递进论证"；
3）本论部分的宏观结构为"对比论证"。

就笔者的初步观察和小样本调查来看，本论部分的结构类型对复句使用没有明显影响。

本论部分的结构类型的不同，会对本论中"段落"与"段落"之间的逻辑关系产生影响，如本论部分的宏观结构为"并列论证"，那么本论中段落与段落之间就有可能出现并列关系词语；本论部分的宏观结构为"对比论证"，那么本论中段落与段落之间就有可能出现转折关系词语；等等。即本论部分宏观结构的不同，会影响到本论中"段际"之间的逻辑关系，而复句通常是段落的构成部分，因此，本论的结构类型对本论中的复句使用，并无明显影响。

就语篇的实际情况看，当论证语篇的本论部分包含多个分论点时，这些分论点之间的关系常常呈现出多样性。即本论部分严格遵守并列论证、递进论证、对比论证的论证语篇并不常见。因这些论证语篇不易找到，所以笔者只能在很小的范围内做一个初步调查。具体包括三类：

1) 本论部分为"并列论证"结构,这样的论证语篇有一篇,题为《沉潜与成功》,电脑统计 1073 字;

2) 本论部分为"递进论证"结构,这样的论证语篇有两篇,题为《实现心中的理想》《给爱一点空间》,电脑统计 1642 字;

3) 本论部分为"正反论证"结构,这样的论证语篇有一篇,题为《让纪念闪耀理性光芒》,电脑统计 844 字。[①]

根据对上述四篇论证语篇中首层形合复句的统计,本论为并列论证的《沉潜与成功》中,首层形合复句共 8 例,分别是:转折 2 例,假设 2 例,连贯 2 例,目的 1 例,条件 1 例;本论为递进论证的两篇论证语篇中,首层形合复句共 15 例,分别是:转折 4 例,连贯 4 例,并列 2 例,时间 1 例,条件 1 例,因果 1 例,假设 1 例,目的 1 例;本论为正反论证的《让纪念闪耀理性光芒》中,首层形合复句共 10 例,分别为:转折 3 例,并列 2 例,时间 2 例,连贯 1 例,假设 1 例,条件 1 例。

上述调查范围小、数据稀疏,不过还是能看出来,虽本论部分的结构类型不同,但上述三类论证语篇中,转折复句仍是数量相对最多的复句类型,与前文对论证语篇复句使用的调查结果相同。简言之,本论是论证语篇的结构主体,在内部结构上会呈现出不同类型。就笔者的初步调查看,本论在内部结构上的差异对复句使用没有明显影响。

第四节 论证语篇的类型与复句运用[②]

根据论证方式的不同,论证语篇可分为"立论"和"驳论"两种,即通常所说的"立论文"和"驳论文"。从正面提出自己的观点并运用论据加以证明的议论文,是立论文;运用论据驳斥某种观点,并在反驳中陈述自己的观点,这样的议论文是驳论文(钟添贵主编,2002:

[①] 上述四篇论证语篇出自郭宏才编著《议论文写作指导》,四川大学出版社 2016 年版,第 98—106 页。

[②] 本节原载《华中师范大学学报》2023 年第 5 期。有改动。

1043、1049；陈纪宁主编，2002：1260、1263）。

立论语篇与驳论语篇，都属于论证语篇。为了检验论证语篇的这种下位分类是否会影响其中的复句使用，笔者分别考察35篇立论文和35篇驳论文中的首层形合复句。① 调查数据前文已述，为方便阅读，重录如下。

35篇立论文，首层形合复句共259例，其中，转折76例，约占29.34%；假设44例，约占16.99%；并列34例，约占13.13%；因果29例，约占11.20%；条件21例，约占8.11%；连贯21例，约占8.11%；递进20例，约占7.72%；时间8例，约占3.09%；目的4例，约占1.54%；解说2例，约占0.77%。由此，立论文中首层形合复句按由多到少可大致排列为五个等级：

序列1：转折＞假设＞并列/因果＞条件/连贯/递进＞时间/目的/解说

35篇驳论文，首层形合复句共262例，其中，转折55例，约占20.99%；假设51例，约占19.47%；并列39例，约占14.89%；递进37例，约占14.12%；因果37例，约占14.12%；条件16例，约占6.11%；连贯10例，约占3.82%；时间6例，约占2.29%；选择4例，约占1.53%；目的4例，约占1.53%；解说3例，约占1.15%。由此，驳论文中首层形合复句按由多到少可大致排列为四个等级：

序列2：转折/假设＞并列/递进/因果＞条件＞连贯/时间/选择/目的/解说

对比上面两个排序可以看出，除了递进复句在序列2中位置相对靠前、选择复句在序列2中出现而在序列1中未见外，上述两个排序非常接近，不同复句由多到少均表现为如下顺序：转折、假设、并列、因果、

---

① 经电脑统计，35篇立论文共28455字，35篇驳论文共33527字。

条件、连贯、时间、目的、解说。这说明，立论文与驳论文，同为论证语篇，在复句使用上具有明显共性。下面，将对立论文与驳论文在复句使用上的共性和差异予以分析。

一 立论文与驳论文在复句使用上的共性

下面以在序列 1 和序列 2 中数量占优势的转折、假设、并列、因果为例，对立论文与驳论文在复句使用上的共性予以说明。

转折复句在论证语篇中数量最多，主要基于转折复句的两种语篇功能。

第一，正反对比的论证方法。对比论证是论证语篇的常见论证方法之一，通过对正、反两个方面的事实或观点加以对比，正确的观点或主张得以确立。转折复句中，前后分句之间具有逆转关系，正可用来表现这种正反对比。如：

（1）鱼缸里的生活虽安逸，却使鱼丧失了生长发展的机会。（《成长密码》）

（2）这些看起来很平凡的小事，却处处体现了她全心全意为人民服务的崇高的思想境界。（《论"小事"》）

例（1）出自立论文，例（2）出自驳论文。例（1）通过对比"鱼缸生活的安逸"与"鱼丧失生长机会"，来佐证"环境对于成长的重要性"。例（2）通过对比"小事"的"平凡"与"不平凡"，来驳斥"区区小事，何足道哉"这种观点。

第二，正反对比的事实根据。论证语篇中，作为论据的事件，其内部语义可以是顺接的，也可以是逆接的。逆接论据在论证语篇中比较常见，论证语篇正是通过其所包含的逆接关系证明某种观点。如：

（3）年少得意的张居正参加会试，却意外落榜。（《在阴影中撑起一片光明》）

（4）军阀张勋在清帝退位后，仍以清朝忠臣自居，一心想复辟清室，可谓"有志者"，然其逆历史潮流而动，必然要被历史的车轮碾得粉碎。（《有志者，事竟成吗》）

例（3）出自立论文，例（4）出自驳论文。例（3）表达了"考试+落榜"这种逆接语义,作者以"少年张居正"的经历为根据,佐证了"在阴影中撑起一片光明"的观点。例(4)表达了"复辟+失败"这种逆接语义,以反驳"有志者,事竟成"这种观点。

简言之,对比论证的论证方法和内部具有逆接关系的事实论据,无论在立论文还是在驳论文中,都比较常见。转折复句因其内部语义的对立性,适宜于表现对比论证和逆接性事实论据。因此,在立论文和驳论文中,转折复句均最常见。

论证语篇中,假设复句的数量也相对较多,其原因本章第三节已有陈述。简言之,即论证语篇若只基于客观事实来论证某种观点,有时说服力会显得不足,通过假设复句的虚拟的"前提—结果",观点往往不言自明。如:

(5)如果一个人老是去往高处看,和上面去比,他必然产生烦恼,产生痛苦,他总会觉得自己处处不如别人。(《知足云天淡,进取风雨行》)

(6)假如每一个人都能像和尚那样,一丝不苟地尽到自己的职责,我们周围就没有那么多渎职的现象了。(《做一天和尚就得撞一天钟》)

例(5)出自立论文,例(6)出自驳论文。例(5)虚拟了一个"往高处看+痛苦"的情形,由该虚拟情形不难得出"知足常乐"的观点。例(6)虚拟了一个"大家都像和尚那样尽职+渎职减少"的情形,由此生动而幽默地驳斥了人们对"做一天和尚撞一天钟"的传统认识。

并列复句在论证语篇中数量也相对较多,主要是因为论证语篇为了加大论证力度,常常从并立的若干方面出发来阐明观点。如:

(7)出格,既是才气的展现,又是抱负的实现。(《出格》)

(8)整个自然界因顺其自然而展现着它的博大与美丽,同样的,在我们的生活中,顺其自然也是令人受益的真理。(《顺其自然的美丽》)

(9)有欲则刚,不是让我们为所有的欲望而打拼,而是指导人们以一种刚强的态度去为值得追求的欲望奋斗。(《有欲则刚》)

(10)办事牢不牢,并不在于嘴上有没有"毛",而在于办事能力与可靠程度。(《驳"嘴上没毛,办事不牢"》)

例(7)(8)出自立论文,例(9)(10)出自驳论文。例(7)是

"既……又……"格局,从"(出格是)才气的展现"和"(出格是)抱负的实现"两个方面论述了作者对出格行为的赞赏。例(8)同理。例(9)为"不是……而是……"格局,从并立的两个方面对"有欲则刚"进行阐释,表达了作者对"有欲则刚"这种观点的赞同。例(10)同理。

论证语篇中,因果复句的数量也相对较多,主要是因为论证语篇常常需要通过对事物或事件的因果关系的阐述来确立作者的观点。如:

(11)袁隆平正因为有这个梦想,所以他也就有了美好的期待。(《追逐梦想,期待成功》)

(12)自信,对于承担重任的我们来说尤为重要,因为它不仅是我们取得优异成绩所必需的精神支柱,而且也是我们将来做好一切工作必需的前提。(《成功的第一秘诀》)

(13)正因为人有欲望,才能激发出体内存在的潜力,变成"超人",做到以前根本无法想象的事。(《有欲则刚》)

(14)旁观者未必清,因为他们不了解当局者心中有着怎样的壮志或信念。(《旁观者未必清》)

例(11)(12)出自立论文,例(13)(14)出自驳论文。例(11)以袁隆平为例,通过对其"梦想"与"期待"之间的因果关系的阐述,为作者"追逐梦想,期待成功"的观点提供佐证。例(12)同理。例(13)通过对"欲望"与"成就"之间的因果关系的论述,驳斥了"无欲则刚"的传统认识,树立了"有欲则刚"的观点。例(14)同理。

二 立论文与驳论文在复句使用上的差异

对比上文序列1与序列2中各类复句的占比,差距超过5%的有两类:转折、递进。

首先看转折复句。立论文中,转折复句约占立论文复句总量的29.34%;驳论文中,转折复句约占驳论文复句总量的20.99%,二者相差8.35个百分点。立论文中,转折复句的数量相对更多。

其次看递进复句。立论文中,递进复句约占立论文复句总量的7.72%;驳论文中,递进复句约占驳论文复句总量的14.12%,二者相差 6.4 个百分点。驳论文中,递进复句的数量相对更多一些。

(一) 立论文与驳论文中的转折复句

为考察立论文与驳论文在转折复句使用上的差异,笔者首先按篇章结构的不同,分别考察了立论文与驳论文中转折复句的数量分布。

本调查的立论文样本中,转折复句共 76 例,其中,位于引论的转折复句 11 例,约占 14.47%;位于本论的转折复句 64 例,约占 84.21%;位于结论的转折复句 1 例,约占 1.32%。

本调查的驳论文样本中,转折复句共 55 例,其中,位于引论的转折复句 7 例,约占 12.73%;位于本论的转折复句 47 例,约占 85.45%;位于结论的转折复句 1 例,约占 1.82%。

由上述调查可以看出,立论文和驳论文在转折复句的篇章分布上非常一致,均表现为:本论中的转折复句最多,其次是引论,转折复句数量最少的是结论,且各部分转折复句的占比接近。即在转折复句的篇章分布上,看不出立论文与驳论文存在差异。

因转折复句集中分布于立论文与驳论文的本论部分,为了分析立论文与驳论文中转折复句的使用差异,笔者进一步考察了样本中立论文与驳论文本论中转折复句的数量与用法。

本样本立论文的本论部分,共出现转折复句 64 例,其中,转折复句用于论据的有 31 例,约占 48.44%;用于论证和论点的有 33 例,约占 51.56%。如:

(15) 帕瓦罗蒂,世界著名男高音歌唱家,最初只在一家餐厅里演唱,但他不言放弃,日日苦练,终于成就一番事业。(《美好的生活源自拼搏》)

(16) 我们虽是一群普通人,但生命一如他人。(《让挫折与荣誉共舞》)

(17) 即使是最平凡、最不起眼的梦想,只要我们勇敢地去追寻它,它就一定会在我们心中开出一朵最美的花。(《给梦想一次开花的机会》)

例 (15) (16) (17) 转折复句均出自立论文,例 (15) 用作论据,例 (16) 用作论证,例 (17) 用作论点。

本样本驳论文的本论部分,共出现转折复句 47 例,其中,转折复句用于论据的有 12 例,约占 25.53%;用于论证和论点的有 35 例,约占

74.47%。如：

（18）文学刊物只注重名人名家的作品，对无名小卒的创作却冷眼相看。（《姜，一定是老的辣吗》）

（19）作为专家，他只看到水电开发可能对生态构成的破坏，但是却忽略了生活在怒江地区人民的生活。（《人与自然》）

（20）所以，即使是有益之卷，我们也要有选择地开。（《"开卷有益"质疑》）

例（18）（19）（20）转折复句均出自驳论文，例（18）用作论据，例（19）用作论证，例（20）用作论点。

用作论据的转折复句，即用转折复句表达一件事，这件事在论证语篇中充当事实论据，如例（15）（18）。用作论证的转折复句，即用转折复句表达论证过程，如例（16）（19）。用作论点的转折复句，即用转折复句表达一个观点，如例（17）（20）。

转折复句用作论据、论证、论点，这些均见于立论文和驳论文。不过，对比上面立论文与驳论文本论中的转折复句可以看出，转折复句用作论据，这种用法在立论文中的数量要明显多于驳论文：立论文本论中，约48.44%的转折复句用作论据；驳论文本论中，约25.53%的转折复句用作论据。这说明，立论文中，转折复句用于论据的篇章需求大于驳论文。下面，分别给出立论文与驳论文中用作论据的转折复句的用例，以便能直观地解释这一问题，如：

（21）周玉兰，一个普通的老师，面对无耻的劫匪，虽头破血流依然保护着数百张考生准考证。从这些人身上，我似乎看到了道德的力量在这片中华大地上茁壮生长。（《高尚的道德就是最大的财富》）

（22）军阀张勋在清帝退位后，仍以清朝忠臣自居，一心想复辟清室，可谓"有志者"，然其逆历史潮流而动，必然要被历史的车轮碾得粉碎。因此有志的张勋终于不得不面对失败的结局。（《有志者，事竟成吗》）

例（21）出自立论文，其中的转折复句用作事实论据，来佐证"高尚的职业道德是宝贵的财富"这一观点。例（22）出自驳论文，其中的转折复句用作事实论据，来驳斥"有志者，事竟成"这种传统观点。

为什么立论文中转折复句用于论据的篇章需求大于驳论文？其实，

由例（21）（22）的下文已可看出端倪。就人们的思维习惯而言，人们习惯于从事实出发顺接地得出某个观点，即事实是什么，就从中得出什么观点。

例（21）中的转折复句与其后的画线部分，即体现了这种思维模式。该例中，转折复句所表达的事实是，虽流血仍保护准考证，结论是，道德的力量在生长，二者之间是顺接关系。

例（22）中的转折复句，虽然是用来驳斥"有志者，事竟成"这种观点，但从行文上不难看出，转折复句与下文观点（画线部分）之间也是顺接关系。转折复句所表达的事实是，张勋虽有志但因逆历史潮流而失败，下文的结论是，有志的张勋失败了，可见，二者之间是顺接关系。"有志者失败了"并不是该驳论文所要直接证明的观点，而是因为"有志者失败了"这一结论与"有志者，事竟成"这种传统认识相矛盾，所以，驳论文才借助这一结论起到了驳斥传统认识的作用。

简言之，从事实出发顺接地得出某个观点，这种思维模式与立论文的"立论"特征更相符，而与驳论文的"驳论"特征不直接相符。正因为这种思维模式与立论文的篇章特征更为契合，所以，立论文中，事实论据相对更多。这一点由本调查即可看出，35篇立论文中，事实论据共计83条；而35篇驳论文中，事实论据共计62条，前者相对更多。

无论是立论文，还是驳论文，事实论据由转折复句充当均比较常见，即立论文和驳论文的论据，常常可以是内部语义逆接的事件。这样一来，因立论文中事实论据的数量相对多一些，所以，立论文中用作论据的转折复句也相对多一些；同理，因驳论文中事实论据的数量相对少一些，所以，驳论文中用作论据的转折复句也相对少一些。

综上所述，立论文与驳论文在转折复句的使用上存在一定差异，具体表现为：立论文中转折复句的数量相对更多。之所以如此，是因为立论文中用作事实论据的转折复句更多。而这一点与"从事实出发顺接地得出某个观点"的思维模式有关。

（二）立论文与驳论文中的递进复句

由前文两个排序可知，立论文与驳论文在递进复句的使用上存在比较明显的差异：立论文中，递进复句位居第四，占比较少（7.72%）；

驳论文中，递进复句位居第二，占比较多（14.12%）。

本调查立论文中，递进复句共20例，其中，引论1例，本论17例，结论2例。本调查驳论文中，递进复句共37例，其中，引论3例，本论34例，结论未见递进复句。可见，就递进复句的篇章分布而言，立论文与驳论文没有明显差异，均主要分布于本论部分。

立论文或驳论文为了证明或反驳某个观点，在论证过程中会采用"层层递进"的论述方式，行文上可表现为递进复句。如：

（23）在我看来，艰苦奋斗不仅是历史人物的成功宝典，更是现在我们走向成功的指引明灯。（《奋斗铸就成功》）

（24）我想我们不仅要直面困难、正视自我，更要在苦难中超越自我，试着以它为垫脚石，当作前行的阶梯，以达到新的高度。（《困境是成功的阶梯》）

（25）从另一个角度看来，节约粮食还不仅仅是一个考虑到值钱几何的物质问题，还应当把它看成是能否保持艰苦奋斗的革命精神的大事情。（《这是小事吗?》）

（26）我认为学习和当干部不但不矛盾，而且是息息相关的，干部可以在工作中得到启迪，促进学习。（《当学生干部会吃亏吗》）

例（23）（24）出自立论文，例（25）（26）出自驳论文。以例（23）为例，前、后分句是通过"历史"与"现在"之间的递进关系，佐证"奋斗铸就成功"这一观点。例（24）同理。驳论文如例（25），该例通过建立"节约粮食是个物质问题"与"节约粮食是个革命精神问题"之间的递进关系，有力驳斥了"节约粮食是小事"这种认识。例（26）同理。

虽然立论文和驳论文均会采用"层层递进"的论述方式，但是，二者采用这种论述方式的倾向性的大小有所不同。驳论文为了有力驳斥某种观点，有一种更为明显地将事情往大里说、往严重里说的语用倾向，通过将论述推向极致来显示某种观点的显而易见的错误，从而达到驳斥效果。与立论文自然而然的"层层递进"相比，驳论文因其"驳论"属性而使得上述论述方式的语用倾向更为突出，因此，驳论文中递进复句的数量相对更多。

第五节 论证语篇的"前景—背景"与复句运用[①]

本节考察论证语篇的"前景—背景"对复句使用的影响。从可操作性出发,选择基础教育中的议论文作为论证语篇样本,共计35篇。[②] 就操作路线而言,本节以本书附录一所示复句关系词语为据,由这些复句关系词语在论证语篇样本中的分布与使用作为本节考察的基础。

一 "前景—背景"与复句的数量分布

论证语篇的"前景—背景"对复句的使用有明显的制约,这从复句的数量分布上可以看出。笔者从35篇议论文中共得复句583例,它们在论证语篇样本中的数量分布见表2-3。

表2-3　　　　　　　论证语篇中复句的数量分布

语篇地位	语篇结构	复句（例）	比例（%）	比例（%）
前景	论点	91	15.61	92.62
前景	论据	123	21.10	92.62
前景	论证	326	55.92	92.62
背景	引论	37	6.35	7.38
背景	尾声	6	1.03	7.38

由表2-3可知,就所调查的样本而言,从语篇结构上看,论证中所包含的复句最多,约占全部复句用例的55.92%;从语篇地位上看,前景中所包含的复句占绝对优势,约为92.62%。

复句表达各种逻辑关系,用于推理、论证。论证语篇中,复句的优

[①] 本节为《论证语篇的"前景—背景"与汉语复句的使用》(《华中师范大学学报》2017年第4期)一文的部分内容。有改动。

[②] 出自王剑冰、翟秀海主编《金榜作文·议论文》,东北师范大学出版社1998年版。具体篇目见本章第二节。

势分布是表现论证结构的"前景",而在前景中,复句的优势分布又是表现证明过程的"论证"。显而易见,复句的这种数量分布有着显著的篇章动因。

二 前景复句与背景复句的及物性

本节尝试运用"及物性"理念分析复句的句法语义面貌。根据 Hopper 与 Thompson (1980),"及物性"是 10 项语法语义特征的综合。篇章语法认为,篇章地位对语言单位的使用有一定的制约。可以设想,论证语篇中的复句,会因其篇章地位的不同而在句法语义上表现出差异。这里重点考察论证语篇中"前景复句"与"背景复句"的及物性,以揭示前景、背景这种地位差异对复句的句法语义特征的影响。前景复句,即论点、论据、论证中出现的复句;背景复句,即引论和尾声中出现的复句。

根据上述思路,笔者分析了 35 篇议论文中前景复句与背景复句的及物性。在将复句拆分为小句后,前景部分共得小句 936 个,背景部分共得小句 77 个。经分析、统计,论证语篇中前景复句、背景复句的及物性,如表 2-4 所示。该表具体呈现了前景复句、背景复句中"低及物性小句"的类型和比例,相应的"高及物性小句"的比例可由此算出。

表 2-4　　论证语篇前景复句、背景复句中的低及物性小句

低及物性参数\低及物性小句	前景复句中低及物性小句比例(%)	背景复句中低及物性小句比例(%)
1 个参与者	88.89	64.94
非动作动词句	46.49	21.05
非完成	81.73	67.53
非瞬时性	91.88	79.22
非意志性	56.30	40.26
否定性	21.26	12.99
非现实性	57.26	37.66
低施事力	64.53	41.56
受事不受影响	87.40	74.07
受事非个体	83.59	55.56

表2-4第一列是"低及物性"的10个参数,第二、三列分别是前景复句、背景复句中具有这10种表现的低及物性小句的占比。如第三项"非完成",前景复句中具有此项特征的低及物性小句约占81.73%,换言之,前景复句中不具有此项特征(具有"完成"特征)的高及物性小句约占18.27%,二者合起来为100%;同理,背景复句中具有"非完成"特征的低及物性小句约占67.53%,换言之,背景复句中不具有这项特征(即具有"完成"特征)的高及物性小句约占32.47%,二者合起来也为100%。

由表2-4可知,就论证语篇"前景复句"而言,在10项参数中有8项都是"低及物性小句"的数量占优势或占绝对优势,这8项指标是:1个参与者、非完成、非瞬时性、非意志性、非现实性、低施事力、受事不受影响、受事非个体。而只有在"非动作动词句""否定性"这2项指标上,高及物性小句的数量才多于低及物性小句的数量。因此,可以说,论证语篇"前景复句"在句法语义上的典型表现是"低及物性"。

再看"背景复句"。由表2-4可知,就论证语篇背景复句而言,在10项参数中有5项是低及物性小句的数量占优势,即1个参与者、非完成、非瞬时性、受事不受影响、受事非个体;而在另外5项参数上,是高及物性小句占优势,即非动作动词句、非意志性、否定性、非现实性、低施事力。由此可见,论证语篇背景复句在及物性上没有明显的偏向性,表现中立。

综上所述,论证语篇前景复句与低及物性自然匹配,而论证语篇背景复句则在及物性等级上居于中间位置。

论证语篇前景复句、背景复句在及物性上的差异,可从论证语篇的功能上得到解释。在Longacre和Hwang的语篇分类体系中,论证语篇属于说明语篇,赋值与叙事语篇相反,具有[-事件时间序列;-施事导向]。论证语篇的前景,不是记叙事件,而是推理证明,因此,叙事语篇所具有的那些高及物性表现,如"2个或以上参与者""完成""瞬时性""受事全部受影响""受事高度个体化"等,在论证语篇的前景中是少见的。简言之,与叙事语篇恰恰相反,在论证语篇中,"前景"是与"低及物性"自然匹配。而位于前景中的复句,自然也不例外。

同时，论证语篇"背景复句"在及物性上表现中立。换言之，在论证语篇中，与"前景复句"的低及物性相比，"背景复句"在及物性等级上有所提高。这一点也可追溯到论证语篇"背景"的篇章功能上。由前文可知，论证语篇的背景，属于非论证结构。特别是引论，带有一定的叙事性，而这种叙事性必然提高语言的及物性。

不过，由表2-4也可看出，在参与者、体、瞬时性、对受事的影响、受事的个体性等能彰显叙事语篇特点的及物性参数上，论证语篇"背景复句"的表现均为：低及物性小句占优势。这其实揭示的是议论文中的记叙性段落与真正的记叙文的区别。论证语篇的背景，是非论证结构，可以带有一定的叙事性，但并不是真正的叙事语篇，所以，在及物性上等级有所提高，但还达不到叙事语篇所具有的"高及物性"。

第六节 论证语篇前景复句的形式和语义

与论证语篇"背景"相比，论证语篇"前景"中复句的使用情况，代表了论证语篇的复句使用特点。因此，下面以论证语篇"前景复句"为考察对象，通过分析其形式和语义特征，进一步考察论证语篇复句使用的一些特点。本节以35篇立论文的前景复句为分析对象。

一 论证语篇前景复句的形式

35篇立论文本论部分的前景复句，切分后共得391个小句，其中谓词性谓语的小句345个，形容词性谓语的小句44个，名词性谓语的小句2个。谓词性谓语的小句数量最多，约占88.24%。

谓词性谓语的小句，根据句式不同，又分五种：1）一般谓词性谓语句，有313例；2）兼语句，有23例；3）双宾句，有7例；4）存现句，有1例；5）连动句，有1例。一般谓词性谓语句数量最多，约占90.72%。

一般谓词性谓语句，根据构成形式又分四种：

1）"主语+谓语+宾语"，有117例，约占37.38%；

2)"谓语+宾语",有125例,约占39.94%;

3)"主语+谓语",有39例,约占12.46%;

4)"谓语",有32例,约占10.22%。

从整句和零句的角度看,主谓齐全的小句是整句,主谓不齐全的小句是零句,那么,上述1)、3)是整句格局的小句,约占49.84%;2)、4)是零句格局的小句,约占50.16%。就此而言,论证语篇前景中,由整句构成的小句和由零句构成的小句,数量基本持平。

二 论证语篇前景复句的语义

一般谓词性谓语句,在论证语篇前景中数量最多,下面以一般谓词性谓语句为样本,分析论证语篇前景复句中小句的语义属性。主要从三个方面着手。

1)一般谓词性谓语句中,谓语动词的语义类型。即上面1)、2)、3)、4)四种形式序列中谓语的语义类型。

2)一般谓词性谓语句中,主语的语义类型。即上面1)、3)两种形式序列中主语的语义类型。

3)一般谓词性谓语句中,宾语的语义类型。即上面1)、2)两种形式序列中宾语的语义类型。

由上述分析,可看出论证语篇前景复句所表达的主要事件类型和主语的一些主要特征。

(一)前景复句的小句谓语

与第一章第六节的处理相同,动作动词分"具体动作动词"和"抽象动作动词"。在此基础上,就语料所及,论证语篇前景复句的小句谓语,就概念类型而言可分五类:1)具体动作动词;2)抽象动作动词;3)联系动词;4)心理与认识动词;5)形式动词。

本调查中,一般谓词性谓语句313例,由具体动作动词充当谓语的小句共104例,约占33.23%;由抽象动作动词充当谓语的小句共111例,约占35.46%;由联系动词充当谓语的小句共82例,约占26.20%;由心理动词充当谓语的小句共15例,约占4.79%;由形式动词充当谓语的小句共1例,约占0.32%。由此可得出,论证语篇前景复句中小句谓语动词在概念类型上由多到少的排序为：

抽象动作动词/具体动作动词＞联系动词＞心理动词/形式动词

由上述排序可知，抽象动作动词与具体动作动词，是构成论证语篇前景复句中小句谓语的主要动词类型，且二者数量相当（抽象动作动词占 35.46%；具体动作动词占 33.23%）。可见，就本调查而言，论证语篇前景复句中谓语动词的概念类型在"抽象—具体"维度上没有明显的偏向性。

（二）前景复句的小句主语

论证语篇前景复句的小句主语，即上述序列 1）、3）中的主语，共计 156 例。这些主语，按形式可分两类：

1）由名词性成分充当，共 144 例；

2）由谓词性成分充当，共 12 例，具体包括：a. 由谓词性成分充当主语；b. 由谓词性成分充当中心语的定中结构充当主语，如"平凡的付出一样可以汇聚成江海"。

由谓词性成分充当主语的前景复句小句，用例很少。下面主要分析由名词性成分充当主语的前景复句小句，主要从生命度和"通指—单指"两个方面展开。

1. 生命度

就语料所及，从生命度出发，可将名词性成分充当主语的前景复句小句分为两类：

1）主语具有"非生命度"，即主语由无生命的事物构成；

2）主语具有"高生命度"，即主语由"人"或"由人构成的机构、组织等"充当。

就 144 例名词性成分充当主语的前景复句小句而言，其中，由"高生命度"成分充当主语的有 79 例，约占 54.86%；由"非生命度"成分充当主语的有 65 例，约占 45.14%。论证语篇前景复句的小句主语在生命度上有如下数量排序：

高生命度 > 非生命度

论证语篇前景复句中,"高生命度"的小句主语与"非生命度"的小句主语数量都相对较多(高生命度占 54.86%;非生命度占 45.14%),前者略占优势。这说明,论证语篇是"高生命度"略微凸显的语篇类型。

2. 通指—单指

"通指"与"单指"是分析论证语篇前景复句中小句主语的一项重要指标。名词性成分的所指对象是整个一类事物(class),则名词性成分为通指成分;名词性成分的所指对象是一类中的个体(individual),则名词性成分为单指成分(陈平,1987)。论证语篇前景复句中的小句主语,由"通指"的名词性成分充当的如例(1)(2),由"单指"的名词性成分充当的如例(3)(4):

(1)在困境中洞察机遇的人才是真正的智者与强者。(《困境是成功的阶梯》)

(2)平凡的岗位一样会发出生命的亮色。(《找准位置,绽放光彩》)

(3)凭借着对音乐事业的坚定信念,以及无数挫折后锻炼出的毅力,贝多芬终于到达了音乐事业的巅峰。(《挫折是人生的基石》)

(4)我不希望自己的生命如花朵一样娇艳欲滴。(《困境是成功的阶梯》)

有时,小句主语是通指成分还是单指成分不能仅从形式判断,而是受到语境的制约,如:

(5)如果一个人老是去往高处看,和上面去比,他必然产生烦恼,产生痛苦。(《知足云天淡,进取风雨行》)

(6)但当你经历挫折后再留意身边的风景,你会发现原来生活如此美丽。(《挫折是人生的基石》)

例(5)中,"他"是第三人称单数代词,若脱离语境,"他"通常是单指成分,但在例(5)中,"他"回指前文的"一个人",因"一个人"是通指成分,所以"他"也应是通指成分。例(6)中,"你"是第二人称单数代词,若脱离语境通常也是单指,但在论证语篇中,"你"

常用来指"读者",即是一类人,因此这里的"你"应为通指成分。

就 144 例名词性成分充当主语的前景小句而言,其中,由"通指"成分充当主语的有 98 例,约占 68.06%;由"单指"成分充当主语的有 46 例,约占 31.94%。可见,论证语篇前景复句的小句主语在"通指—单指"维度上存在如下数量排序:

通指主语 > 单指主语

可见,论证语篇前景复句中,"通指"的小句主语明显多于"单指"的小句主语。这说明,论证语篇前景复句中的小句主语以是"一类人"或"一类事物"占主导地位,即论证语篇前景复句在言谈话题上具有明显的"通指"特征。

(三)前景复句的小句宾语

前景复句中的小句宾语,指前文序列 1)"主语 + 谓语 + 宾语"和 2)"谓语 + 宾语"中的宾语,共 242 例。这些宾语可分为两大类。

1)谓词性宾语。共 96 例,约占 39.67%。具体包括动词性成分充当的宾语、形容词性成分充当的宾语和小句宾语,同时由谓词性成分充当中心语的定中结构占据宾语位,也计入谓词性宾语。

2)名词性宾语。共 146 例。根据语义角色的不同,这些名词性宾语又可分为七类:

    a. 受事宾语,有 85 例,在 242 例宾语中约占 35.12%;
    b. 结果宾语,有 8 例,在 242 例宾语中约占 3.31%;
    c. 对象宾语,有 5 例,在 242 例宾语中约占 2.07%;
    d. 处所宾语,有 15 例,在 242 例宾语中约占 6.20%;
    e. 施事宾语,有 1 例,在 242 例宾语中约占 0.41%;
    f. 等同宾语,有 27 例,在 242 例宾语中约占 11.16%;
    g. 杂类宾语,有 5 例,在 242 例宾语中约占 2.1%。

上述不同类型的宾语,按数量由多到少可排序为:

谓词性宾语 > 受事宾语 > 等同宾语 > 处所宾语 > 结果宾语/杂类宾

语/对象宾语/施事宾语

可见，论证语篇前景复句的小句宾语以"谓词性宾语"的数量相对最多，其次是受事宾语、等同宾语。其他语义类型的宾语，数量较少。从谓词性宾语的数量最多这一点看，论证语篇在表义内容上偏向抽象。

第七节　本章小结

本章考察论证语篇的复句运用，主要分析了六个问题。

第一，论证语篇的篇章结构。论证语篇通常分为引论、本论、结论三部分。引论点明论题，亮明观点。本论是论证语篇的结构主体，具有三个特点：－事件时间序列；－施事导向；＋主观性。结论归纳观点、收束全篇。

第二，论证语篇的"前景—背景"与凸显等级。

前景、背景是从语篇地位出发对篇章结构所作的划分。论证语篇的前景，即论证语篇的论证结构，具体包括论点、论据、论证。论证语篇的背景，即论证语篇的非论证结构，具体包括引论、尾声。

论证语篇的凸显等级，是根据重要性的不同对论证语篇不同构成部分所作的等级区分。等级越凸显的部分，在论证语篇中的地位越重要。论证语篇中，最重要的是论证部分，而论证部分中，又以论点和论证为最重要。

第三，论证语篇的结构与复句运用。

论证语篇中，复句主要分布于本论，其次是引论，最后是结论。本论中转折复句和假设复句相对较多。引论中转折复句最多。结论中因果复句最多。

本论是论证语篇的主体，内部结构更为复杂。就初步观察，本论在内部结构上的差异对复句使用没有明显影响。

第四，论证语篇的类型与复句运用。

立论语篇与驳论语篇同为论证语篇，因此，二者在复句运用上具有明显共性，主要表现在二者均以转折、假设、并列、因果为优势复句类型。二者也存在一些差异，主要表现在：立论语篇中，转折复句相对更多；驳论语篇中，递进复句相对更多。

第五，论证语篇的"前景—背景"与复句运用。

前景、背景对复句使用的制约在复句的数量分布上即可明显看出。论证语篇中，复句的优势分布是前景而非背景；而在前景中，复句的优势分布是论证，而非论点、论据。

论证语篇前景复句在及物性上的典型表现是低及物性，论证语篇背景复句则在及物性等级上表现中立。这种差异具有明显的语篇动因。

第六，论证语篇前景复句的形式和语义。

论证语篇前景复句的小句以一般谓词性谓语句为主。

论证语篇前景复句的小句谓语动词以抽象动作动词和具体动作动词为多，且二者数量相当，在"抽象—具体"维度上没有明显的偏向性。

论证语篇前景复句的小句主语在生命度上有两种类型：高生命度和非生命度，前者略占优势。这从一个细节说明，论证语篇是"高生命度"略微凸显的语篇类型。

论证语篇前景复句的小句主语在"通指—单指"上可分两类：通指主语和单指主语，前者明显多于后者。这从一个细节说明，论证语篇是"通指"特征凸显的语篇类型。

论证语篇前景复句的小句宾语以"谓词性宾语"的数量相对较多，其次是受事宾语、等同宾语。由谓词性宾语最多这一细节可知，论证语篇在表义内容上偏向抽象。

第三章

说明语篇与复句运用

绪论已有交代，本书所考察的说明语篇，指我国文章学文体分类中的说明文。国外篇章语法研究中也有说明语篇（Expository）（Longacre，1996；Longacre 与 Hwang，2012），二者所指并不完全相同。二者的异同，是首先需要澄清的。

在 Longacre 等学者的分类体系中，说明语篇具有"－事件时间序列；－施事导向"。说明语篇的特点是，语篇推进不具有时间性，也不需要类似叙事语篇的那种主角。按照这种定义，我国文章学所说的说明文和议论文，都可归入国外的"说明语篇"。[①]

同时，上述分类方案中，操作语篇的赋值为：＋事件时间序列；－施事导向。即操作语篇的特点是，语篇推进具有时间性，但不需要类似叙事语篇那种主角。国外学者 Farkas 认为，操作语篇是用书面语或口语指导用户（读者/听者）完成某个具体任务的语言形式，如菜谱、美容产品说明书、电脑用户手册等（引自陶红印，2007）。而菜谱、美容产品说明书、电脑用户手册等，在我国研究传统中归入说明文，一般称为"实用性说明文"。

可见，国外的"说明语篇"与我国传统所说的"说明文"在内涵和外延上不尽相同。在语篇内容上具有操作性的实用性说明文，语篇推进

[①] 实用性说明文除外。实用性说明文在我国文章学中归入说明文，但在 Longacre 等学者的分类方案中属于操作语篇。详见下文。

时"时间性"非常重要,即语篇要告诉读者或听者,第一步做什么,第二步做什么,……。上述国外语篇分类方案非常看重"时间性"这一语篇整体特征,因此将"操作性实用说明文"单列为一个语篇类型,即操作语篇;而在我国的文章分类中,"时间性"并不重要,我国文章分类看重"功能",操作性实用说明文的功能仍是"说明",因此仍归入说明文。同理,我国传统所说的说明文和议论文,因都具有"-事件时间序列;-施事导向",所以按上述国外语篇分类来看,二者都应归入"说明语篇";但如上所述,我国文章分类重功能,所以,说明文、议论文因功能不同而分属不同的文体类型。

本章所考察的说明语篇,指我国文章学中的说明文。说明文范围广泛,且分类标准不同,分类结果也不同。常见的分类标准有以下两种。

第一,说明对象。根据说明对象,说明文通常分为"事物说明文"和"事理说明文"(张寿康,1979;戴国祥编,1983:17—20;徐秋英、霍焕民,1994:17—19);前者以客观事物为说明对象,后者以抽象事理为说明对象。不过,从说明对象出发,也有将说明文三分的,如王序良编著(1993:3—4)将说明文分为实物说明文、程序说明文、事理说明文,实物说明文重在说明实物的特征、本质;程序说明文重在说明制作的过程;事理说明文重在说明事物的规律,分析事物的因果关系。

第二,表达方式。根据表达方式,说明文可分为"平实性说明文"和"文艺性说明文"(王序良编著,1993:4;戴国祥,1983:20—25)。

也有结合若干标准将说明文予以分类的。如杭州大学中文系中国语文教研室(1981:210—217)结合写作内容、写作目的和表现手法三个方面,将说明文分为五类:阐述性说明文、记述性说明文、介绍性说明文、文艺性说明文、实用性说明文。

当然,也有其他维度的分类。如根据说明形式,说明文可分为"简单说明文"和"复杂说明文"(徐秋英、霍焕民,1994:17;陈向华、梁耀新编著,1994:184);根据表现形式,说明文可分为一般性说明文、对话性说明文、图表式说明文、条款式说明文(陈向华、梁耀新编著,1994:184);等等。

语篇的形式与功能可能发生错配。对于形式上不似说明,而在功能上确是说明的语篇，本章不予讨论。如布封的《琥珀》《绿色蝈蝈》是采用故事形式写就的说明文，位梦华的《旅鼠之谜》是采用对话形式写就的说明文，这些不在本章讨论范围之内。

具体而言，本章所考察的说明语篇，来自初中语文教材（也包括少数小学高年级和高中低年级语文教材中的说明文）和相当于初中水平的课外阅读书籍。[①] 从说明对象看，包括两类：事物说明文和事理说明文。

所考察的事物说明文共30篇，根据说明顺序的不同，可分为三类：1）主要按空间顺序予以说明，有6篇；[②] 2）主要按时间顺序予以说明，有4篇；[③] 3）主要按客观事物本身的某种特定顺序予以说明，如《娇嫩的金属——铯》是按照"铯的娇—铯的嫩—铯的神通"这种顺序说明的，又《五色煤》是按照"红煤—绿煤—蓝煤—白煤—金煤"这种顺序说明的等，这类事物说明文有19篇。[④] 所考察的事理说明文共25篇。[⑤]

本章探讨说明语篇中的复句运用。就操作路线而言，不事先划定复句关系词语的范围，而是以上述55篇说明文中所出现的首层形合复句为准，分析说明语篇的复句运用特点。

---

① 这些课外阅读书籍为：肖海峰、吴鸿基、徐令宣、李顺谟选编《说明文选读》，湖北少年儿童出版社1985年版；何宝民主编，朱荫柱选评《千字说明文选读》，海燕出版社1986年版；时雁行、赵育民主编《怎样阅读说明文》，农村读物出版社1986年版；张寿康、田增科编著《说明文选读》，河南人民出版社1991年版；王序良编著《说明文写法指导》，教育科学出版社1993年版；齐峰主编《说明文精选精评》，陕西师范大学出版社1993年版。个别用例另有出处，特此说明。

② 具体为：《民族文化宫》《凡尔赛宫》《故宫博物院》《巍巍中山陵》《人民英雄永垂不朽》《雄伟的人民大会堂》。

③ 具体为：《一次大型的泥石流》《说"笔"》《从甲骨文到缩微图书》《邮票的起源》。

④ 具体为：《中国石拱桥》《说"屏"》《南州六月荔枝丹》《春蚕到死丝方尽》《蜘蛛》《珊瑚岛》《奇特的激光》《洲际导弹的自述》《机器人》《五色煤》《不可思议的金刚钻》《水仙》《蟋蟀》《熊猫琐谈》《娇嫩的金属——铯》《打开知识宝库的钥匙——书目》《盛夏倍觉西瓜好》《鲸》《花粉》。

⑤ 具体为：《眼睛为什么会近视》《果树的"大年"和"小年"》《猫从高处掉下来为什么不会摔死》《水的浮力》《青少年吸烟害处大》《现代自然科学中的基础学科》《笑——健康的标志》《泡菜坛里的生态学》《救命的一句话》《谈学逻辑》《昆虫、鸟类和飞机》《马浪荡炒栗子》《看看我们的地球》《孔子也莫明其妙的事》《食物从何处来》《眼睛与仿生学》《大自然的语言》《生物入侵者》《庄稼的朋友和敌人》《看云识天气》《花儿为什么这样红》《向沙漠进军》《死海不死》《人类的语言》《沙漠里的奇怪现象》。

第一节　说明语篇的结构

从结构上看，说明语篇可分为五部分：导引、点题、主体、总结、延伸。"点题、主体、总结"与说明对象密切相关，"点题"是说明语篇明确交代说明对象的部分，"主体"是点题之后，语篇按照一定的说明顺序且采用一定的说明方法对说明对象予以介绍、阐释的部分，在说明语篇中最为重要；"总结"位于主体之后，归纳全文，是说明语篇的结束部分。有些说明语篇，在点题之前还有"导引"，在总结之后还有"延伸"。

导引与点题不同的是，点题点明说明对象，而导引则不点明说明对象，导引为引出说明对象作铺垫。以《珊瑚岛》的前两段为例。

（1）我国古老的传说中，有许多关于海上仙岛的故事，据说那里到处是琼花玉树，瑶池璇宫，光彩夺目。

仙岛是不存在的，但是在波涛汹涌，茫无涯际的大海中，确实有些五彩缤纷，绚烂多彩的岛屿——珊瑚岛。（《珊瑚岛》）

例（1）中，第一段是说"仙岛"，第二段则由"仙岛"引出"珊瑚岛"。第一段是说明文的"导引"部分，第二段是说明文的"点题"部分。

也有的说明文，导引和点题呈现在一个自然段中。也有的说明文，导引和点题糅合在一起，并不能分得很清楚，如《南州六月荔枝丹》的第一段。

（2）幼年时只知道荔枝干的壳和肉都是棕褐色的。上了小学，老师讲授白居易的《荔枝图序》，读到"壳如红缯，膜如紫绡，瓤肉莹白如冰雪，浆液甘酸如醴酪"，实在无法理解，荔枝哪里会是红色的！荔枝肉像冰雪那样洁白，不是更可怪吗？向老师提出疑问，老师也没有见过鲜荔枝，无法说明白，只好不了了之。假如是现在，老师纵然没有见过鲜荔枝，也可以找出科学的资料，给有点钻牛角尖的小学生解释明白吧。（《南州六月荔枝丹》）

《南州六月荔枝丹》一文的说明对象是荔枝，例（2）是该文第一段，讲述了作者幼年的一个故事。因为这一段是一个故事，所以它的导引功能很明显，即用故事来引发读者的兴趣，从而为下文的说明作铺垫。只不过，例（2）这个导引本身就包含了该文的说明对象"荔枝"。换言之，在《南州六月荔枝丹》一文中，导引与点题是糅合在一起的，与导引、点题有明确边界的情形不同。

延伸与总结不同的是，总结紧扣说明对象，进行归纳；而延伸则往往在内容上脱离了说明对象。试比较《熊猫琐谈》的最后一段与《看看我们的地球》的最后两段，分别如：

（3）随着各国人民的友好往来，珍奇的大熊猫常被国家作为礼物赠送给别的国家，表达我国人民的情谊。（《熊猫琐谈》）

（4）少年朋友们，你们想想，这么大的变化，多有意思啊！
我们不能光是伸长脖子，窥测自然界奇妙的变化，我们还要努力学习，掌握那些变化的规律，推动科学更快地前进，来创造幸福无穷的新世界。（《看看我们的地球》）

《熊猫琐谈》的说明对象是熊猫，例（3）是该文最后一段，行文虽不是对大熊猫的习性、特征的阐释，但仍紧扣大熊猫，是以大熊猫作为国际友谊的象征结束全篇的，因此是说明语篇的总结部分。再看例（4），《看看我们的地球》一文的说明对象是地球，例（4）是该文的最后两段，已与说明对象地球无关，例（4）是对少年朋友的号召，因此是该说明文的延伸部分。当然，延伸部分若篇幅短小，也可与总结呈现在一个自然段中。

就所调查的55篇说明文而言，其篇章结构可分为以下几种，按构成篇目由多到少排序如下：

1）由"点题""主体"构成，共18篇，约占32.73%；
2）由"点题""主体""总结"构成，共16篇，约占29.09%；
3）由"导引""点题""主体""总结"构成，共7篇，约占12.73%；
4）由"导引""点题""主体"构成，共6篇，约占10.91%；
5）仅由"主体"构成，共5篇，约占9.09%；
6）由"主体""总结"构成，共2篇，约占3.64%；

7)由"主体""延伸"构成,共1篇,约占1.82%。

由以上篇章结构可看出两点:首先,"主体"是说明语篇必不可少的组成部分。其次,说明语篇最常见的两种结构模式是:1)由"点题""主体"构成;2)由"点题""主体""总结"构成。

"导引"与"延伸",均为说明语篇的枝叶部分。不过,"导引"在说明语篇中出现的可能性大于"延伸":就所调查的样本而言,有13篇说明文有"导引",仅1篇说明文有"延伸"。

一 说明语篇的导引

导引是说明语篇的开启部分,此时,语篇还未进入主要部分,因此,导引在表达方式上往往并不以说明为主。也可以说,表达方式是说明语篇导引的识别手段之一。就所考察的样本而言,导引常常是叙述性的,如:

(5)1983年2月北京颐和园西湖上一块约1000平方米的冰块与湖岸脱离,向湖心漂移。当正在这冰块上滑冰的17人发现时,冰块已离开岸边三四十米远了,而且冰块离岸愈来愈远。冰块还发出"喀嚓喀嚓"的响声,岸边无人,大家都慌了。这时,不知是谁喊了一句:"大家别慌,不要集中,快分散开!"这一句话提醒了大家,17名遇难者分散站开,齐声呼救,终于被4名解放军用小船把他们救上了湖岸。

"别集中,快分散开!"这是关键时刻救命的一句话。如果这17名遇难者慌乱地拥挤在一起,那么,冰层就会发生断裂,后果是不堪设想的。分散站开,这是应用了物理学上的一些原理。(《救命的一句话》)

例(5)是《救命的一句话》的前两段,第一段是导引,第二段是点题。不难看出,导引是在叙述一件事,在表达方式上与点题不同。

二 说明语篇的点题

(一)点题的表达方式

点题,已进入说明语篇的主要部分,所以就表达方式而言,以说明为主要表达方式的点题很常见。如:

(6)激光是一种人造的光,也是一种奇异的光。(《奇特的激光》)

(7) 在浩荡的大江之滨，坐落着我国著名的古都——南京。在中国漫长而辉煌的历史长河中，有十个朝代和政权先后在此建都。许多叱咤风云的著名人物长眠在这里，伟大的革命先驱孙中山先生的陵墓——国家重点文物保护单位中山陵园，就位于南京东郊的钟山南麓。(《巍巍中山陵》)

例（6）（7）分别是《奇特的激光》《巍巍中山陵》的点题部分，就表达方式而言，均为说明性的。

当然，除了说明性点题外，也存在叙述性、描写性乃至论证性的点题。就所考察的样本而言，说明性点题最多，叙述性点题其次，描写性和论证性的最少。

叙述性点题如：

(8) 人民英雄纪念碑落成了。我怀着万分崇敬的心情，瞻仰了这座巍峨、雄伟、庄严的纪念碑。(《人民英雄永垂不朽》)

(9) 新年了，就来谈谈岁朝清供之一的水仙花。(《水仙》)

(10) 1957 年 8 月，我在苏联出世。消息传开，曾经使全世界为之轰动，因为我是一种不可多得的战略武器。从此以后，我就成了超级大国军备竞赛场上的第一号种子选手。(《洲际导弹自述》)

描写性点题如：

(11) 天上的云，真是姿态万千，变化无常。它们有的像羽毛，轻轻地飘在空中；有的像鱼鳞，一片片整整齐齐地排列着；有的像羊群，来来去去；有的像一床大棉被，严严实实地盖住了天空；还有的像峰峦，像河流，像雄狮，像奔马……它们有时把天空点缀得很美丽，有时又把天空笼罩得很阴森。刚才还是白云朵朵，阳光灿烂；一霎间却又是乌云密布，大雨倾盆。云就像是天气的"招牌"：天上挂什么云，就将出现什么样的天气。(《看云识天气》)

论证性点题如：

(12) 苏州园林据说有一百多处，我到过的不过十多处。其他地方的园林我也到过一些。倘若要我说说总的印象，我觉得苏州园林是我国各地园林的标本，各地园林或多或少都受到苏州园林的影响。因此，谁如果要鉴赏中国的园林，苏州园林就不该错过。(《苏州园林》)

当然，对于导引与点题糅合的说明语篇，点题往往在表达方式上不再以说明为主。就所考察样本而言，此时表达方式常以叙述为主，如前文例（2）。

对于点题与导引界限清晰的说明语篇，点题与导引在表达方式上的差异通常也比较清晰。如：

（13）立春过后，大地渐渐从沉睡中苏醒过来。冰雪融化，草木萌发，各种花次第开放。再过两个月，燕子翩然归来。不久，布谷鸟也来了。于是转入炎热的夏季，这是植物孕育果实的时期。到了秋天，果实成熟，植物的叶子渐渐变黄，在秋风中簌簌地落下来。北雁南飞，活跃在田间草际的昆虫也都销声匿迹。到处呈现一片衰草连天的景象，准备迎接风雪载途的寒冬。在地球上温带和亚热带区域里，年年如是，周而复始。

几千年来，劳动人民注意了草木荣枯、候鸟去来等自然现象同气候的关系，据以安排农事。杏花开了，就好像大自然在传语要赶快耕地；桃花开了，又好像在暗示要赶快种谷子。布谷鸟开始唱歌，劳动人民懂得它在唱什么："阿公阿婆，割麦插禾。"这样看来，花香鸟语，草长莺飞，都是大自然的语言。（《大自然的语言》）

（14）新近接到新中国书店寄赠的一册《我的画报》，翻开来一看，见其中有一篇图画故事，叫做"马浪荡炒栗子"，大意是说：马浪荡炒栗子不肯放沙，以为不放沙可以熟得快些，但是结果栗子都爆了起来，把他的脸打痛了。

一个朋友在旁边看见了，就噗哧的一笑。他显然有点看不起这位马浪荡先生。当时我不服气地问他，"你笑什么？"他的回答又是一笑。这一笑当然不是对马浪荡而是在对我，神态之间好像在说："你难道以为我连这一点都不懂吗？"要是他真的这样说了出来，我一定要试试他究竟懂得了多少，可惜他只是一笑，我也只好以一笑了之。

我觉得懂有两种懂法，一种是浮面的懂，一种是彻底的懂。浮面的懂，懂了一件，就只懂这一件，彻底的懂，懂了一件，可以懂得十件。炒栗子要用沙，理由虽然很简单，但是要彻底懂得它，似乎也不很简单。我们普通只知道栗子会爆裂是由于热度不匀，但是热度不匀为什么会使

栗子爆裂呢？这么说来，炒栗子虽然好像是桩很简单的事情，但是要彻底地懂得它，却也不十分简单了。(《马浪荡炒栗子》)

例（13）是《大自然的语言》的前两段，第一段是导引，第二段是点题。前者以叙述为主要表达方式，后者以说明为主要表达方式。例（14）是《马浪荡炒栗子》的前三段，第一、二段是导引，第三段是点题，很明显，前者是叙述，后者是说明。

（二）点题的时间性

点题中如果出现叙述性部分，则这个叙述性部分在时间上以"过去时"为常。说明语篇主体解说事物、阐释事理，旨在传递知识，因此，说明语篇主体在时间上的典型表现形式是"泛时态"。也可以说，"泛时态"是说明语篇在时间上的典型特征。说明语篇点题所具有的"过去时"，与说明语篇的典型时间特征不同。这种时间维度上的差异，自然将说明语篇主体与非主体区分开来，因此具有篇章划界的功能。如：

（15）我们家曾经养过一只小花猫。记得有一次猫从三楼晾台上掉下去，我以为它死了，结果它却安然无恙。这是为什么呢？(《猫从高处掉下来为什么不会摔死》)

（16）我国蚕业生产已经有四千多年的历史。早在二千年前，我国用蚕丝生产的精美丝绸，就源源不断地输到许多国家，因而人们把我国称为"丝国"。(《春蚕到死丝方尽》)

例（15）（16）均为相关说明文的点题部分，并且带有叙述性，不难看出，所述事件是过去事件。

三 说明语篇的主体

Longacre（1996）、Longacre 与 Hwang（2012）指出说明语篇的语法特点是：-事件时间序列；-施事导向。主体是说明语篇不可缺少、最为重要的组成部分。主体最明显地彰显了说明语篇的"-事件时间序列；-施事导向"。同时，说明语篇旨在解说事物、阐释事理，是知识性语篇，因此，主体还具有明显的客观性。

（一）"-事件时间序列"

叙事语篇具有"事件时间序列"，是说叙事语篇的推进具有时间上的先后顺序。因为叙事语篇常见而典型的模式是对过去事件的叙述，所以，叙事语篇在时间维度上常见而典型的表现是过去时。

说明语篇介绍事物，剖析事理，这些往往是客观存在的事实或真理，因此，一般而言，说明语篇在时间维度上的典型表现是泛时态。同时，由于说明语篇的推进是根据说明对象而定，与事件没有必然联系，所以，一般来说，说明语篇具有"－事件时间序列"。

由前文可知，本章所考察的30篇事物说明文，按说明顺序可分三类：1）主要按空间顺序说明；2）主要按时间顺序说明；3）主要按客观事物本身的某种特定顺序说明。对于第1）、第3）类说明文，其语篇主体通常具有"－事件时间序列"，即这两类说明语篇的宏观推进通常与时间先后无关。但对于第2）类说明文，因说明顺序是时间顺序，所以语篇主体具有"事件时间序列"。上述三种情况分别如：

（17）紫禁城的城墙十米多高，有四座城门：南面午门，北面神武门，东西面东华门、西华门。宫城呈长方形，占地72万平方米，有大小宫殿七十多座、房屋九千多间。城墙外是五十多米宽的护城河。（《故宫博物院》）

（18）花粉的大小也各不相同。最小的花粉，直径只有四至五微米，最大的花粉也只不过一百五十至二百微米。它们虽然小，但是，由于外壁特别坚固，可以抵抗强烈的酸碱而不被破坏。（《花粉》）

（19）巨大的猛烈多变的泥石流，一直持续了5个多小时，然后才减缓了势头，从黏稠的阵性流逐渐转为稀性的阵性流，又从稀性的阵性流转为稀性的连续流。中午12时30分，稀性的连续流变成了水流，泥石流才完全结束。（《一次大型的泥石流》）

例（17）出自《故宫博物院》主体部分，例（18）出自《花粉》主体部分。《故宫博物院》属于上述第1）类说明语篇，《花粉》属于上述第3）类说明语篇，不难看出，例（17）（18）均在时间上表现为"泛时态"，语篇推进分别由说明对象"紫禁城""花粉"所控制，与"事件时间序列"无关。例（19）出自《一次大型的泥石流》主体部分，该文属于上述第2）类说明语篇。《一次大型的泥石流》以时间顺序为主要说明顺序，例（19）说明了"巨大的猛烈多变的泥石流"随时间而发生的变化，语篇推进具有"事件时间序列"。

需说明的是，第1)、第3)类说明文的语篇主体所具有的"－事件时间序列"，是就说明语篇的宏观特征而言的，并不是说这两类说明语篇的主体不能出现具有时间先后特征的事件。如：

(20) <u>蚕刚从卵孵化出来时，跟蚂蚁一般大小，有时一夜之间就能长几分。然后就开始"睡眠"。一天后，醒来的小蚕已经蜕去旧皮，换上了新装。接着，它又使劲地吃起桑叶来，逐渐长大，然后又"睡眠"，蜕皮。要这样连续四次，才能发育成熟。</u>人们因为蚕吃了睡，睡了吃，把它比作是刚出生不久的婴儿，亲切地叫它"蚕宝宝"。你不要认为这是蚕在偷懒，在坐享清福，其实，它是在吃吃睡睡的过程中进行自我更新，为以后吐丝，解茧做准备。

蚕的一生四次蜕皮，虽然都是在"睡眠"的时候进行的，但体内并不平静，昆虫学家早已为我们揭开了其中的奥秘。原来这时候，蚕的脑神经分泌出一种脑激素，脑激素促使体内有关的腺体分泌出保幼激素和蜕皮激素。保幼激素的作用是使蚕蜕皮后尽量保持幼虫的样子；蜕皮激素的功能却使幼蚕加速成熟。……（《春蚕到死丝方尽》）

例（20）是《春蚕到死丝方尽》一文的两个自然段。第一段主要介绍"蚕的生长发育"，第二段主要解释"蚕蜕皮的奥秘"。两段之间遵循逻辑顺序：先介绍生长发育过程，再解释该过程。这种说明顺序与时间无关。但是，第一段出现了体现时间先后的叙述性文字，见画线部分。

可见，"－事件时间序列"是就第1)、第3)类说明语篇的宏观组织和宏观衔接而言。

（二）"－施事导向"

叙事语篇由事件构成，事件之所以产生，离不开事件发出者——施事，即通常所说的叙事语篇主角，因此叙事语篇具有"施事导向"。即叙事语篇的宏观结构是"主角＋事件"。说明语篇与之不同。说明语篇的宏观结构是"说明对象＋解说"，说明语篇根据说明对象的性质确定说明顺序，逐步展开语篇，说明语篇不具有"施事导向"。

说明文通常分为事物说明文和事理说明文。一般而言，说明文的说明对象多是无生的事物或事理，或是低生命度的动物。当说明对象是无生的事物或事理时，说明语篇自然不具有"施事导向"，因为无生的事物或事理不具有施事能力。如：

（21）到了近代，随着造纸工业的发展和印刷技术的提高，印书花样翻新，如油印、石印、铅印、胶板彩印、影印，以及静电复印等，于是出现了形形色色的书。

随着电子和激光技术的广泛应用，近年来，又出现了许多奇妙的书，像会说话的书，"电视唱片"书，立体的书以及缩微型的书，等等。（《从甲骨文到缩微图书》）

（22）笑对于呼吸系统有良好的帮助作用。它使肺扩张，胸部肌肉兴奋，使人们在笑声中不自主地做一些深呼吸运动，犹如做呼吸体操。笑声还可以帮助我们清洁呼吸道，把呼吸道的分泌物排出。

笑对神经系统有良好的调节作用，它能消除精神和神经的紧张，使肌肉放松。紧张的劳动之余，大家娱乐一番，笑上一阵，大脑的皮质出现了一个新的兴奋灶，从而使因劳动引起兴奋的皮质区域得到休息，使头脑清醒，疲劳消除。（《笑——健康的标志》）

例（21）出自《从甲骨文到缩微图书》，这是一篇事物说明文，以时间顺序为主要说明顺序。该例包含两段，分别介绍近代的书和近年来的书，二者间遵循时间顺序。例（22）出自《笑——健康的标志》，这是一篇事理说明文，以逻辑顺序为主要说明顺序。该例包括两段，分别讲解"笑"的益处，二者间具有并列关系。可以看出，例（21）（22）的语篇推进受制于说明对象，均具有"-施事导向"。

当说明对象是动物时，说明语篇也不具有"施事导向"，如：

（23）大熊猫惯于流浪生涯，从来没有固定的住处，总是随着气候的变化而迁移。夏天爬上凉爽的高山避暑，冬天又迁到比较低洼和避风的地方，它们早晚出来寻食，白天就栖息在竹丛中，或是爬在树上晒太阳。它们的食量很大，一只大熊猫每天能吃二十公斤竹子，吃饱了就到附近的溪流去饮水。熊猫饮水也很有趣，总是先用爪子在溪边挖一个坑，待水注满以后才去饮用，而且往往要把肚子胀得像只小鼓方才住口。

大熊猫的视觉和听觉都比较差，但它们却是爬树能手，也善游泳，能攀上高高的树巅，也能泅过湍急的河流。也许正是这两种天赋的技能，使它们得以在残酷的自然竞争中留存下来，没有遭到灭族绝种之祸。虽然如此，大熊猫和世界上其他珍贵野生动物一样，至今越来越少，据统计，全国仅有一千只左右。(《熊猫琐谈》)

例（23）出自事物说明文《熊猫琐谈》，该文说明对象是熊猫。虽然由例（23）的内容可知，不少解说语言（加点部分）与说明对象熊猫之间具有"动作—施事"关系，但说明语篇的推进并不依赖于熊猫的施事能力。例（23）有两段，第一段介绍熊猫的生活习性，第二段介绍熊猫的视觉与听觉等，二者间具有并列关系，可见是按逻辑顺序展开语篇。即例（23）在语篇推进上不具有"施事导向"。

需说明的是，"-施事导向"是就说明语篇的宏观特征而言的。就局部来说，说明语篇在微观推进上也可呈现出"施事导向"，如：

（24）那是清朝光绪二十五年，有一位叫王懿荣的官员得了病。他懂得医道，每次抓来的药，都要亲自看过，然后煎熬。有一次，他偶然在一味叫做"龙骨"的药上面，发现有许多好像文字的东西，他感到惊讶。于是把这家药铺里刻有这种文字的"龙骨"全买下来，凭着他对中国古文字的很深的造诣，考证出这些"龙骨"是殷商时代遗留下来的乌龟壳和牛的肩胛骨，上面刻的文字就是那时使用的文字。在这些一片片的甲骨上，记载了殷代的祭祀、战争、农业、牧业、手工业、气象、政权组织，以及文化生活等方面的概况。后来人们把这种文字叫做甲骨文。这些甲骨可以说是书籍的雏形。(《从甲骨文到缩微图书》)

例（24）在介绍甲骨文时局部呈现出"施事导向"（见画线部分）。

说明语篇没有诸如叙事语篇那样的"主角"，但这并不意味着说明语篇中不能出现表示高生命度的"人"。只是，这些高生命度的"人"在说明语篇中作用有限。下面以第一、第二人称代词为例，加以分析。就语料所及，说明语篇中第一、第二人称代词，主要有以下几种作用。

第一，增加说明语篇的生动性。

说明语篇是知识性语篇，就语篇内容和语言表达而言，通常比较枯燥。为了提升语篇的生动性和可读性，"无生"或"低生命度"的说明对象，会被拟人化。如：

（25）1957年8月，我在苏联出世。消息传开，曾经使全世界为之

轰动，因为我是一种不可多得的战略武器。从此以后，我就成了超级大国军备竞赛场上的第一号种子选手。(《洲际导弹的自述》)

例(25)中"我"即说明对象"洲际导弹"。说明对象拟人化后，具体的说明内容也人格化，如：

(26) 制导系统是我的大脑和神经中枢，它指挥我沿着规定的路线飞向目标。(《洲际导弹的自述》)

《洲际导弹的自述》这篇说明文，"我"因表示说明对象，所以出现频率较高且贯穿始终。总之，将说明对象拟人化，是说明语篇出现"高生命度"指称形式的一种类型，主要作用是增强文章的趣味性。

第二，增加说明语篇的互动性。

说明语篇旨在解说事物、剖析事理，知识性强，语言表达客观、理性，往往难以引人入胜。为了调动读者的积极性，作者会将读者引入语篇，通过增加互动来吸引读者，如下面两例中加点的人称代词：

(27) 说它娇，你瞧，铯的熔点只有 28.5℃，比人的体温还低。如果你想把它放在手心上看个仔细，唷，它却像冰块掉进热锅似的，很快就熔化成一颗银白色的液滴，在手心上流来滚去，犹如荷叶上滚着水珠。

(28) 联合书目反映几个图书馆藏书的情况，如《全国中文期刊联合书目》《全国丛书综录》等。这种书目可以告诉我们某一种书刊见于何处，藏于何馆，便于查找借阅。

增加说明语篇互动性的"高生命度"指称形式，通常出现次数少，且不贯穿始终。

第三，突出言者视角。

作为知识性语篇，说明语篇在表述上通常无须言者出现。但如需交代所作陈述是言者自己的观察或认识，则会出现第一人称代词。如：

(29) 屏也有大小之分。从宫殿、厅堂、院子、天井，直到书斋、闺房，皆可置之，因为场合不同，自然因地制宜，大小由人了。<u>近来我也注意到，屏在许多餐厅、宾馆中用得很普遍，可是总勾不起我的诗意，原因似乎是造型不够轻巧，色彩又觉伧俗，绘画尚少诗意。</u> (《说"屏"》)

突出言者视角，在以空间为主要说明顺序的说明语篇中比较常见，因为说明语篇空间位置的转换一般是通过言者的移步换景实现的，如：

（30）我从东长安街向天安门广场走去，未进入广场就望见纪念碑。它像顶天立地的巨人一样矗立在广场南部，和天安门遥遥相对，在远处就可以看到毛主席亲笔题写的"人民英雄永垂不朽"八个金色大字。我越过广场，踏着刚铺成的橘黄色花岗石石道，徐徐走到纪念碑台阶前，从近处来仔细瞻仰纪念碑。（《人民英雄永垂不朽》）

（三）"客观性"

说明语篇以科学、理性的态度介绍事物、剖析事理，因此客观性彰显。不过，说明语篇在客观性上也呈现出内部差异，说明语篇越规范、越典型，客观性越突出。如平实性说明文与文艺性说明文，前者的客观性更突出。同为平实性说明文，客观性也有差异，试比较：

（31）水仙花有六片花瓣，因为它是不分萼与花冠的，所以正确的名称，应该称它为花被。（《水仙》）

（32）南非第一颗金刚钻"尤勒卡"，是十分偶然地在霍普顿附近的村子中发现的。想不到一颗曾经和石子混在一起，被村童们随意玩耍的钻石，不久竟引出了一座世界最大的金刚石矿。（《不可思议的金刚钻》）

例（31）（32）都出自平实性说明文，但例（31）比例（32）客观，后者中的"想不到""竟"即显示了作者的主观态度。

第二章第一节已述，论证语篇与说明语篇都具有"－事件时间序列；－施事导向"，不同的是，前者具有主观性，后者具有客观性。论证语篇中，言者与相关主观标记常可出现，说明语篇则相反。试比较：

（33）我承认这个观点并非错误，但我认为这种观点应建立在读什么书的前提上。我们应该看健康向上的书籍。（《该看什么书》）[1]

（34）蚕丝是一种高级纤维，蚕就是生产这种高级纤维的昆虫。它的一生，要经过卵、幼虫、蛹和成虫四个阶段。（《春蚕到死丝方尽》）

例（33）出自议论文，例（34）出自说明文。前者主观性凸显，言者与相关主观标记频繁出现（加点部分）；后者则陈述客观事实，客观性凸显，未见言者与相关主观标记。

---

[1] 该例引自金贤编《初中生记叙文》，百花文艺出版社 2005 年版，第 2 页。

四 说明语篇的总结

说明语篇的总结部分,与说明语篇的主体部分在行文上有明显不同。下面,从表达方式、言者介入和时间性三个方面予以分析。

第一,表达方式。

说明语篇的总结部分,在表达方式上仍可以说明为主,如:

(35) 云,能够帮助我们识别阴晴风雨,预知天气变化,这对工农业生产有着重要的意义。我们要学会看云识天气,就要虚心向有经验的人学习,留心观察云的变化,在反复的观察中掌握规律。但是,天气变化异常复杂,看云识天气毕竟有一定的限度。要准确掌握天气变化的情况,还得依靠天气预报。(《看云识天气》)

例(35)是《看云识天气》的总结部分,其表达方式为说明。

不过,与说明语篇主体在表达方式上必须以说明为主不同,说明语篇总结在表达方式上的可能性更多。如例(36)—(39),它们均为说明语篇总结,就表达方式看,例(36)以叙述为主,例(37)以描写为主,例(38)以议论为主,例(39)兼有说明(曲线部分)与抒情/议论(直线部分):

(36)看完了所有的浮雕,陪我参观的人都忙着筹备揭幕典礼去了。我又重新瞻仰了"人民英雄永垂不朽"几个大字和碑文,我绕着碑座走了几圈,细细地瞻仰着浮雕。几年以后,在人民英雄纪念碑两旁,将要兴建革命博物馆和历史博物馆,这里将成为一个瞻仰革命先烈的地方。人们从这里将可以了解到中国革命所经过的艰苦道路,先烈们的光辉榜样,中国人民为了取得自由、解放,曾经付出的巨大代价。当我走下月台,离开纪念碑的时候,又一次向在历次斗争中牺牲的人民英雄们默默致敬。(《人民英雄永垂不朽》)

(37)我们花了一整天时间看完这座大厦的时候,万道霞光洒在外面苍翠的树丛上,洒在杏黄色的墙壁上,洒在天安门的红墙黄瓦上,放射出一片光辉灿烂的异彩。(《雄伟的人民大会堂》)

(38)同学们,我们是中国的新一代,建设祖国必须有健康的身体,让我们爱护眼睛吧!(《眼睛为什么会近视》)

(39)<u>"春蚕到死丝方尽"，这诗句是蚕的一生生动的写照。一条野蚕可以吐丝一二百米，而一条家蚕却可以吐丝三千米以上。如果把一万四千条家蚕吐的丝连接起来，就能沿着赤道围绕地球一圈儿。</u>你看这小小的蚕儿，难道不是世界上的一宝吗！当你看到那细致精巧、色彩缤纷的绫罗绸缎的时候，你会为这小小的蚕所创造的奇迹发出惊叹，而它们却只是<u>默默无闻地辛苦一辈子，并以自己宝贵的生命为人类作出了出色的贡献</u>。(《春蚕到死丝方尽》)

说明语篇总结在表达方式上往往与说明语篇主体不同，这是总结与主体分界的一种标志。

第二，言者介入。

说明语篇主体凸显客观性。说明语篇总结中，言者介入的倾向增加。这种客观与主观的不同，也是主体与总结分界的一个标志。如：

(40)白杨对自然界和人类的用途很广。植物进行光合作用，把二氧化碳和水合成贮藏能量的有机物，并且释放出氧气，起到净化空气的作用。白杨还可以美化环境，在公园里、公路两旁，栽上成行的白杨，会显得生机勃勃，充满朝气。白杨对人类的用途更广，人们用它盖房子、制造家具、造纸。大到高耸入云的摩天大厦，小到一支铅笔、一张纸，处处可见白杨的踪影。此外，白杨的花还可以入药，治疗感冒。

我喜欢挺拔向上、英姿飒爽的白杨。可爱的小白杨，你快快地长大，长大好做祖国的栋梁！(《白杨》)

例(40)是说明文《白杨》最后两段，倒数第二段没有言者介入，最后一段有言者介入，前者属于说明语篇主体，后者是说明语篇总结，有无言者出现是二者的明显差异之一。

总结中的言者介入，可以表达言者的主观感情，如例(40)；也可以表达言者的主观态度，如例(41)(42)加点部分，也可以是言者对读者或相关人士发出的号召，如例(43)画线部分：

(41)我国众多的珊瑚岛，都是伟大社会主义祖国不可分割的一部分，我们一定要保卫、建设好这些美丽的岛屿。(《珊瑚岛》)

(42)我国幅员广阔，不同地区有不同的特产。因地制宜，努力发展本地区的特产，是切合实际的做法。盛产荔枝的地区，应该大力发展荔枝的生产。苏轼有诗云："罗浮山下四时春，卢橘杨梅次第新。日啖荔枝三百颗，不辞长作岭南人。"但日啖三百颗，究竟能有几人呢？社会主义现代化的荔枝生产，应该能够逐步满足广大人民的生活需要。（《南州六月荔枝丹》）

（43）屏是真够吸引人的，"闲倚画屏""抱膝看屏山"，也够得一些闲滋味，未始不能起一点文化休憩的作用。<u>聪明的建筑师、家具师们，以你们的智慧，必能有超越前人的创作，诚如是，则我写这篇小文章，也就不为徒劳了。</u>（《说"屏"》）

第三，时间性。

前文已述，说明语篇主体在时间上的典型表现是泛时态。而说明语篇总结，有可能在时间上发生改变，就所考察的说明文样本而言，总结表现为"将来时"相对常见。如：

（44）在人类社会发展的未来，五色"煤"将闪耀出美丽的光彩！（《五色煤》）

（45）看完了所有的浮雕，陪我参观的人都忙着筹备揭幕典礼去了。我又重新瞻仰了"人民英雄永垂不朽"几个大字和碑文，我绕着碑座走了几圈，细细地瞻仰着浮雕。<u>几年以后，在人民英雄纪念碑两旁，将要兴建革命博物馆和历史博物馆，这里将成为一个瞻仰革命先烈的地方。人们从这里将可以了解到中国革命所经过的艰苦道路，先烈们的光辉榜样，中国人民为了取得自由、解放，曾经付出的巨大代价。</u>当我走下月台，离开纪念碑的时候，又一次向在历次斗争中牺牲的人民英雄们默默致敬。（《人民英雄永垂不朽》）

例（44）是《五色煤》的总结部分，时间上表现为将来时。例（45）是《人民英雄永垂不朽》的总结部分，行文中包含将来时的内容，见画线部分。

总之，说明语篇主体在时间上的典型表现是"泛时态"。由前文可知，说明语篇点题在时间上倾向表现为"过去时"，而由上可知，说明语篇总结在时间上倾向表现为"将来时"，二者均非说明语篇的典型时间表现。这种非典型的时间表现，将点题、总结与主体区分开来，具有篇章划界功能。

第二节　说明语篇的凸显等级①

说明语篇的凸显等级，指依据重要性的不同对说明语篇各构成部分所作的等级区分。等级越凸显，篇章地位越重要。

完整的说明语篇，通常包含导引、点题、主体、总结、延伸五部分。导引和延伸在说明语篇中属于枝叶，功能不在于说明，点题、主体、总结构成了说明语篇主干，功能是说明。所以，根据是否具有［＋说明］这一特征，说明语篇凸显等级的第一层划分应是［－说明］部分与［＋说明］部分。前者包含导引和延伸，后者包含点题、主体、总结。

说明语篇的主干部分，根据其内容是否构成说明语篇的主线又可分为"前景"与"背景"，前景充当说明语篇主线，是说明语篇不可或缺的内容；背景服务于前景，地位相对次要。

就所考察的说明文样本而言，背景主要有以下几种类型：叙述性背景、描写性背景、说明性背景、言者介入性背景。

一　叙述性背景

叙述性背景通常是一个具体事件，为说明语篇前景所要说明的内容服务。如：

（1）西瓜性寒，味甘甜。食后不但能清热解暑，除烦止渴，而且营养丰富，药用价值高。精于烹调技术的人还把西瓜皮派上了炒菜的用场。<u>有一位外宾常来我国，几乎尝遍了各种名菜。一次，他向接待人员提出，要吃他过去从来没有吃过的好菜。好菜上席了，圆溜溜的，他尝了一口，连连称赞，问是什么东西。接待人员微笑道：这是用去掉皮瓤的嫩西瓜做成的。外宾惊讶不已。</u>（《盛夏倍觉西瓜好》）

例（1）中，背景是一个具体事件（画线部分），是为佐证"精于烹

---

① 本节为刘云、储小静《基于篇章语法的说明语篇前景复句考察》（《汉语学报》2021年第2期）一文的部分内容。有改动。

调技术的人还把西瓜皮派上了炒菜的用场"而出现的。"精于烹调技术的人还把西瓜皮派上了炒菜的用场"是说明语篇所要说明的要点，属于前景，画线部分的具体事件为该前景服务，属于背景。可以看出，背景是可以删除的，删除后，说明语篇所要阐述的要点本身并不受影响。

下面再举一个叙述性背景的例子。

（2）传说大约两千年前，罗马统帅狄杜进兵耶路撒冷，攻到死海岸边，下令处决俘虏来的奴隶。奴隶们被投入死海，并没有沉到水里淹死，却被波浪送回岸边。狄杜勃然大怒，再次下令将俘虏扔进海里，但是奴隶们依旧安然无恙。狄杜大惊失色，以为奴隶们受神灵保佑，屡淹不死，只好下令将他们全部释放。

那么，死海海水的浮力为什么这样大呢？因为海水的咸度很高。据统计，死海水里含有多种矿物质：有135.46亿吨氯化钠（食盐）；有63.7亿吨氯化钙；有20亿吨氯化钾；另外还有溴、锶等。把各种盐类加在一起，占死海全部海水的23%—25%。这样，就使海水的密度大于人体的密度，无怪乎人一到海里就自然漂起来，沉不下去。（《死海不死》）

例（2）是《死海不死》主体部分的前两段，第一段即叙事性背景，为引出第二段的前景服务。

在以空间为主要说明顺序的说明语篇中，表示移步换景的叙述性文字，也是叙述性背景，如：

（3）<u>我踏上花岗石铺成的台阶，到了第二层月台</u>。碑身四周围绕着双层汉白玉栏杆，栏杆的形状和天安门前玉带桥的汉白玉栏杆一样，美观朴素、洁白耀眼，使挺拔的碑身显得更加庄严、雄伟。（《人民英雄永垂不朽》）

需说明的是，并不是所有的叙述性表达在说明语篇中都是背景。当说明语篇需要对说明对象的历史发展予以阐释或者说明对象本身是事件时，叙述性表达就是说明语篇前景，如下面三例画线部分。

（4）鲸生活在海洋里，因为体形像鱼，许多人管它叫鲸鱼。其实它不属于鱼类，是哺乳动物。<u>在很远的古代，鲸的祖先跟牛羊的祖先一样，生活在陆地上。后来环境发生了变化，鲸的祖先生活在靠近陆地的浅海里；又经过了很长很长的年代，它们的前肢和尾巴渐渐变成了鳍，后肢</u>

完全退化了，整个身子成了鱼的样子，适应了海洋的生活。

（5）须鲸主要吃虾和小鱼。它们在海洋里游的时候，张着大嘴，把许多小鱼小虾连同海水一齐吸进嘴里，然后闭上嘴，把海水从须板中间滤出来，把小鱼小虾吞进肚子里，一顿就可以吃两千多公斤。

（6）金刚钻用途如此广泛，然而在自然界毕竟太稀少了。能不能人工制成这种宝石呢？1772年，法国著名化学家拉瓦锡，第一次大胆提出了这一设想。160多年之后，到1935年，瑞典科学家们终于在实验室里证实了他的想法。到1957年美国通用电气公司已能用石墨制造金刚石了。但这种金刚石只有半毫米大小，黄色，透明度不佳，因此只能在一般工业上使用。（《不可思议的金刚钻》）

二 描写性背景

为说明语篇前景服务的描写性内容，即描写性背景。如：

（7）新年了，就来谈谈岁朝清供之一的水仙花。

就水仙花的姿态而论，青翠光润的叶片，亭亭直立的花梗，疏落有致的花序，冰肌玉骨的花瓣，芬芳清幽的香气，哪一样不令人感到可爱？别的花都要种在污浊的泥里，才能生活，它可以种在清洁的水里，衬着晶莹的白石，盛在精致的瓷盆里，那竟是脱尽凡胎俗骨的，无怪古人要以凌波仙子来比它了。

但是水仙花它果真终生能在清水里生活吗？却不是的，它仍须在污浊的泥土里吸取养分，才能生长；正因为它是从泥土里出来的，所以现在能在洁净的水里透出清香的花来。……（《水仙》）

例（7）是说明文《水仙》的前三段，第一段点题，第二、三段进入主体。第二段虽是主体，但却不是前景，第三段才是前景，即说明"水仙花不能终生生活在清水里"这种习性。第二段是对生长在清水中的水仙花姿态的描写，是对第三段"水仙花它果真终生能在清水里生活吗"这一提问的铺垫。第二段在内容上具有描绘性，是为第三段这一前景服务，因此是描写性背景。可以看出，这一描写性背景也可删除，虽会减弱说明语篇的文学色彩，但说明语篇的说明功能并不受影响。

同理，并非说明语篇中所有的描写性表达都是背景，当需对说明对象通过描写进行解说时，描写性表达就属于前景，如：

（8）鲸每天都要睡觉。睡觉的时候，总是几头聚在一起，找一个比较安全的地方，头朝里，尾巴向外，围成一圈，静静地浮在海面上。（《鲸》）

例（8）画线部分是对"鲸"睡觉状态的介绍，虽是描写性表达，但不能删除，属于说明语篇前景。

不过，用作前景的描写性表达与用作背景的描写性表达，在行文上通常有所不同：前者常常简明扼要，不饰渲染；后者则更加绘声绘色。试比较：

（9）不同种类的鲸，喷出的气形成的水柱也不一样：须鲸的水柱是垂直的，又细又高；齿鲸的水柱是倾斜的，又粗又矮。（《鲸》）

（10）自碑亭再北，地势陡然高峻，由此上至祭堂前平台，全部砌成宽大的石阶。石阶以小平台划分为8段，每段30步至50步不等，共298级。石阶尽处，就是宽135米、深30米的大平台，中央则矗立着陵园的主体建筑——祭殿。平台是全陵的制高点，这里视野辽阔，气象万千，即便近观，又宜远眺。当阳光灿烂时，远处方山如屏，秦淮似带；近处村舍相望，田圃纵横，道路津梁，行人车马，无不纤细入微，仿佛眼前展开了一轴工笔长卷。而当日出日没之际，在晨烟夕雾的迷蒙中，城犹潜蛇，山若伏鳖，馆阁楼台，隐约参错，远峰近树，依稀可辨，人们又好像面对着大幅的泼墨山水。无论是春夏秋冬、风霜雨雪，大自然都在向人们展示它那变幻无穷的奇妙景色。（《巍巍中山陵》）

例（9）（10）画线部分均为描写性表达。例（9）画线部分的描写对象是"须鲸的水柱"，紧扣说明对象"鲸"，属于前景。例（10）画线部分的描写对象是"中山陵周围的风景"，并非紧扣说明对象"中山陵"，属于背景。从行文风格看，前者简明扼要，后者则有铺陈渲染之意。可见，说明语篇中的描写性前景，即使在表达方式上是描写性的，但仍明显带有说明语篇"客观、简洁"的语言特点。

三　说明性背景

同是说明性表达，有的处于说明语篇前景，有的则处于说明语篇背景。换言之，并非只要是说明性表达，都属于说明语篇前景。说明性表达，在语篇地位上仍有不同。处于服务地位的，即说明性背景。如：

（11）<u>从前女子的房中，一般都要有屏，屏者，障也，可以缓冲一下视线。</u><u>《牡丹亭》"游园"一出中有"锦屏人忒看得这韶光贱"一句，用锦屏人来代指闺中女郎。</u>按屏的建造材料及其装饰的华丽程度，分为金屏、银屏、锦屏、画屏、石屏、木屏、竹屏等，因而在艺术上有雅俗之别，同时也显露了使用人不同的经济与文化水平。（《说"屏"》）

例（11）直线部分就表达方式而言，是说明性的。这一说明性语句为前文（波浪线部分）提供佐证。说明语篇在这里要解说的是"从前女子房中有屏"，而非《牡丹亭》的相关内容。因此，波浪线部分是前景，直线部分为前景服务，属于背景。可见，说明语篇中的说明性表达，也并非都是前景。不难看出，上例中的说明性背景可以删除，并不影响说明语篇所要说明的内容。

四 言者介入性背景

说明语篇凸显客观性，言者只是说明对象的客观的介绍者和解释者。说明语篇的知识性和客观性决定了言者本人的思想感情、主观认识等通常不出现于说明语篇里。试比较散文《白杨礼赞》和说明文《白杨》，前者借物言志，抒发作者的思想感情，主观性突出；后者则是客观性彰显的说明文。这一差异可通过下面两段引文明显看出。

（12）它没有婆娑的姿态，没有屈曲盘旋的虬枝，也许你要说它不美丽。如果美是专指"婆娑"或"旁逸斜出"之类而言，那么白杨树算不得树中的好女子。但是它伟岸，正直，朴质，严肃，也不缺乏温和，更不用提它的坚强不屈与挺拔，它是树中的伟丈夫。（《白杨礼赞》）[1]

（13）杨的叶总是不重叠的，同一枝条上的叶彼此互不遮盖，形成镶嵌式的排列，这叫叶镶嵌。叶的这种排列方式能够更多地接受阳光。（《白杨》）[2]

---

[1] 出自蓝雪涛主编《中外经典诵读诗文集锦》，电子科技大学出版社2017年版，第214页。
[2] 出自严喜长等编写《怎样写说明文》，华夏出版社2000年版，第144页。

因此，在说明语篇中，表现言者介入的部分，就成为说明语篇背景的一种类型。从语用上看，就所考察的说明文样本而言，常见的有感叹型、反问型、议论型，分别如以下三例画线部分：

（14）如果"受控光合作用"实现了，则人类生理活动的能源和生产活动的能源都可以用工业方法生产出来。<u>这前景该是多么诱人啊！</u>（《五色煤》）

（15）珊瑚是和珠宝并列的珍宝，用珊瑚制成的特种工艺品，被陈列在华贵的厅堂中，然而，<u>谁能想到那里整个岛竟都是珊瑚造成的呢！</u>（《珊瑚岛》）

（16）一条野蚕可以吐丝一二百米，而一条家蚕却可以吐丝三千米以上。如果把一万四千条家蚕吐的丝连接起来，就能沿着赤道围绕地球一圈儿。……<u>当你看到那细致精巧、色彩缤纷的绫罗绸缎的时候，你会为这小小的蚕所创造的奇迹发出惊叹，而它们却只是默默无闻地辛苦一辈子，并以自己宝贵的生命为人类作出了出色的贡献。</u>（《春蚕到死丝方尽》）

综上所述，根据重要性的不同，可得出说明语篇内部构成部分的凸显等级，详见图 3-1：

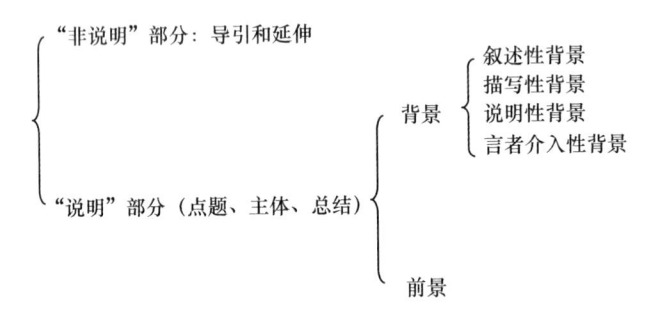

图 3-1 说明语篇的凸显等级

图 3-1 中，前景是说明语篇最凸显的构成部分，地位最重要；其次凸显的构成部分是背景，背景为前景服务，二者共同构成说明语篇的"说明"部分，即说明语篇的主干——点题、主体、总结。说明语篇最不凸显的构成部分是"非说明"部分，即说明语篇的枝叶——导引和延伸。

第三节　说明语篇的复句运用

一　意合—形合与单重—多重

意合与形合、单重与多重，是复句分类的两个基本角度。本节将从这两个角度出发，考察说明语篇中的复句运用。

第一，说明语篇中的意合复句与形合复句。

句子可分三类：单句、形合复句、意合复句。为考察说明语篇中的复句以意合为主还是以形合为主，笔者穷尽分析了 55 篇说明文，并按说明文的下位分类予以统计，详见表 3-1。

表 3-1　　　　　　　不同说明语篇的句子类型与用量

句子类型与用量 说明语篇类型	总句数	单句数 （比例）	意合复句数 （比例）	形合复句数 （比例）
空间顺序事物说明文	288	88 （30.56%）	151 （52.43%）	49 （17.01%）
时间顺序事物说明文	203	72 （35.47%）	76 （37.44%）	55 （27.09%）
特定顺序事物说明文	709	186 （26.23%）	278 （39.21%）	245 （34.56%）
事理说明文	1021	335 （32.81%）	291 （28.50%）	395 （38.69%）

由表 3-1 可知，就所考察的说明语篇而言，它们的句子类型主要是复句，单句的数量均少于复句。就复句而言，意合与形合，哪个数量更多，则与说明语篇的下位分类有比较密切的关系。事物说明文，包括空间顺序、时间顺序、特定顺序三类，均表现为意合复句的数量最多（空间顺序占 52.43%；时间顺序占 37.44%；特定顺序占 39.21%）；而事理说明文，则表现为形合复句的数量最多（38.69%）。即事物说明文中的复句，更多表现为意合；事理说明文中的复句，更多表现为形合。这

一点不难解释。事物说明文旨在介绍事物,事理说明文旨在阐释事理,后者与表达逻辑关系的复句的联系更为紧密。试比较:

(1) 许多叱咤风云的著名人物长眠在这里,伟大的革命先驱孙中山先生的陵墓——国家重点文物保护单位中山陵园,就位于南京东郊的钟山南麓。(《巍巍中山陵》)

(2) 一七九五年一月,康德几经周折,终于用劣质法国石墨掺合黏土置于窑内烧结,造出了当时世界上质量最佳的铅笔芯。(《说"笔"》)

(3) 蛐蛐儿的身体一般长约1.5厘米,大致分头、颈、躯干、足、尾几部分。(《蟋蟀》)

(4) 自然界少有黑色的花,只有少数的花偶然有黑色的斑点,因为黑色吸收全部的光波,热量过多,容易受到伤害。(《花儿为什么这样红》)

例(1)—(3)为意合复句,均出自事物说明文,分别为空间顺序事物说明文、时间顺序事物说明文、特定顺序事物说明文;例(4)为形合复句,出自事理说明文。例(1)中,前后小句之间具有"抽象—具体"关系;例(2)中,前后小句之间具有"时间先后"关系;例(3)中,前后小句之间具有"整体—部分"关系。可见,例(1)—(3)对说明对象的解说,与复句关系词语所表达的逻辑关系没有明显关联,因此在语表上无须出现复句关系词语;而例(4)则重在剖析事理,因此出现了因果关系词语"因为"。

形合复句凸显逻辑关系而意合复句未必如此,它们在说明语篇中出现频率的高低,与说明语篇彰显何种语义关系密切相关。"意合复句—事物说明文""形合复句—事理说明文",这是更为自然的优势组配。

第二,说明语篇中的单重复句与多重复句。

复句的层次性也是复句的一个语法属性。事理说明文旨在阐释事理,会不会包含更多的多重复句?为了检验这一点,笔者考察了说明文样本中所有带形合标记的复句,具体包括两类:1)首层形合复句;2)非首层形合复句,并根据形合复句所含层次的不同,分为单重和多重两类。下面是根据语篇类型所做的数据统计,见表3-2。

表 3-2　　　　　　不同说明语篇的单重复句与多重复句

说明语篇的类型 \ 形合复句的层次类型	形合复句总数	单重复句（数量和比例）	多重复句（数量和比例）
事物说明文	351	108（30.77%）	243（69.23%）
事理说明文	408	122（29.90%）	286（70.10%）

由表 3-2 可知，事物说明文和事理说明文中的形合复句，均以多重复句更占优势，且二者所含多重复句的比例非常接近，看不出说明语篇下位分类对形合复句层次性的影响。

二　说明语篇的结构与复句运用

说明语篇的篇章结构对复句使用的影响，主要表现在复句的数量分布和类型分布两个方面。下面分别说明。

（一）篇章结构与复句的数量分布

篇章结构对首层形合复句的数量分布有明显影响。就所调查的 55 篇说明文而言，首层形合复句共 513 例："主体"中最多，有 451 例，约占 87.91%；"导引与点题""总结与延伸"中，首层形合复句明显较少：前者共 45 例，约占 8.77%；后者共 17 例，约占 3.31%。

形合复句主要分布于说明语篇"主体"，这既与篇幅有关，同时更是"主体"解说事物、剖析事理的需要，体现了篇章结构对形合复句数量分布的制约。

（二）篇章结构与复句的类型分布

本调查中，"总结与延伸"中首层形合复句共 17 例，分别是：递进 4 例，转折 3 例，假设 3 例，时间 2 例，并列 3 例，目的 1 例，连贯 1 例。鉴于"总结与延伸"中形合复句总量过少、各类之间数量差距很小，这里暂不讨论。下面，主要分析"导引与点题""主体"中的复句类型。

1. "导引与点题"中的复句类型

"导引与点题"中首层形合复句共 45 例，其中，转折 13 例，因果 9 例，并列 7 例，连贯 4 例，假设 3 例，递进 3 例，条件 2 例，时间 2 例，解说1例，目的1例。可见，转折复句在"导引与点题"中相对较多，约占28.89%。之所以如此，主要是因为转折复句所包含的逆转关系有助于表现事物或事理的不寻常之处，从而为下文阐释事物或事理作铺垫。如：

（5）刚才还是白云朵朵，阳光灿烂；一霎间却又是乌云密布，大雨倾盆。（《看云识天气》）

例（5）转折复句表现的不寻常之处是"云彩的骤然变化"，为下文阐释"云与天气的关系"作了铺垫。

2. "主体"中的复句类型

"主体"中首层形合复句共451例，其中，因果94例，转折86例，假设56例，并列54例，时间42例，连贯39例，递进34例，条件24例，目的16例，解说5例，选择1例。可见，因果、转折在"主体"中更多见，二者比例非常接近：因果约占20.84%，转折约占19.07%。

因果复句可分为说明因果和推论因果。就所考察的样本而言，"主体"中的因果复句主要是说明因果，推论因果仅1例，分别如：

（6）由于受到视野和视敏度的限制，在高空飞行的飞行员单凭肉眼很难发现和识别地面目标。（《眼睛与仿生学》）

（7）既然早晚的太阳较远，照理应该小一点，至少也得要与中午的太阳差不多相等，为什么看起来反而会大了呢？（《孔子也莫明其妙的事》）

"说明因果"陈述客观存在的因果关系，"推论因果"陈述主观推断的因果关系。说明语篇具有明显的知识性，彰显客观性。显然，"说明因果"更适合说明语篇。

根据语序的不同，说明因果又可分为"先因后果"和"先果后因"。说明文样本"主体"的93例"说明因果"复句中，先果后因9例，其余均为先因后果。可见，在说明语篇中，作者更多采用"由因到果"的顺序阐明事物或事理。

转折复句可分为一般转折和让步转折。一般转折，即主句出现转折关系词语，让步转折则偏句出现让步关系词语。根据偏句让步关系词语的不同，让步转折又可分为两类：1）实让转折，偏句关系词语以"虽然"为代表；2）虚让转折，偏句关系词语以"即使"为代表。本调查中，"主体"中的转折复句共 86 例,其中一般转折 62 例,约占 72.09%;实让转折 14 例,约占 16.28%;虚让转折 10 例,约占 11.63%。可见,说明语篇"主体"中的转折复句多为一般转折。

说明语篇"主体"中转折复句相对较多,主要是因为"对比说明"这种常见的说明方法。在说明事物或事理时,就事论事往往不能说得透彻,加以对比则可收清楚明白之效。如:

(8)具有偏振现象的光叫做偏振光,人眼不借助仪器是观察不到的,但是蜜蜂、蚂蚁和某些甲虫却可以凭借复眼看到偏振光的振动方向,并且能够利用天空中的太阳偏振光来导航,确定行动方向。(《眼睛与仿生学》)

(9)这种鸟很小,身长只有五厘米多,但飞行速度极快,它的翅膀每分钟平均颤动五百次。(《昆虫、鸟类和飞机》)

(10)例如用手指按图钉,图钉面和图钉尖上所受的力是一样大的,但是,图钉尖刺入了木板,图钉帽却没有伤害你软软的大拇指!(《救命的一句话》)

例(8)将"人眼"与"昆虫复眼"作对比,以显示"昆虫复眼"的特殊功能。例(9)将"这种鸟"的"身长"与"飞行速度"作对比,以显示"这种鸟"的不凡之处。例(10)将"相同的受力"与"不同的效果"作对比,以阐明"压力因受力面积不同而效果不同"的道理。

三 说明语篇的类型与复句运用

上文将说明语篇分为四类:空间顺序事物说明文、时间顺序事物说明文、特定顺序事物说明文、事理说明文。本节考察说明语篇的下位分类对形合复句使用的影响。

笔者分别统计了样本中上述四类说明文所含首层形合复句的类型与数量,并按数量由多到少得出如下四个排序(用量在 9% 以下的复句类型,不进入排序;括号内数据,表示某类首层形合复句在所有首层形合复句中的占比)。

1)空间顺序事物说明文中,形合复句由多到少可排序为:

连贯(21.9%)>转折/时间(18.8%)>并列(15.6%)>因果

(9.4%)

2）时间顺序事物说明文中，形合复句由多到少可排序为：

因果 12（28.6%）＞连贯 8（19%）＞递进 7（16.7%）＞转折 6（14.3%）＞并列 5（11.9%）

3）特定顺序事物说明文中，形合复句由多到少可排序为：

转折（23%）＞因果（18%）＞假设（12%）/时间（12%）＞并列（9.8%）

4）事理说明文中，形合复句由多到少可排序为：

因果 57（21.4%）＞转折 51（19.2%）＞假设 41（15.4%）＞并列 37（13.9%）

由上面四个排序，可看出说明语篇在复句运用上具有如下三个特点。

第一，说明语篇的语篇类型对其优势复句类型有明显制约。

空间顺序事物说明文中，连贯复句数量最多；时间顺序事物说明文中，因果复句数量最多；特定顺序事物说明文中，转折复句数量最多；事理说明文中，也是因果复句数量最多。上述优势复句类型具有明显的语篇动因。

空间顺序事物说明文，样本中以对建筑物的说明为多，如《故宫博物院》《雄伟的人民大会堂》等。作者要想全面介绍建筑物的空间布局，需不断进行空间转换，而在表达空间转换时常常用到表示空间位移的连贯复句，从而使空间顺序事物说明文中连贯复句数量最多，如：

（11）从天安门往里走，沿着一条笔直的大道穿过端门，就到午门的前面。（《故宫博物院》）

时间顺序事物说明文，其说明对象在时轴上占据或长或短的一个区间，时间的变化孕育着事物的改变，而这种改变通常有其内在原因。因此，作者在阐释这种改变时，往往用到因果复句，从而使时间顺序事物说明文中因果复句相对较多。如：

（12）长期使用蘸水钢笔的人，日益不满写几个字就需蘸一蘸墨水这个麻烦的动作，所以，对不必蘸水的笔的向往就越来越强烈。（《说"笔"》）

特定顺序事物说明文中转折复句最多，主要是因为在对事物进行说明时，常常用到"对比说明"的说明方法，如：

（13）一条野蚕可以吐丝一二百米，而一条家蚕却可以吐丝三千米以上。（《春蚕到死丝方尽》）

（14）大熊猫的视觉和听觉都比较差，但它们却是爬树能手。（《熊猫琐谈》）

（15）这些古老的花粉，虽然生命力没有了，但形状还没有变。（《花粉》）

例（13）通过"野蚕"与"家蚕"的对比，更好地说明了"家蚕"的吐丝优势。例（14）通过对比大熊猫的视觉、听觉与爬树能力，更好地说明了"大熊猫"的特点。例（15）是一个让步转折，通过对比"生命力的丧失"与"形状的永恒"，更好地呈现了"古老花粉"的特点。

事理说明文，重在阐明抽象道理，解释内在因果联系，因果复句自然最多。如：

（16）由于死海的蒸发量大于约旦河输入的水量，造成水面日趋下降。（《死海不死》）

第二，说明语篇的语篇类型对复句运用的差异化也有明显制约。

说明语篇类型不同，其常见复句的类型也存在一定的差异，由这些差异也可看出明显的篇章动因。

以假设复句为例，在特定顺序事物说明文、事理说明文中，假设复句数量较多，这一点由上述排序可以看出；但在空间顺序、时间顺序事物说明文中，假设复句数量较少，未见于上述排序，这一点不难解释。空间顺序、时间顺序事物说明文，说明对象通常是已经存在的，如《故宫博物院》《从甲骨文到缩微图书》，在具体说明时，这些说明语篇以陈述客观事实为主，因此，较少用到表示虚拟或未然的假设复句。而特定顺序事物说明文、事理说明文则有所不同，在这两类说明文中，借助假设情形说明事物或事理的情况相对常见，如：

（17）如果把一万四千条家蚕吐的丝连接起来，就能沿着赤道围绕地球一圈儿。（《春蚕到死丝方尽》）

（18）如果土壤中的氮元素不够，植物的茎秆就会变得矮小微弱。（《庄稼的朋友和敌人》）

例（17）出自特定顺序事物说明文，例（18）出自事理说明文。前者通过假设情形阐明事物，后者通过假设情形说明事理。

再看连贯复句。在空间顺序事物说明文中，连贯复句起到了"移步换景""转换空间"的作用，因此数量最多。但在其他几类说明文中，连贯复句只在时间顺序事物说明文中较多（位居第二），在特定顺序事物说明文、事理说明文中，连贯复句较少（上述排序中未见）。而这种不同，也主要受制于语篇类型。

在时间顺序事物说明文中，说明对象通常随时间的变化而改变，在说明这种改变时会用到表示时间连贯的连贯复句，如：

（19）东汉有个叫蔡伦的，改进了西汉时候的造纸技术，于是出现了用纸抄写的书。（《从甲骨文到缩微图书》）

（20）巨大的猛烈多变的泥石流，一直持续了5个多小时，然后才减缓了势头，从黏稠的阵性流逐渐转为稀性的阵性流，又从稀性的阵性流转为稀性的连续流。（《一次大型的泥石流》）

连贯复句有三类：空间连贯、时间连贯、事理连贯。空间连贯、时间连贯分别满足空间顺序事物说明文、时间顺序事物说明文的表达需要，因此在这两类说明文中，连贯复句相对较多。但在特定顺序事物说明文、事理说明文中，空间连贯和时间连贯较少派上用场，事理连贯表达事理上的先后顺序，按说在一定程度上能满足特定顺序事物说明文和事理说明文的表达需要，但实际上，事理连贯在这两类说明文中使用并不多。造成这种情况的原因主要有以下两个。

首先，表达事理连贯的关系词语相对较少。通常所举的连贯复句的关系词语如：就、便、再、又、于是、然后、随后、后来、接着、跟着、首先（起先）……然后（后来）等，多用于空间连贯和时间连贯。本调查中，用于事理连贯的关系词语主要是"从而"，如：

（21）物候学记录植物的生长荣枯，动物的养育往来，如桃花开、燕子来等自然现象，从而了解随着时节推移的气候变化和这种变化对动植物的影响。（《大自然的语言》）

其次，因果复句更符合特定顺序事物说明文、事理说明文的表达需要。

事理连贯与因果复句在表达功能上有重合，不过，事理连贯更突出事理的"先后"关系，而因果复句更突出事理的"因果"关系。说明语篇旨在解说事物、剖析事理，因此，明确表达事物或事理内在因果关系的需求更突出，从而压缩了事理连贯的使用空间。

简言之，关系词语的有限、受因果复句的压制，使得事理连贯在特定顺序事物说明文和事理说明文中的使用受到了较大限制。总之，无论是事理连贯还是空间连贯、时间连贯，因为它们不能很好地满足特定顺序事物说明文、事理说明文的表达需要，致使连贯复句在这两类说明语篇中数量较少。

最后，因果、转折、并列是事物说明文与事理说明文所共同的常见复句类型。

对比上面四个排序可以看出，因果、转折、并列是四个排序所共有的复句类型。即这三类复句在不同类型的说明语篇中均相对常见。

前文已述，因果复句常见于说明语篇，是由说明语篇"解说事物、剖析事理"的功能需求所决定。转折与并列复句，也常见于说明语篇，主要是由说明语篇"作比较"的说明方法所决定。说明语篇中，孤立地对说明对象予以阐释，有时不能起到良好的说明效果，这时就有必要将相关事物或方面加以对比。只不过，转折复句是从"对立""相反"的角度作比较，并列复句是从"类比""趋同"的角度作比较。转折复句的用例见例（8）—（10），下面是并列复句的用例：

（22）它的面积有七千平方米，比一个足球场还大，设计的精巧也是罕见的。（《雄伟的人民大会堂》）

（23）不过间隔长的阵流，流速快，流量大，龙头也比较高。（《一次大型的泥石流》）

（24）激光是一种人造的光，也是一种奇异的光。（《奇特的激光》）

（25）有了铜，也可以使植物不会生病；铜元素又是细胞内氧化过程的催化剂。（《庄稼的朋友和敌人》）

例（22）—（24）出自事物说明文，分别是空间顺序、时间顺序和特定顺序事物说明文。例（25）是事理说明文。例（22）将"人民大会堂"的"面积大"与"设计精巧"相并列，说明"人民大会堂"的特点；例（23）将"阵流"的"流速快、流量大"与"龙头高"相并列，说明"阵流"的特点；例（24）将"激光"的"人造"与"奇异"相并列，说明"激光"的特点；例（25）将"铜元素"的"防病"与"催化"相并列，解释"铜为什么是庄稼的朋友"。上述四例，均是运用并列复句，从"类比""趋同"的角度对事物或事理加以阐释的。

第四节　说明语篇的"前景—背景"与复句运用[①]

一　"前景—背景"与复句分布

说明语篇"前景—背景"对复句使用的制约，表现在复句的数量分布和类型分布两个方面。

与前景相比，背景的篇幅非常有限，这直接制约了背景中首层形合复句的数量。就所考察的说明文样本而言，背景中首层形合复句共 19 例，其中，转折 7 例，时间 3 例，连贯 3 例，假设 2 例，因果 2 例，条件 1 例，并列 1 例。可见，转折复句在说明语篇背景中的出现频率相对较高，约占 36.8%。

说明语篇前景中，首层形合复句共 506 例，其中，因果 103 例，转折 100 例，假设 62 例，并列 62 例，时间 45 例，连贯 43 例，递进 41 例，条件 25 例，目的 18 例，解说 6 例，选择 1 例。可见，说明语篇前景中因果复句与转折复句的数量相对较多，因果复句约占 20.4%，转折复句约占 19.8%，二者的数量非常接近。

对比说明语篇前景与背景中的复句使用情况，可以看出，前景与背景的地位差异对复句使用有比较明显的影响，具体表现在两个方面。

首先，就复句的用量而言，前景中的复句用量远远大于背景。这主要是由前景的篇章地位重要而在篇幅上远远超过背景所造成的。

其次，就复句的类型而言，前景中相对常见的复句类型是因果和转

[①] 本节为刘云、储小静《基于篇章语法的说明语篇前景复句考察》（《汉语学报》2021 年第 2 期）一文的部分内容。有改动。

折，而背景中相对常见的复句类型是转折。

因果和转折在前景中相对常见，是因为因果和转折相对而言更适合说明语篇前景的表达需要。说明语篇是知识性语篇，其写作目的是让读者知晓某些客观规律。说明语篇在解说事物、剖析事理时，常常需要把事物、事理内在的因果关系揭示出来，因此，说明语篇前景中，因果复句相对常见。如：

（1）由于死海的蒸发量大于约旦河输入的水量，造成水面日趋下降。（《死海不死》）

说明语篇背景是为说明语篇前景服务的，因此，在说明语篇背景中，还不会牵涉太多的事物或事理的内在规律，因此，表现事物或事理内在规律的因果复句，在说明语篇背景中，数量很有限。因果复句在说明语篇前景与背景中的数量悬殊，是由前景与背景的篇章功能决定的。

说明语篇前景中，转折复句之所以也相对常见，这主要是因为说明语篇常常运用"作对比"的说明方法。如：

（2）金刚钻具有这一系列不可思议的性能，但组成它的却是地球上最普通的物质——碳。（《不可思议的金刚钻》）

（3）保幼激素的作用是使蚕蜕皮后尽量保持幼虫的样子；蜕皮激素的功能却使幼蚕加速成熟。（《春蚕到死丝方尽》）

（4）太阳离地球平均14960万公里，在中午的时候，它直射在地球上，它的距离也就大约是14960万公里，而在早晚却从斜处射来，距离就总要多一点。（《孔子也莫明其妙的事》）

例（2）将"金刚钻"的"不可思议的性能"与其"构成之普通"作对比，更好地展现了金刚钻的特点。例（3）将"保幼激素"与"蜕皮激素"作对比，更好地说明了"蚕"的生理属性。例（4）将"太阳中午直射的距离"与"太阳早晚斜射的距离"作对比，有助于更好地解决"两小儿辩日"的难题。

由上可知，说明语篇背景中，转折复句的数量相对较多。从表面上看，这与说明语篇前景中转折复句的数量也相对较多相同。不过，就表达功能看，说明语篇背景中的转折复句，主要不是针对说明对象进行正反说明，其主要功能是为了表现事物或事理的反常或悖谬之处，从而为前景的解释说明作铺垫，如：

（5）狄杜勃然大怒，再次下令将俘虏扔进海里，但是奴隶们依旧安然无恙。（《死海不死》）

（6）珊瑚是和珠宝并列的珍宝，用珊瑚制成的特种工艺品，被陈列在华贵的厅堂中，然而，谁能想到那里整个岛竟都是珊瑚造成的呢！（《珊瑚岛》）

例（5）（6）均出自相应说明文的背景部分。例（5）"但是"小句表现了"死海"的奇异之处，例（6）"然而"小句表现了"珊瑚岛"的不寻常之处。这些转折复句的运用为下文前景对说明对象的正式解说做了准备。

简言之，虽然转折复句在说明语篇的前景与背景中，数量均占优势，但二者语篇功能的倾向性不同。

二　说明语篇前景复句的语法和语义

说明语篇中，复句既出现于前景，也出现于背景。不过，能够代表说明语篇复句运用特点的，无疑是说明语篇前景复句。因此，以下主要探讨说明语篇前景复句的语法语义特征。

由现有研究可知，叙事语篇前景呈"高及物性"，说明语篇前景呈"低及物性"，二者在语篇前景的及物属性上呈相反态势（Hopper 与 Thompson，1980；Longacre 与 Hwang，2012：189—190）。

说明语篇，无论是事物说明文还是事理说明文，二者的语篇前景均呈"低及物性"。以"体"这一重要的及物属性为例，除了诸如《一次大型的泥石流》这种以某一件事为说明对象的事物说明文，说明语篇无论是介绍事物还是解释事理，其语篇前景在"体"上的典型表现均为"低及物性"，即［-完成］。这一点不难理解，因为说明语篇前景通常讲述科学道理，而科学道理多表现为"泛时态"。即说明语篇前景中，体标记比较少见，如：

（7）大熊猫惯于流浪生涯，从来没有固定的住处，总是随着气候的变化而迁移。夏天爬上凉爽的高山避暑，冬天又迁到比较低洼和避风的地方，它们早晚出来寻食，白天就栖息在竹丛中，或是爬在树上晒太阳。

(《熊猫琐谈》)

(8)"花儿为什么这样红?"还需要用物理学原理来解释。太阳光经过三棱镜或水滴的折射,会分成红、橙、黄、绿、青、蓝、紫七种颜色。这七种颜色的光波长短不同,红光波长,紫光波短。酸性的花青素会把红色的长光波反射出来,送到我们的眼帘,我们便感觉到是鲜艳的红花。(《花儿为什么这样红》)

例(7)出自事物说明文的前景,例(8)出自事理说明文的前景,体标记均很少使用。

事物说明文和事理说明文,二者的语篇前景均呈"低及物性"。不过,这并不意味着二者的语篇前景在形式和语义上完全相同。为考察说明语篇中前景复句的语法语义特征,笔者将前景复句切分为小句,标注、分析这些小句的相关特征,并按事物说明文与事理说明文分别统计,以此考察事物说明文与事理说明文相关特征的异同。

(一)前景复句的形式

1. 事物说明文前景复句的形式

就所考察的说明文样本而言,事物说明文(包括空间顺序、时间顺序、特定顺序三种)前景部分的首层形合复句,切分后共得小句729个。其中,谓词性谓语的小句634个,形容词性谓语的小句88个,名词性谓语的小句7个。可见,谓词性谓语的小句数量最多,约占87%。

就语料所及,谓词性谓语的小句根据句式不同,又分五种:

1)一般谓词性谓语句,共566例;

2)兼语句,共31例;

3)连动句,共23例;

4)双宾句,共5例;

5)存现句,共9例。

一般谓词性谓语句数量最多,约占89%。根据构成形式,一般谓词性谓语句又分四种:

1)由"谓语+宾语"构成,共161例,约占28.4%;

2)由"主语+谓语+宾语"构成,共147例,约占26%;

3)由"主语+谓语"构成,共110例,约占19.4%;

4）由"谓语"构成，共148例，约占26.1%。

其中，1）、3）为只包含一个论元（宾语或主语）的句子形式，二者合计约占47.88%。即由单论元构成的一般谓词性谓语句，是事物说明文前景复句中小句的优势形式。

2. 事理说明文前景复句的形式

就所考察的说明文样本而言，事理说明文前景部分的首层形合复句切分后，共得小句733个。其中，谓词性谓语的小句638个，形容词性谓语的小句91个，名词性谓语的小句4个。可见，谓词性谓语的小句最多，约占87%。

根据句式不同，谓词性谓语的小句又分五种：

1）一般谓词性谓语句，共601例；

2）兼语句，共26例；

3）连动句，共6例；

4）双宾句，共1例；

5）存现句，共4例。

一般谓词性谓语句最多，约占94.2%。根据构成形式，一般谓词性谓语句又分四种：

1）由"谓语+宾语"构成，共190例，约占31.6%；

2）由"主语+谓语+宾语"构成，共172例，约占28.6%；

3）由"主语+谓语"构成，共145例，约占24.1%；

4）由"谓语"构成，共94例，约占15.6%。

其中，1）、3）是只包含一个论元（宾语或主语）的句子形式，二者合计约占55.7%。可见，由单论元构成的一般谓词性谓语句，是事理说明文前景复句中小句的优势形式。

对比事物说明文与事理说明文前景复句的小句形式可以看出，二者在前景复句中小句的优势构成形式上表现一致。不过，逐项对比上述数据也可看出，事物说明文与事理说明文在上述第4）类由"谓语"构成的一般谓词性谓语句上差异相对明显：前者，由"谓语"构成的一般谓词性谓语句约占26.1%；后者，由"谓语"构成的一般谓词性谓语句约占15.6%，前者比较明显地多于后者。

事物说明文前景复句中的小句，由"谓语"构成的一般谓词性谓语句相对较多。造成这种差异的一个主要原因是，事物说明文的说明对象是"事物"，而"事物性的说明对象"更容易成为话题，话题控制着若干小句，这样一来，复句中的小句因与话题之间的零形回指关系而由谓语单独充当的可能性增大，如：

（9）这些文字是刻在乌龟壳和扁平的骨头上的，所以叫做甲骨文。（《从甲骨文到缩微图书》）

例（9）是一个因果复句，包含2个小句。这2个小句围绕说明对象"这些文字"展开，第2个小句与"这些文字"构成零形回指，因而形式上第2个小句由谓语单独构成。

事理说明文则有些不同。事理说明文阐发事理、说明道理，往往会涉及不同事物之间的相互关系。如：

（10）沙丘的移动虽然慢，可是所到之处，森林全被摧毁$_1$，田园全被埋葬$_2$，城郭变成丘墟$_3$。（《向沙漠进军》）

例（10）是一个转折复句，这个转折复句的主句包含3个小句（如数字所示）。该转折复句说明了沙丘移动与森林、田园、城郭之间的关系，因涉及不同事物，各小句均有自己的主语。可见，与事物说明文相较而言，事理说明文前景复句的小句单独由谓语构成的倾向相对低一些。

（二）前景复句的语义

由上文可知，说明语篇前景复句中的小句以一般谓词性谓语句最多。而根据构成形式，一般谓词性谓语句又分四种：1）由"谓语+宾语"构成；2）由"主语+谓语+宾语"构成；3）由"主语+谓语"构成；4）由"谓语"构成。

下面以一般谓词性谓语句为样本，分析说明语篇前景复句中小句的语义特点。主要从三个方面着手。

1）一般谓词性谓语句中，谓语动词的语义类型。即上面1）、2）、3）、4）四种形式中谓语的语义类型。

2）一般谓词性谓语句中，主语的语义类型。即上面2）、3）两种形式中主语的语义类型。

3）一般谓词性谓语句中，宾语的语义类型。即上面1）、2）两种形式中宾语的语义类型。

由上述分析,可看出说明语篇前景复句所表达的主要事件类型和主、宾语的一些重要特征。

1. 前景复句中的小句谓语

动作动词可分为"具体动作动词"和"抽象动作动词"(李临定,1990:133—134)。在此基础上,就语料所及,充当说明语篇前景复句小句谓语的动词,就概念类型而言,可分为五类:1)具体动作动词;2)抽象动作动词;3)联系动词;4)心理动词;5)形式动词。

以事理说明文为例,上述五类动词充当前景复句中小句谓语的例句分别如:

(11) 这样我们才能直接看到曾经埋在地下深处的岩石,也才能使我们能够想象到石圈深处的岩石是什么样子。(《看看我们的地球》)

(12) 昆虫参与自然选择的作用,造成各种不同的植物,也造成各种不同的花色(《花儿为什么这样红》)

(13) 逻辑是帮助人们合理地写文章,合理地讲话的科学,也是帮助人们合理地思考的科学。(《谈逻辑学》)

(14) 目前,世界上许多国家已开始认识到这一问题的严重性,并采取了相应措施。(《生物入侵者》)

(15) 关于太阳能和热核反应热量的利用,科学家们已经进行了较多的工作,也获得了初步的成就。(《看看我们的地球》)

一方面,就所考察的说明文样本而言,事物说明文前景复句在切分为小句后,所得一般谓词性谓语句566例。其中,由"具体动作动词"充当谓语的有278例,约占49.1%;由"抽象动作动词"充当谓语的有154例,约占27.2%;由"联系动词"充当谓语的有107例,约占18.9%;由"心理动词"充当谓语的有23例,约占4.06%;由"形式动词"充当谓语的有4例,约占0.7%。由此,事物说明文前景复句中的小句谓语在概念类型上按由多到少有如下排序:

具体动作动词 > 抽象动作动词 > 联系动词 > 心理动词/形式动词

另一方面，就所考察的说明文样本而言，事理说明文前景复句在切分为小句后，所得一般谓词性谓语句共 601 例。其中，由"具体动作动词"充当谓语的有 148 例，约占 24.6%；由"抽象动作动词"充当谓语的有 281 例，约占 46.8%；由"联系动词"充当谓语的有 135 例，约占 22.5%；由"心理动词"充当谓语的有 25 例，约占 4.2%；由"形式动词"充当谓语的有 12 例，约占 2%。可见，事理说明文前景复句中的小句谓语，在概念类型上的分布存在如下由多到少的排序：

抽象动作动词＞具体动作动词＞联系动词＞心理动词/形式动词

将上面两个排序相对比，可以看出，事物说明文前景复句中的小句谓语，在概念类型上以"具体动作"占优势；而事理说明文前景复句中的小句谓语，则以"抽象动作"占优势。这是二者的明显不同。显然，这种表义类型的差异，是由事物说明文与事理说明文的语篇属性所决定的。事物说明文的说明对象，通常是具体的实体；而事理说明文的说明对象，则是抽象的道理。说明对象"具体"与"抽象"的差异，决定了说明语篇前景复句中的小句谓语在概念类型上"具体"与"抽象"的偏向。试比较：

（16）蛐蛐儿好斗，二者相遇必分个胜负才肯罢休。相遇时二者触须来回扫动，若一碰上，便冲上前去"厮杀"起来。有时为了鼓舞自己的"斗志"和压住对方的"威风"，在斗前会大声鸣叫。"战斗"中两者张开大牙对咬，并用足支撑身体抬高向前顶。（《蟋蟀》）

（17）我们可以设想，假如当初有一种植物，花色微红，由于其中红色比较显著的花朵，容易受到昆虫的注意，获得传粉的机会较多，经过无数代的选择，在悠长的岁月中，昆虫就给这种植物创造出纯一、显著、鲜艳的红色花朵。昆虫参与自然选择的作用，造成各种不同的植物，也造成各种不同的花色。（《花儿为什么这样红》）

例（16）中，画横线部分为复句关系词语，加点部分为"具体动作动词"。可以看出，当说明对象是"蛐蛐"这一具体生物时，复句在表义类型上也相对具体。例（17）中，画横线部分为复句关系词语，加点部分为"抽象动作动词"。该例中,在小句中充当谓语的动词有设想、有、受到、创造、造成,其中,"设想"为心理动词,"有"为联系动词,其余三个均为"抽象动作动词"。可以看出,当说明对象是在解释"花儿为什么这样红"这一道理时,复句在表义类型上也相对抽象。

2. 前景复句中的小句主语

说明语篇前景复句中的小句是一般谓词性谓语句时,其主语根据形式可分两类。第一类由名词性成分充当。根据生命度的不同,名词性主语又分三类:"非生命度""高生命度""次高生命度"。"非生命度"指主语为无生命事物,"高生命度"指主语为"人"或"由人构成的机构、组织等","次高生命度"指主语为"动物"。第二类由谓词性成分充当,具体包括两类:a 由谓词性成分充当主语;b 由谓词性成分充当中心语的定中结构充当主语。第二类数量很有限,下面主要考察第一类。具体分析两个方面:(1)主语的生命度特征;(2)主语的"通指—单指"特征。

1. 主语的生命度特征

首先是事物说明文。就所考察的说明文样本而言,事物说明文前景复句在切分为小句后,获得包含主语的一般谓词性谓语句共 257 例。其中,由谓词性成分充当主语的有 6 例,由名词性成分充当主语的有 251 例。在这 251 例中,"非生命度"主语 163 例,约占 64.9%,占绝对优势;"高生命度"主语 39 例,约占 15.5%;"次高生命度"主语 49 例,约占 19.5%。按数量由高到低可排序为:

"非生命度"主语 > "次高生命度"主语 > "高生命度"主语

其次是事理说明文。就所考察的说明文样本而言,事理说明文前景复句在切分为小句后,获得包含主语的一般谓词性谓语句共 317 例。其中,由谓词性成分充当主语的有 10 例,由名词性成分充当主语的有 307 例。在这 307 例中,"非生命度"主语 224 例,约占 73%,占绝对优势;"高生命度"主语 60 例,约占 19.5%;"次高生命度"主语 23 例,约占 7.5%。按数量由高到低可排序为:

"非生命度"主语 > "高生命度"主语 > "次高生命度"主语

由上述两个序列可知，无论是事物说明文还是事理说明文，它们前景复句中的小句主语均以"非生命度"为优势特征。这一点不难解释，这是因为说明语篇的说明对象大都是"无生"的。也可以说，说明语篇是"低生命度"的语篇类型。说明语篇前景复句中的小句主语以"非生命度"为优势特征，是说明语篇"低生命度"的一种表现。

另外，事理说明文与事物说明文也略有差异，主要表现在：事理说明文前景复句的小句主语，"高生命度"与"次高生命度"的数量排序为："高生命度"主语 > "次高生命度"主语；而在事物说明文前景复句的小句主语中，二者的排序为："高生命度"主语 < "次高生命度"主语。这主要是因为，事物说明文中有一部分是以"动物"为说明对象，这自然比较明显地增加了其"次高生命度"主语的数量。

由此可见，无论是事物说明文与事理说明文在前景复句小句主语上的共性还是差异，均有着明显的语篇动因。

2. 主语的"通指—单指"特征

"通指"与"单指"是分析说明语篇前景复句中小句主语的一项重要语法指标。说明语篇前景复句中的小句主语，由"通指"的名词性成分充当的如例（18）（19），由"单指"的名词性成分充当的如例（20）（21）：

（18）飞行员只能看到两侧八九公里和前方一二十公里狭窄范围内的地面。（《眼睛与仿生学》）

（19）世界上许多国家已开始认识到这一问题的严重性。（《生物入侵者》）

（20）美国政府正在酝酿一个跨部门的监控计划。（《生物入侵者》）

（21）上一世纪末，美国的著名园艺育种家蒲班克，发现一株花瓣上好似有一层烟雾的虞美人，特意培养，到本世纪初，便育成了各种深浅不同的蓝色虞美人，为花卉园艺增添了新的品种。（《花儿为什么这样红》）

有时，小句主语是"通指"还是"单指"，需根据语境才能确定，如：

（22）死海的源头主要是约旦河，河水含有很多的矿物质。河水流入死海，不断蒸发，矿物质沉淀下来，经年累月，越积越多，便形成了今天世界上最咸的咸水湖——死海。（《死海不死》）

（23）杂草是植物界的殖民主义者，它侵占庄稼的土地，掠走养分和水分，并且给农作物的收割造成巨大的困难。（《庄稼的朋友和敌人》）

例（22）中，"河水"回指前文，指"约旦河的河水"，因此是"单指"成分。例（23）中，"它"回指"杂草"，因此是"通指"成分。

在"通指—单指"这一指标上，事理说明文相对简单，而事物说明文相对复杂，所以下面首先交代事理说明文的调查结果，再分析事物说明文。

就事理说明文而言，由上可知，由名词性成分充当主语的一般谓词性谓语句有307例。在这307例中，由"通指"成分充当主语的有288例，约占93.8%；由"单指"成分充当主语的有19例，约占6.2%。可见，事理说明文前景复句的小句主语，以由"通指"成分充当为绝对优势。

就事物说明文而言，由上可知，由名词性成分充当主语的一般谓词性谓语句有251例。事物说明文分空间顺序、时间顺序、特定顺序三类，这三类事物说明文，其前景复句的小句主语在"通指—单指"上的表现不完全相同，具体如下：

就所考察的空间顺序事物说明文而言，其前景复句小句主语由"通指"成分充当的有11例，由"单指"成分充当的有15例。前者约占42.3%，后者约占57.7%。

就所考察的时间顺序事物说明文而言，其前景复句小句主语由"通指"成分充当的有36例；由"单指"成分充当的有9例。前者占80%，后者占20%。

就所考察的特定顺序事物说明文而言，其前景复句小句主语由"通指"成分充当的有157例，由"单指"成分充当的有23例。前者约占87.2%，后者约占12.8%。

由上述三项调查结果可知，空间顺序事物说明文前景复句的小句主语，在"单指"与"通指"的数量分布上相对均衡,"单指"略占优势；而时间顺序、特定顺序事物说明文前景复句的小句主语则以"通指"占绝对优势。

时间顺序、特定顺序事物说明文前景复句的小句主语，以"通指"占绝对优势，是由这两类说明语篇的说明对象的"通指"特征所决定的。这两类说明语篇的说明对象一般具有"通指"特征，这一点由这两类说明语篇的标题即可看出，如《说"笔"》《从甲骨文到缩微图书》《邮票的起源》《蟋蟀》《熊猫琐谈》等，前三者是时间顺序事物说明文，后二者是特定顺序事物说明文，而它们的说明对象"笔""书""邮票""蟋蟀""熊猫"都具有"通指"特征。因为说明对象具有"通指"特征，所以在语篇中当说明对象占据主语位时，其语言形式也自然具有"通指"特征。

与上述二者不同，空间顺序事物说明文前景复句的小句主语以"单指"更占优势。之所以如此，与这类说明文的说明对象大都是确定的某个具体建筑有关。例如，《人民英雄永垂不朽》《巍巍中山陵》《故宫博物院》《雄伟的人民大会堂》，由标题即可看出它们的说明对象的单指性。与上同理，说明对象的"单指"特征，决定了说明对象在语篇中占据主语位时，其语言形式自然也具有"单指"特征。

将上述三类事物说明文的数据综合起来，就所调查的事物说明文而言，其前景复句小句主语由"通指"成分充当的有204例，由"单指"成分充当的有47例，前者约占81.3%，后者约占18.7%。这说明，总的来说，事物说明文前景复句的小句主语以"通指"为绝对优势。

与前面事理说明文前景复句小句主语的"通指""单指"调查数据相比，可以看出，事理说明文前景复句小句主语的"通指"倾向更高（事理说明文占93.8%，事物说明文占81.3%）。这一点不难理解，事物说明文的说明对象虽以"通指"事物为常，但也可以是"单指"事物，而事理说明文的说明对象是规律，既然是规律，相关实体就多是"通指"了。

3. 前景复句的小句宾语

前文已述，前景复句的小句宾语，指的是一般谓词性谓语句中的宾语。即上文1)"谓语+宾语"、2)"主语+谓语+宾语"两种形式中的宾语。

根据《汉语动词用法词典》对动词宾语的形式分类和名词宾语的语义角色分类（孟琮、郑怀德、孟庆海、蔡文兰编，1999：4—6、8—12），所调查说明文样本前景复句的小句宾语，就形式而言，可分两大类。

1) 谓词性宾语。具体包括动词性成分充当的宾语、形容词性成分充当的宾语和小句宾语，同时由谓词性成分充当中心语的定中结构占据宾语位，也计入谓词性宾语，如"人类语言才得到前程万里的发展"。

2) 名词性宾语。根据语义角色的不同，又可分为受事宾语、结果宾语、对象宾语、处所宾语、时间宾语、施事宾语、等同宾语、杂类宾语。

下面是不同类型宾语的举例。

（24）生物学和生态学界的一些学者主张人类不应该过多地干预生物物种的迁移过程。（《生物入侵者》）［谓词性宾语］

（25）过去人类没有能征服沙漠。（《向沙漠进军》）［受事宾语］

（26）每个小眼的角膜又都能形成一个像。（《眼睛与仿生学》）［结果宾语］

（27）（它）怕浑浊的海水。（《珊瑚岛》）［对象宾语］

（28）（大熊猫）也能泅过湍急的河流。（《熊猫琐谈》）［处所宾语］

（29）巨大的连续流历时40分钟。（《一次大型的泥石流》）［时间宾语］

（30）而今死海旁边已出现了一些工厂。（《死海不死》）［施事宾语］

（31）风是沙漠向人类进攻的武器。（《向沙漠进军》）［等同宾语］

（32）压强超过了它的极限强度。（《救命的一句话》）［杂类宾语］

下面是本调查中，事物说明文与事理说明文前景复句的小句宾语的调查结果。

事物说明文前景复句拆分为小句后，属于1)、2)两种形式（"谓语+宾语""主语+谓语+宾语"）的共308例。其中，谓词性宾语73例，约占23.7%；名词性宾语中，受事宾语106例，约占34.4%；等同宾语58例，约占18.8%；结果宾语25例，约占8.12%；杂类宾语20

例，约占 6.5%；处所宾语 12 例，约占 3.9%；施事宾语 7 例，约占 2.27%；对象宾语 4 例，约占 1.3%；时间宾语 3 例，约占 0.97%。上述不同形式和语义类型的宾语，按数量由多到少可排序为：

受事＞谓词性宾语＞等同＞结果＞杂类＞处所/施事/对象/时间

事理说明文前景复句拆分为小句后，属于1)、2) 两种形式（"谓语＋宾语""主语＋谓语＋宾语"）的共 362 例。其中，谓词性宾语 93 例，约占 25.7%；名词性宾语中，受事宾语 165 例，约占 45.6%；等同宾语 37 例，约占 10.2%；结果宾语 31 例，约占 8.56%；杂类宾语 14 例，约占 3.87%；施事宾语 12 例，约占 3.3%；对象宾语 2 例，约占 0.55%；目的宾语 2 例，约占 0.55%；时间宾语 2 例，约占 0.55%；处所宾语 2 例，约占 0.55%；致使宾语 2 例，约占 0.55%。上述不同形式和语义类型的宾语，按数量由多到少可排序为：

受事＞谓词性宾语＞等同＞结果＞杂类/施事/对象/目的/时间/处所/致使

对比上面两个序列，可以看出，事物说明文与事理说明文，二者在前景复句的小句宾语类型上一致性较高。具体表现为：二者数量排序前三的宾语类型是相同的，即受事＞谓词性宾语＞等同。这说明，就前景复句的小句宾语的形式与语义类型这一指标而言，事物说明文与事理说明文并未因说明语篇下位分类的不同而产生明显差异。对于这种一致性，可作如下分析。

第一，事物说明文与事理说明文的前景复句的小句宾语，以"受事宾语"为最常见，这应是"受事"作为典型宾语的一种表现。即在各类宾语中，受事宾语是最典型、最常见的，说明语篇也不例外。

第二，事物说明文与事理说明文的前景复句的小句宾语，其中谓词性宾语的数量均位居第二。这从一个角度说明，事物说明文与事理说明文在语篇内容上是比较抽象的。因为相比较而言，事件宾语在表义上要比事物宾语更加抽象。而语篇内容偏向抽象,是说明语篇的共性。

第三,事物说明文与事理说明文的前景复句的小句宾语中,等同宾语的数量均位居第三。等同宾语,是"低及物性"的一种表现。等同宾语位居第三,从一个角度说明,事物说明文与事理说明文在语篇属性上偏向"低及物性",而"低及物性"是说明语篇的共性特征。

对比上面两个序列,也可看出事物说明文前景复句的小句宾语与事理说明文前景复句的小句宾语,在受事宾语与等同宾语的具体比例上存在一定的差异,表现在:事物说明文前景复句小句的受事宾语的比例(34.4%)低于事理说明文前景复句小句的受事宾语的比例(45.6%);而事物说明文前景复句小句的等同宾语的比例(18.8%)高于事理说明文前景复句小句的等同宾语的比例(10.2%)。简言之,虽然受事宾语和等同宾语均为事物说明文与事理说明文前景复句的小句宾语的常见类型,但是,相比较而言,事物说明文前景复句的小句中,受事宾语相对较少(34.4%),而事理说明文前景复句的小句中,受事宾语相对较多(45.6%);同时,事物说明文前景复句的小句中,等同宾语相对较多(18.8%),而事理说明文前景复句的小句中,等同宾语相对较少(10.2%)。

据初步观察,造成上述差异的原因之一是,事物说明文中,对说明对象"下定义"的判断性说明较多,从而比较明显地增加了等同宾语的数量。如:

(33)"机器人"始终只是一种高度自动化的"机器"。(《机器人》)

(34)每秒辐射到地球上的太阳能约相当于80亿千瓦的电能。(《五色煤》)

(35)所以这种桥叫做联拱石桥。(《中国石拱桥》)

对于上述问题,还需进一步考察。

第五节 本章小结

本章探讨说明语篇的复句运用,主要分析了四个问题。

第一,说明语篇的结构。

说明语篇由导引、点题、主体、总结、延伸五部分构成。导引和延伸,是说明语篇的可有组成部分;点题、主体、总结,是说明语篇的主要构成部分。

导引开启说明语篇,在表达方式上,导引往往并不以"说明"为主。表达方式的不同,是导引的一种识别标志。

点题在导引之后,明确说明对象。从表达方式上看,说明性点题最多,此外,还有叙述性点题、描写性点题和论证性点题。对于叙述性点题而言,其叙述性部分在时间上以"过去时"为常。

主体在点题之后,是说明语篇对说明对象予以介绍、阐释的部分,是说明语篇的核心。主体具有三个特征:"-事件时间序列""-施事导向"和"+客观性"。说明语篇主体在时间上的典型表现是"泛时态"。

总结在主体之后,对说明语篇予以归纳。总结在表达方式、言者介入和时间性三个方面与主体明显不同。这些不同具有篇章划界的作用。

延伸在总结之后,此时,语篇内容已不再是对说明对象的解说,甚至与说明对象无关。

第二,说明语篇的凸显等级。

说明语篇各构成部分的篇章地位并不等同,由此可得出说明语篇的凸显等级。根据是否具有[+说明]这一特征,说明语篇可分为[-说明]部分与[+说明]部分,前者包括导引和延伸,是说明语篇的枝叶部分;后者包括点题、主体和总结,是说明语篇的主干部分。

说明语篇的主干部分,根据是否构成说明语篇的主线又可分为"前景"和"背景"。前景构成说明语篇的主线,背景服务于前景,地位相对次要。背景主要有以下几类:叙述性背景、描写性背景、说明性背景、言者介入性背景。

第三,说明语篇的复句运用。具体包括以下三个问题。

(一)说明语篇中复句的意合与形合、单重与多重。

说明语篇的语篇类型对复句的意合与形合有影响,而对形合复句的单重与多重没有明显影响。"事物说明文—意合复句""事理说明文—形合复句",是无标记的优势组配模式。事物说明文与事理说明文,二者中的形合复句均以多重复句占优势。

（二）说明语篇的结构与复句运用。

说明语篇的篇章结构对复句使用的影响主要表现在数量分布和类型分布上。数量分布突出表现在：主体中形合复句的数量显著多于其他部分，这既与篇幅有关，同时也是主体解说事物、阐释事理的需要。类型分布突出表现在：导引与点题往往需交代说明对象的奇异之处，因此转折复句相对较多；主体则因解释事物或事理内在逻辑的需要以及对比说明这一常见说明方法的运用，使得因果和转折复句相对较多。

（三）说明语篇的类型与复句运用。

说明语篇的类型不同，形合复句的使用也有所不同。这主要表现在两个方面。

1）语篇类型控制着优势形合复句的类型。具体表现在：空间顺序事物说明文，连贯复句最多；时间顺序事物说明文，因果复句最多；特定顺序事物说明文，转折复句最多；事理说明文，也是因果复句最多。

2）语篇类型对形合复句的差异化表现有影响。具体表现在假设复句和连贯复句上。假设复句在不同类型的说明语篇中，分布明显不均。在特定顺序事物说明文和事理说明文中，假设复句较多，而在空间顺序、时间顺序事物说明文中，假设复句较少。这主要是因为：特定顺序事物说明文和事理说明文在说明内容上有较大的虚拟的可能性，而空间顺序、时间顺序事物说明文则在说明内容上虚拟的可能性较小。连贯复句在不同语篇中的分布也明显不均。在空间顺序、时间顺序事物说明文中，连贯复句较多，而在特定顺序事物说明文和事理说明文中，连贯复句较少。这种不同也有明显的语篇动因。

当然，下位类型的不同，并不能掩盖下位类型的"说明语篇"的共性本质。因此，空间顺序、时间顺序、特定顺序事物说明文与事理说明文，四者在复句使用上也表现出明显的相同之处，即因果、转折、并列是它们共有的常见复句类型。这种共性正源于说明语篇"阐释规律"的语篇功能和"作比较"的常见说明方法。

第四，说明语篇的"前景—背景"与复句运用。主要包括两个问题。

（一）"前景—背景"与复句分布。

说明语篇"前景—背景"对复句使用的制约，表现在复句的数量分布与类型分布上。因背景篇幅有限，复句主要分布于前景。前景中相对常见的复句类型是因果和转折，背景中相对常见的复句类型是转折。

因果复句满足了解说事物、剖析事理的需要，因此，说明语篇前景中，因果复句相对较多。说明语篇前景中，转折复句也相对常见，主要是因为说明语篇前景常常运用"作对比"的说明方法。

说明语篇背景中，转折复句相对较多，主要是因为转折复句可用来表现事物或事理的反常或悖谬之处，从而为引出下文的前景内容作铺垫。

（二）说明语篇前景复句的语法和语义。

1）前景复句的形式

无论是事物说明文还是事理说明文，其前景复句中小句的优势形式均为：由单论元构成的一般谓词性谓语句。不过，在由谓语单独构成小句的能力上，事物说明文与事理说明存在比较明显的差异：事物说明文，由谓语单独构成小句的能力大于事理说明文。这可能是由事物说明文说明对象的话题性所造成的。

2）前景复句的语义

就前景复句的小句谓语的概念类型看，事物说明文以"具体动作"占优势，事理说明文以"抽象动作"占优势。这是由这两类说明语篇说明对象"具体"与"抽象"的不同所造成的。

就前景复句的小句主语的生命度而言，无论是事物说明文还是事理说明文，均以"非生命度"为优势特征。这是说明语篇"低生命度"的体现。不过，两类说明语篇也存在一定差异，主要表现在：事物说明文中，具有"次高生命度"的小句主语相对较多，这主要是由以"动物"为说明对象的事物说明文所造成的。

就前景复句的小句主语的"通指—单指"而言，空间顺序事物说明文，"单指"略占优势；时间顺序事物说明文、特定顺序事物说明文，"通指"占绝对优势。总的来看，事物说明文以"通指"为绝对优势，而事理说明文的"通指"倾向更高。这些均与说明语篇说明对象的"单指—通指"特征有较大关系。

事物说明文与事理说明文，在前景复句的小句宾语的类型上具有较高的一致性，排序前三的宾语类型相同，即受事＞谓词性宾语＞等同。不过，若比较数据，也存在一定差异：事物说明文受事宾语相对较少，而事理说明文受事宾语相对较多；事物说明文等同宾语相对较多，而事理说明文等同宾语相对较少。

第四章

新闻报道与复句运用

　　一般来说，新闻有广义和狭义之分，广义的新闻指及时报道新近发生的重要事件或生活现象的文章，主要包括消息和通讯，狭义的新闻专指消息，即所谓的"纯新闻"，指对国内外新近发生或正在发生的具有一定社会价值的人和事实的简要而迅速的报道；纯新闻最能代表新闻作品的本质属性，是新闻作品的主流（蓝鸿文、马向伍编著，1989：6；李元授、白丁，2001：141；孙智华、于黎冰、胡畔主编，2012：1）。

　　随着新媒介的不断出现和当代资讯传播的迅猛发展，新闻的所指范围不断扩大。传统的独白式的新闻，只是新闻的一种存在方式。采用对话形式的新闻谈话节目，以其直观的表现形式、平等的交流方式，在新闻传播中扮演着越来越重要的角色。有鉴于此，研究者将新闻的外延进一步扩大。外延扩大后的新闻，可分报道类和谈话类两种。传统的新闻体裁，如消息、通讯、特写、深度报道等，大都属于报道类新闻；而新闻谈话节目，如答记者问、电话访问等属于谈话类新闻（苏宏元，1999；蔡玮，2010：5—6）。

　　对于报道类新闻，学者又进行了下位分类。蔡玮（2010：215—218）认为，报道类新闻可分"叙事体"和"评议体"两种，叙事体新闻主要指以报道新闻事件为主的事件性新闻体裁，如消息、通讯、特写等；评议体新闻主要指不以事实报道为目的，而以评价、发表观点为目的的非事件性新闻体裁，如评论员文章或调查分析性的以评议为主的深度报道等。

也有学者将新闻报道与新闻评论称为新闻媒体公认的两大支柱,新闻报道的主要任务是报道新闻事实,传递新闻信息,而新闻评论则是旗帜和灵魂,指明什么是正确的,什么是错误的;新闻报道提供事实,新闻评论则引导舆论(丁法章主编,1997:9—10;刘大保,2000:9—12)。

由此可见,新闻报道和新闻评论是新闻语篇的两种主要文体,它们虽然都属于新闻语篇,但是文体类型并不相同。新闻报道属于叙事语篇,新闻评论则属于论证语篇。有鉴于此,笔者将新闻语篇分为新闻报道和新闻评论两类,分别考察其中的复句运用。本章考察新闻报道中的复句运用。第五章考察新闻评论中的复句运用。

由上述介绍可知,消息是新闻报道的典型形式,因此,本章在考察新闻报道的复句运用时,以消息作为语料来源。

第一节　消息语篇的结构

作为新闻报道的典型形式,消息也有不同的下位分类。一种常见的分类方式是根据写作特点和表达形式,将消息分为动态消息、综合消息、人物消息、特写性消息、解释性消息、述评性消息等(常秀英,1995:193;金梦玉主编,2012:145)。

动态消息是对新近发生的或发展的事件,或对事物运动中的新动态进行及时报道的消息;综合消息是把具有类似性质而又各具特点的事实组合起来,从不同侧面反映全局情况、阐明共同主题的消息;人物消息是以写人为主的消息,迅速及时地反映人物的某一典型事实或某个侧面,时效性强;特写性消息则是用类似"特写镜头"的手法来反映事物的变动;解释性消息是侧重于揭示和说明新闻事实的原因、影响及发展方向的消息;述评性消息是在报道事实时允许发表适当议论的消息(常秀英,1995:193—255;沈爱国,1996:330—370)。

由上述分类方案可知,动态消息在消息中最具代表性。因此,笔者以动态消息作为语料来源,考察消息语篇的复句运用。为此,笔者选择了篇幅相对较长的60则动态消息,① 电脑统计共39436字,平均每则约657字。

一般认为,消息由五部分组成:标题、导语、背景、主体、结尾。标题是消息的题目,导语是对新闻事实的提炼和概括,背景是与新闻事实相关的补充材料,主体则对新闻事实作具体报道和说明,结尾是对新闻事实的某种结果的说明(内蒙古大学汉语系、内蒙古师范学院中文系,1980;常秀英,1989;沈爱国,1996;廖雪琴、郑贵兰,2009;方雪琴,2010)。

由此,从语篇结构看,消息通常由四部分组成:导语、背景、主体、结尾。就位置而言,导语、主体、结尾三者的位置通常是固定的,导语

---

① 具体为:《灭绝人寰五十年侵华日军施细菌 千里迢迢寻铁证日本友人访崇山》《国家扶持帮助个人自力更生 农民康茂德十个月交售肥猪一千多头》《走出佛门跨入高校 20名和尚进入大理医学院深造》《农民自费学法律》《省人大环保执法检查组考察洱海》《弥渡县两系杂交粳稻创全国亩产最高纪录》《宾川敲响水利产权改革"第一槌"》《大理旅游专列由五家企业承包》《青华乡实行"村级无接待行动"》《大理出新风:"市长专邮"免邮票》《尹晓玲直游抚仙湖取得成功》《大理市首次拍卖矿产资源开采权》《我州奶牛管理实现数字信息化》《大理市荣获"最佳中国魅力城市"称号》《摘掉巍山永建毒品问题严重地区帽子》《我州首例盗窃网络虚拟财产案宣判》《大理市采取措施再现"鱼戏稻田间"景象》《自强不息何雪薇受关注 社会各界爱心人士纷纷伸援手》《大光厂为"土"技术员评定技术职称》《季节工已成为我师三秋生力军》《南国甘蔗生根塔里木 庭院经济飞出金凤凰》《塔里木垦区土地弃耕现象严重已引起注意》《长尾巴的户粮关系被注销了》《自己说了不算 请看群众打分》《二团表彰7名优秀政治连长》《我师一万六千名共产党员戴上党员标志牌》《客运车站人员野蛮追打 个体经营客车突遭横祸》《农一师采用"密矮壮"栽培新技术》《农一师果园建设滑坡引起重视》《不许外地人经商岂非咄咄怪事》《七团有了第一代环卫工人》《李霞到农场养鸡养猪致富》《伍德先生法律意识真够强的》《农一师棉花有了自己的商标》《兵地联手挥就得意之笔》《两家环保局争权托木尔饭店遭殃》《农一师成功培育"新海1718号"新品种》《阿克苏市个体户哄撵外地客商愈演愈烈》《阿克苏有了早市菜场》《农一师林业建设实行一票否决》《深圳一企业在三团兴办科学试验基地》《两千元礼金变股金》《从石头缝里抠土造地 在野山林中取材办厂》《绝境逼出股份合作制》《爱心短信引来众多市民献血救急》《平定县引导农民投资办企业》《国企厂长霍海群到乡企任职》《4名技术尖子成为华越公司首席员工》《阳媒集团注资3000万元支持环城绿化》《大批川豫农民盲目下羊城》《武钢十多万职工坚守岗位努力生产》《一些身份不明的人趁夜进行非法活动》《许昌车站为禹县人民办了件大好事》《我局开行首列西瓜快运货物列车》《黄金水道开专列 观念更新创效益》《运往华东的豫煤在长江找到出路》《首次土地公开拍卖在深圳举行》《福临堡车站集资购买调车机》《宿营车变为旅客硬卧车》《灵宝老乡投资七十万元拆道口修立交》。这60则动态消息出自:大理日报社编:《大理日报丛书:1982—2012获奖新闻作品选》,云南大学出版社2014年版;刘根主编:《塔里木报获奖新闻作品》,新疆人民出版社2004年版;阳泉日报主编:《阳泉日报获奖新闻作品选》,中国社会出版社2008年版;胡子贵、陈留顺、李荣吉编著:《晨钟暮鼓·百篇获奖新闻作品赏析》,陕西人民出版社1998年版等。个别用例,另有出处。

是消息的开头部分,主体位于导语之后,是消息的主干部分,结尾位于主体之后,是消息的结束部分;而背景的位置则相对灵活,主要有两种情况:第一,背景有相对固定的独立位置,这时背景常常位于导语之后、主体之前;第二,背景没有固定的独立位置,这时背景常常散布在导语、主体、结尾之中。

上述第一种语篇结构可图示为:

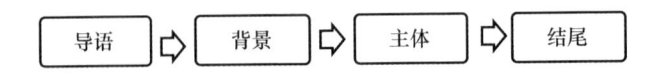

导语 ⇨ 背景 ⇨ 主体 ⇨ 结尾

上述第二种语篇结构可图示为:

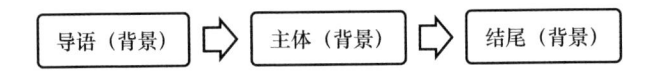

导语(背景) ⇨ 主体(背景) ⇨ 结尾(背景)

就所考察的60则消息而言,有15则结构上属于第一种,有45则结构上属于第二种。就考察范围而言,背景的位置相对灵活更常见。对于第二种情况,具体又分两类:1)背景在形式上并不构成完整的自然段;2)背景在形式上单独构成完整的自然段。

上述三种类型的背景,分别见于下面三则消息。

(1)本报讯 经省州科技部门和农业专家验收,弥渡县弥城镇城南办事处姚芹村农户赵朴,今年在其责任田中实施的"杂交稻70优04高产栽培示范"亩产达到1030.35千克,创造了全国两系杂交粳稻的最高亩产纪录。10月2日,作为这一组合选育与开发的单位——安徽省农业科学院,专门给大理白族自治州政府和州农牧局发来贺电,对大理州在大力推广农业科技中取得的这一显著成绩表示了最热烈的祝贺。[第1段]

"杂交稻70优04高产栽培示范",是国家863科技项目,也是云南省重大科技攻关项目和省重点科技推广项目。这一项目旨在改变目前我国广大农户在种植水稻中习惯种常规稻,而对种植杂交稻系高产认识不足而专门开展的。为使这一推广项目寻找到科学适宜的栽培方法,按照全国农业科技推广工作会议的安排,在有关省市科委和农业科学院的支持协助下,大理州将这一项目安排在了弥渡县进行实验示范,并由大理

州种子管理站指导弥渡县种子管理站具体负责组织实施。[第 2 段]

据大理州科委、州农牧局、州种子管理站、州农科所、弥渡县委、弥渡县农业局及有关部门组成的专家组 9 月 28 日实地收割收打验收：1.069 亩示范田面积，平均亩栽 3.18 万丛，每丛 11.6 穗，亩有效穗 36.89 万穗，结实率 89.44%，千粒重 24 克，出田谷 1.196 千克，除去杂质 2.63%，全田干净谷重 1092.172 千克，折合亩产 1030.35 千克，创了全国两系杂交粳稻亩产的最高纪录。[第 3 段]

验收专家组认为：该高产田按设计方案认真实施了早育壮秧、种子处理、合理密植，配方平衡施肥、科学水浆管理等先进高产栽培措施，基本实现了原设计的亩超吨粮的产量结构，技术措施先进，验收数据可靠，是目前我国两系杂交粳稻亩产的最高纪录。[第 4 段]（《弥渡县两系杂交粳稻创全国亩产最高纪录》）

（2）新开岭讯　新疆也可以发甘蔗财吗？最近，十六团三连爆出一个冷门。保管刘彦斌家种的万余公斤甘蔗，被本连职工争购一空，半亩地创利 7000 元。[第 1 段]

<u>甘蔗属当年生植物，是制糖工业的重要原料，多产于亚热带地区，我国长江流域亦有少量种植。甘蔗营养丰富，甘甜可口，颇受人们青睐。</u>刘彦斌在众多的经济信息中，获悉内地甘蔗产量高价格俏，他想，我们新疆有日照长、气候干燥、昼夜温差大、有利于糖分积聚的优势，何不引来一试。于是，他就托人从内地找来蔗种，从 4 月 5 日播种到 11 月初收获。他寻找资料，讨教能人，边摸索边实践，终于总结出在新疆种植甘蔗，要多上有机肥，忌上化肥，早、中期灌三水，后期停灌水的宝贵经验。他种的克皮甘蔗计 7000 多秆，平均每秆重 1.5 公斤。[第 2 段]（《南国甘蔗生根塔里木　庭院经济飞出金凤凰》）

（3）本报玛滩讯　城市有环卫工人，塔里木垦区的团场也有。七团的环卫工人是今年 9 月陆续上岗的。[第 1 段]

七团团部所在地玛滩现有环卫工人 8 名。每个连和学校、医院、工厂等单位，各有 2 名环卫工人。这些环卫工人都由团场核发工资。他们的职责是打扫环境卫生、清除拉运垃圾、管理树木花草。[第 2 段]

玛滩镇主要街道两旁和连队居民区都设有垃圾箱。[第 3 段]

农一师各垦区有 16 个团场。团部和连队的环境卫生，过去一般是在节假日前动员职工突击打扫。平时，有的单位也曾指定年老体弱的职工打扫卫生，但难以经常坚持。到农忙时，打扫卫生的事往往没人管也没人干。[第 4 段]

七团第一批环卫工人上岗后，记者在这个团采访时看到，全团街道、场院、林带干干净净，职工群众的生活环境确实更加优美了。一位散步的退休老人说："这是精神文明建设带来的新气象。"[第 5 段]（《七团有了第一代环卫工人》）

例（1）包含 4 段：第 1 段是导语，第 2 段是背景，第 3—4 段是主体。背景位于导语与主体之间，独立构成一个自然段。例（2）包含 2 段，第 1 段为导语，第 2 段为主体，其中第 2 段画线部分为背景。例（3）包含 5 段：第 1 段是导语，第 2、3、5 段是主体，第 4 段是背景。背景独立构成一个自然段，分布于主体之中。

同时，从消息的构成部分来看，60 则消息中有 50 则由"导语＋主体"构成，有 10 则由"导语＋主体＋结尾"构成。可见，一般而言，导语和主体是消息的必有组成部分，结尾是消息的可有部分。

需说明的是，消息是纯新闻，或者说新闻语篇是以消息为原型构建起来。因此，关于新闻语篇的篇章结构的研究，在很大程度上也是对消息的篇章结构的刻画。

关于新闻语篇的宏观结构，荷兰学者迪克（2003：57）提出了带有理论假设性质的新闻语篇宏观结构图示，即"假设性新闻图示结构"，详见图 4-1。

蔡玮（2010：65—67）在迪克"假设性新闻图式结构"的基础上，构拟了以"核心—附属"为特征的新闻报道语篇的宏观结构，详见图 4-2。

在我国新闻传播学的传统研究中，新闻语篇的原型"消息"的宏观结构是线性的，即按照语篇推进的顺序，将消息划分为导语、主体、结尾等若干组成部分。上述迪克（2003）及在迪克（2003）基础上的研究，则将新闻语篇的宏观结构表示为一个树形图。树形图既能显示新闻语篇的推进顺序，如由迪克的假设性新闻图式结构可知，概述包括标题和导语，是在故事之前，而对于构成故事的情景和评价而言，情景一般在评价之前；同时，树形图又能显示新闻语篇不同部分的构成情况，如在迪克的假设性新闻图式结构中，情景通常由情节和背景构成，而评价则通常由口头反应和结论构成；除此之外，树形图对于呈现新闻语篇的组织结构也有一定的作用。

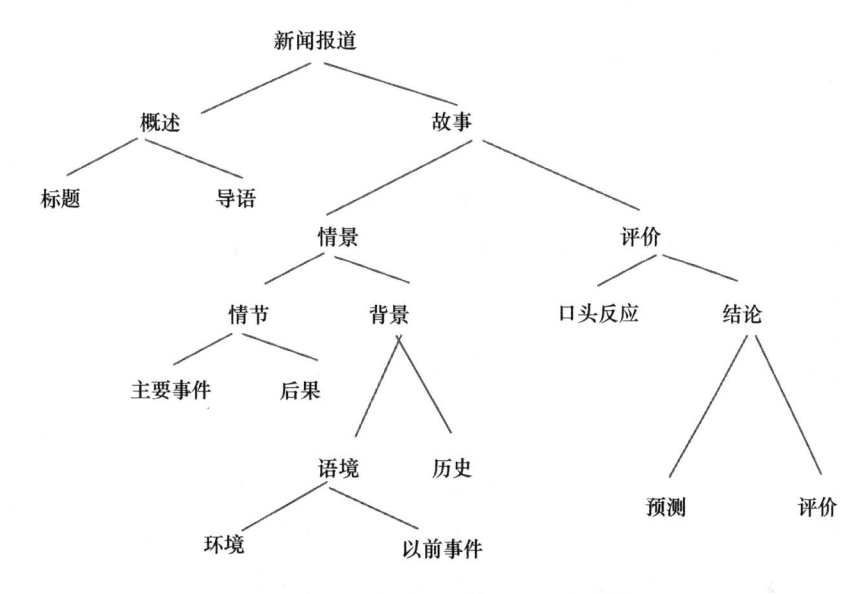

图4-1　迪克的假设性新闻图式结构

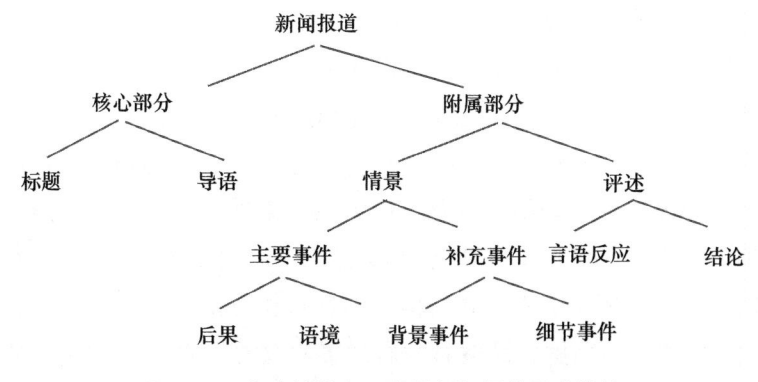

图4-2　蔡玮的核心—附属新闻报道图式结构

简言之，对于新闻语篇的宏观图示而言，上述树形图比传统的线性图更精细，信息量也更大，不过，要找到二者之间的对应关系并不难。

为表述方便，下面仍按传统的线性图模式，根据语篇推进的顺序，对消息各构成部分予以说明。

一　消息语篇的导语

消息写作有六要素，即消息在内容上要交代清楚六个要素：何时（When）、何地（Where）、何人（Who）、何事（What）、何故（Why）、如何（How），这与记叙文的六要素颇为相似。众所周知，记叙文的六要素为：时间、地点、人物、事情的起因、经过、结果。[①] 上述相似恰恰说明，消息虽属新闻语体，但从语篇类型看，应归入叙事语篇。

不过，虽然如此，消息与记叙文还是有着明显不同，这一点由二者的篇章结构即可看出。消息通常由四部分组成：导语、背景、主体、结尾，记叙文通常也由四部分组成：开端、发展、高潮、结局。表面上看，二者十分相似，但实际差别很大。就导语而言，消息的导语常常是整个新闻事件的概括，是整个新闻事件的浓缩，读者可只看导语就基本了解消息的主要内容；而记叙文的开端显然不是所记事件的总结，而仅仅是所记事件的开始。由此可见，消息中的导语，篇章地位十分重要，从读者了解消息内容这一角度看，甚至可以取代主体和结尾；而记叙文的开端，在篇章地位上显然不及发展与高潮，开端显然代替不了发展、高潮与结局。

因此，虽然消息与记叙文均属叙事语篇，但就语篇不同构成部分的篇章地位看，消息与记叙文存在显著不同。

消息中的导语之所以如此重要，与消息的新闻属性密不可分。根据常秀英（1995：76—78；155—156）对消息产生历史的阐释，在消息的第一段（导语）中就把消息所要报道的主要事件概括出来，既能满足人们迅速获取信息的需要，同时也是 19 世纪中叶电信技术不发达的产物，并由此产生了"倒金字塔"式结构的消息写作方式，即按材料的主次排列：把最重要、最新鲜、最精彩的新闻事实摆在最前面，稍次要的放在第二段，再次要的放在第三段……，具体见图 4-3：

[①] 当然，消息的六要素在内容上必须合乎客观实际，这是消息作为新闻的真实性的必然要求。而记叙文的六要素在真实性上并没有这么严格的要求。

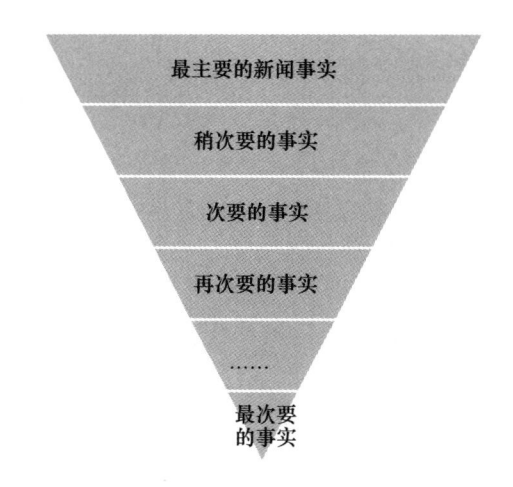

```
        最主要的新闻事实
         稍次要的事实
          次要的事实
         再次要的事实
           ……
          最次要
          的事实
```

图 4-3　消息的"倒金字塔"结构（常秀英，1995：156）

由图 4-3 可知，在这种"倒金字塔"结构中，导语最重要，导语由其后的主体部分进一步解说，直至结尾部分。在"导语—主体—结尾"中，越靠前的部分，篇章地位越重要。即"倒金字塔"结构的消息是按"重要性下降"这种顺序组织语篇内容。

简言之，与记叙文的开端不同，导语在消息中的地位十分重要。很多时候，导语就是消息的简明版，这是由消息的新闻属性所决定的。

当然，导语虽有传统范式，但也不是一成不变的。从与新闻事件的关系看，导语可分为三种。

1）导语是主要的新闻事件。这种导语最符合"倒金字塔"结构。导语与主体的不同在于所述内容的重要性等级不同。即导语比主体重要。

2）导语是新闻事件的概括。这种导语与主体的不同，不表现在重要性等级上，而表现在详略上：导语是对新闻事件的简要概括，主体是对新闻事件的详细叙述。即导语比主体简洁。

3）导语是新闻事件的引介。这种导语既不是主要的新闻事件，也不是对新闻事件的概括，而是为引出新闻事件作铺垫。即导语是主体的引介。

以上三种情况分别如：

（4）新华社洛杉矶 1984 年 7 月 29 日电　中国在奥运会历史上"零

的纪录"的局面在今天 11 时 10 分（北京时间 30 日凌晨 2 时 10 分）被中国射击选手许海峰突破。许海峰以 566 环的成绩获得男子自选手枪冠军，夺得了本届奥运会的第一块金牌。

中国体育代表团副团长陈先在许海峰获得金牌后对新华社记者发表谈话说，这对中国运动员是极大的鼓舞。这是中国在奥运会历史上得到的第一枚金牌，实现了"零"的突破，在中国体育史上具有深远的意义。他表示感谢运动员和教练做出的艰苦努力。

许海峰今年 27 岁，是安徽省供销社的职员。他在获得金牌后对新华社记者说，这还不是他最好的成绩，只不过是正常发挥技术。他最好的成绩是 583 环。他表示要不骄不躁，继续努力，争取今后取得更大成绩。（《我国选手获得奥运会第一块金牌》）

（5）本报讯　昨天下午，深圳市人民政府以公开拍卖的方式做成了一笔土地交易。

一位来自香港的专业人士称赞这次拍卖活动非常成功。他说："这次历史性的第一次土地拍卖，标志着从今天起，内地的土地使用正式进入了市场经济轨道。"

44 家在深圳有法人资格的企业参加了这场拍卖土地的角逐。深圳经济特区房地产公司以 525 万元的最高价得到了这块面积为 8588 平方米的地块 50 年的使用权。（《首次土地公开拍卖在深圳举行》）

（6）本报讯　3 年前曾拿着木棒阻止枣树研究所人员给枣树"剃头"的武悦老人，如今望着压满枝头的小灯笼似的红枣乐得直笑。他对最近去参加"老枣树更新复壮新技术"鉴定会的专家说："研究所尽是神人，枣树'剃了头'，不但死不了，枣结得比以前更大更多了。"

山西交城县民办枣树研究所从 1983 年起贴钱向农民传授"老枣树更新复壮新技术"，不到 3 年，300 多棵老枣树"返老还童"，产量成倍增长。北关街村民侯占林家的 19 棵有 100 年树龄的老枣树，到 1983 年已一棵枣子也不结了，1984 年"剃头"后，当年就结枣 200 斤，第二年增加到 400 多斤，今年可望产 700 斤。枣农由不相信"剃头"能丰产变为要托人把子女送到研究所学习"剃头"技术。这项新技术也在实践中进一步完善，最后通过鉴定，被定为科技扶贫推广新项目。（《交城枣树研

究所贴钱向枣农传授新技术》)①

例（4）是相关消息的全部，共三段，第一段为导语，后两段为主体，不难看出，导语在消息中最重要。例（5）是相关消息的前三段，第一段为导语，第二、三段进入主体。主体是对新闻事件的详细报道，导语是对新闻事件的简单概述。例（6）是相关消息的前两段，第一段为导语，第二段进入主体，具体陈述新闻事件的详细过程。例（6）中的导语只是在叙述新闻事件中的一个典型事例，因而只具有引介作用。

比较上述三例可以看出，当导语是主要的新闻事件或是对新闻事件的概括时，消息可只保留导语而删除主体，消息的新闻价值仍可实现；而导语只起引介作用时，显然不能这样操作。

二　消息语篇的主体

主体在导语之后，详细报道新闻事件。就语料所及，主体在结构上有以下四种情况。

第一，按重要性递降顺序，组织消息主体的语篇。如：

（7）新华社华盛顿巴格达3月19日电　白宫星期三宣布，美国已经展开旨在解除伊拉克武装的军事行动。当地时间<u>星期四凌晨</u>，美军对伊首都巴格达的伊拉克领导层所在的建筑物进行了空袭。[第1段]

巴格达上空传出空袭警报数分钟后，白宫发言人阿里·弗莱舍对记者说："解除伊拉克政权武装行动的初始阶段已经开始。"[第2段]

美国战机是在总统乔治·布什要求伊拉克总统萨达姆·侯赛因要么离开伊拉克，要么面临战争的最后期限到期一个半小时后，袭击伊拉克首都巴格达的。[第3段]

巨大的爆炸声不绝于耳，火焰照亮了天空，空袭警报声响彻这座拥有500万人口的城市。[第4段]

<u>第一轮爆炸发生在格林尼治时间星期四早晨2点45分</u>，曳光弹和大团的黑烟出现在巴格达南部。居民们纷纷躲进家中加固的房间里或大型

---

① 以上三例出自严介生、王乃钧编著《消息精品选评》，中国广播电视出版社1996年版，第8、17—18、50页。

建筑下的公共防空洞里。[第5段]

供电并没有停止，但爆炸之后国家广播电台已经停止了播音。[第6段]

目击者说，伊拉克领导层所在的建筑在美军针对巴格达的两轮空袭中遭到了袭击，造成人员伤亡。伊拉克防空部队对美军战斗机进行了回击。[第7段]

<u>周三晚上</u>，美军战机在伊西部和南部袭击了伊拉克地对地导弹和炮火设施，但五角大楼坚持说此举只是为了维护禁飞区，并不算战争的开始。[第8段]

<u>早些时候</u>，联合国秘书长科菲·安南曾向美国和英国发出警告："根据国际法，交战方有责任保护平民。"[第9段]（《美国开始对伊拉克展开军事行动》）①

例（7）是相关消息的全部。第一段为导语，其余为主体。表面看来，这则消息的主体是按时间顺序组织语篇，其实，该消息主体是按重要性等级由高到低的顺序来组织的。由导语可知，这则消息的主要内容是：星期四美对伊拉克领导层建筑进行了空袭。再看主体，第2—7段是在讲述星期四针对巴格达的空袭，第8段是在讲述周三美军针对伊西部和南部军事设施的空袭，第9段已与空袭本身无关，而是在补充报道联合国秘书长安南在空袭行动之前发出的警告。虽然消息主体中也有明显的时间标记（画线部分），但由内容可知，这则消息的主体语篇是按重要性由高到低的等级排列的。

第二，按时间先后顺序，组织消息主体的语篇。如：

（8）新华社香港1997年7月1日电　在香港飘扬了150多年的英国米字旗最后一次在这里降落后，接载查尔斯王子和离任港督彭定康回国的英国皇家游轮"不列颠尼亚"号驶离维多利亚港湾——这是英国撤离香港的最后时刻。[第1段]

英国的告别仪式是<u>30日下午</u>在港岛半山上的港督府拉开序幕的。在蒙蒙细雨中，末任港督别了这个曾居住过25任港督的庭院。[第2段]

---

① 该消息引自孙智华、于黎冰、胡畔主编《实用新闻写作教程》，吉林大学出版社2012年版，第57页。

<u>4时30分</u>，面色凝重的彭定康注视着港督旗帜在"日落余音"的号角声中降下旗杆。根据传统，每一位港督离任时，都举行降旗仪式。但这一次不同：永远都不会有另一面港督旗帜从这里升起。<u>4时40分</u>，代表英国女王统治了香港5年的彭定康登上带有皇家标记的黑色"劳斯莱斯"，最后一次离开了港督府。[第3段]

掩映在绿树丛中的港督府于1885年建成，在以后的一个多世纪中，包括彭定康在内的许多港督曾对其进行过大规模改建、扩建和装修。随着末代港督的离去，这座古典风格的白色建筑成为历史的陈迹。[第4段]

晚6时15分，象征英国管治结束的告别仪式在距离英军总部不远的添马舰东面举行。停泊在港湾中的皇家游轮"不列颠尼亚"号和邻近大厦上悬挂的巨幅紫荆花图案，恰好构成这个"日落仪式"的背景。[第5段]

此时，雨越下越大。查尔斯王子在雨中宣读英国女王赠言说，"英国国旗就要降下，中国国旗将飘扬于香港上空。150多年的英国管治即将告终。"[第6段]

<u>7时45分</u>，广场上灯光渐暗，开始了当天港岛上的第二次降旗仪式。156年前，是一个叫爱德华·贝尔彻的英国舰长带领士兵占领了港岛，在这里升起了英国国旗；今天，另一名英国海军士兵在"威尔士亲王"军营旁的这个地方降下了米字旗。[第7段]

<u>当然，最为世人瞩目的是子夜时分中英香港交接仪式上的易帜。在1997年6月30日的最后一分钟</u>，米字旗在香港最后一次降下，英国对香港长达一个半世纪的殖民统治宣告终结。[第8段]

<u>在新的一天来临的第一分钟</u>，五星红旗伴着《义勇军进行曲》冉冉升起，中国从此恢复对香港行使主权。与此同时，五星红旗在英军添马舰营升起。两分钟前，"威尔士亲王"军营移交给中国人民解放军，解放军开始接管香港防务。[第9段]

<u>零时40分</u>，刚刚参加了交接仪式的查尔斯王子和第28任港督彭定康登上"不列颠尼亚"号的甲板。在英国军舰"漆咸"号及悬挂中国国旗和香港特别行政区区旗的香港水警汽艇的护卫下，将于1997年年底退役的"不列颠尼亚"号很快消失在南海的夜幕中。[第10段]

从1841年1月26日英国远征军第一次将米字旗插上港岛，至1997年

7月1日五星红旗在香港升起,一共过去了156年5个月零4天。大英帝国从海上来,又从海上去。[第11段](《别了,"不列颠尼亚"》)①

例(8)是相关消息的全部,共11段,第1段是导语,第2—10段是主体,第11段是结尾。由主体中的时间标记(画线部分)可知,主体是按时间先后顺序报道的。

第三,按"总—分"结构,组织消息主体的语篇。如:

(9)新华社南京1991年7月10日电 遭受百年未遇特大洪涝灾害的江苏省,9.3万多名考生在为期3天的今年普通高校招生考试中无一人缺考。[第1段]

省高校招生办公室负责人欣喜地对记者说,往年高考还有漏考的,今年却无一人因洪涝灾害而缺考,真是高考史上的奇迹。[第2段]

江苏省今年高考共设有154个考点、3300多个考场。面对特大洪涝灾害,各级领导和各行各业都把保障高考的顺利进行作为义不容辞的职责。[第3段]

<u>苏州市</u>所属6个县(市)因洪涝公路大部分中断,高考前各县(市)就想方设法把考生接到考点。到6日晚,所有考生全部进入考点。县城招待所、旅馆纷纷腾出床位,帮助考生解决食宿困难。[第4段]

<u>常州市</u>对家庭受淹的考生,由老师负责逐家逐户走访,稳定情绪。吃饭、复习有困难的,由所在中学集中安排食宿,复习功课。个别考点因受淹临时改变后,市里通过广播、电视宣传,各校老师还通知到每个考生。结果,20多个考场,600多名考生无一缺考。[第5段]

<u>地处秦淮河畔的江宁县秦淮中学</u>,正在考试时,学校突然进水,低洼处水深1米,但有关部门和学校立即在校门口筑坝奋力排水。尽管屋外大雨如注,考场内部滴水未进。[第6段]

为了保证考试万无一失,各地对考生的关心无微不至。<u>无锡市公交部门</u>就作出规定:考生只要亮出准考证,就可以优先乘车。[第7段](《江苏9万多考生在特大洪涝灾害中无一缺考》)②

---

① 该消息引自孙智华、于黎冰、胡畔主编《实用新闻写作教程》,吉林大学出版社2012年版,第57—58页。
② 该消息引自严介生、王乃钧编著《消息精品选评》,中国广播电视出版社1996年版,第4页。

例（9）是相关消息的全部，共7段，第1段是导语，第2—7段是主体。主体中，第2—3段是总说，整体报道江苏省的高考情况，第4—7段是分说，具体选择了四个点：苏州市、常州市、秦淮中学、无锡市公交部门（画线部分），可见主体是"总—分"结构。

第四，按并列结构，组织消息主体的语篇。如：

（10）本报讯　这是一个令人深思的时刻：8月3日上午9时整，在沈阳迎宾馆的一间会议室里，沈阳市防爆器械厂厂长王刚神情沮丧地把该厂的营业执照交还给工商管理部门。至此，这家连续亏损、常年靠借债为生的市属集体企业，正式破产倒闭了。[第1段]

此时此刻，该厂的这位最后一任厂长心情十分沉重，他说：这是很不光彩的事情，但愿人们从我们的破产倒闭中汲取教益。[第2段]

沈阳市防爆器械厂是中华人民共和国成立以来第一个破产倒闭的企业。沈阳市政府负责人在新闻发布会上宣布：企业破产倒闭后，全厂仅有的5万元固定资产，用以偿还外债；厂里职工，作待业处理；待业期间，由政府发给生活救济金。[第3段]

记者于当天上午来到防爆器械厂。只见大门紧闭，车间上锁，账目封存，一切财产等待处理。在厂供销办公室，记者见到当年参加创办该厂的老工人宋玉珠，她不无忧伤地说："想不到我们一把水一把泥建起来的这个厂子，被'大祸饭'折腾到这步田地。"这位老工人满含热泪地告诉记者：这个厂子是1965年办起来的。当时，几十名家庭妇女全凭劳动吃饭，没有"大锅饭"可吃，大家越干越红火，厂里年年有积累。可是到了1978年，厂子收到市里后，人人都端上了"铁饭碗"，干部得捞就捞，工人能少干就少干，慢慢地，企业由盈转亏，由亏损到借债，借遍了全国，债主多到240家，欠债50多万元，等于全厂家底的10倍。[第4段]

破产倒闭，给那些长期只包盈不包亏的"不倒翁"企业敲响了警钟。对此，人们议论纷纷，归纳起来就是8个字："令人震惊，发人深省。"去年和防爆器械厂一起被"黄牌"警告的沈阳市五金铸造厂厂长周桂英说：以前，没想到企业会倒闭，工人会失业，现在，这些都成了现实。这说明，改革到了今天，是动真格的了。[第5段]（《沈阳市防

爆器械厂破产倒闭》)①

例（10）是相关消息的全部，共5段，第1段是导语，第2—4段是主体，第5段是结尾。主体共三段，分别报道了这一新闻事件的三个方面：最后一任厂长、新闻发布会、防爆器械厂厂区（画线部分），三者之间是并列关系。

三 消息语篇的结尾

消息的结尾通常有五种类型：第一，以新闻事件的结局作为结尾；第二，以对新闻事件的归纳作为结尾；第三，以新闻事件中最不重要的信息作为结尾；第四，以对新闻事件的主题深化或评价等作为结尾；第五，以对新闻事件的未来展望作为结尾。下面分别举例说明。

第一，以新闻事件的结局作为结尾。

（11）本报讯　近两天来，一伙身份不明的人趁夜强行拦截汽车，冲击党政机关，破坏社会治安秩序。［第1段］

18日凌晨1时刚过，琴台工人文化宫附近一伙出语粗俗、趿着拖鞋的人开始拦截过路的汽车。他们威逼司机开车驶向武昌。他们沿途或撕扯交通安全宣传及广告布幅，或拿走居民晾在室外的床单，随意涂写标语作为横幅，并呼喊、裹胁部分围观群众上车。［第2段］

这伙人到省政府门前喧闹了一阵子后，又把车开往汉口，并继续沿途拦截汽车。到汉口时，已形成有十多辆客货车的车队。［第3段］

这伙人又把车开到市政府和市委门前，冲击领导机关。当市委有关部门的同志出面接谈时，他们既提不出具体要求，也推不出代表。［第4段］

昨日凌晨，一些打着赤膊的人在六渡桥一带纠合在一起，边走边喊，"没有钱，抢银行""要烟吃、要喝茶"等。外地车辆被强行拦截的事情仍有出现。［第5段］

市公安干警为维护治安、交通秩序，依法采取措施，将其中部分人带离现场审查。这伙人多数是社会闲杂人员，没有学生。他们当中有的

---

① 该消息引自严介生、王乃钧编著《消息精品选评》，中国广播电视出版社1996年版，第22—23页。

人曾受过公安、司法机关的处罚。[第6段]（《一些身份不明的人趁夜进行非法活动》）

例（11）包含6段：第1段是导语，第2—5段是主体，第6段是结尾。由第6段内容可知，这一结尾即该新闻事件的结局。

第二，以对新闻事件的归纳作为结尾。

（12）本报讯　连日来，许多爱心人士纷纷向何雪薇伸出援助之手。[第1段]

8月11日下午，某民营企业员工李先生来到本报编辑部，他带来了企业负责人邓先生向何雪薇的捐款。李先生告诉记者，邓先生看到本报B1版刊出何雪薇的报道后，为其自强不息的精神所感动，特委托李先生到报社向雪薇捐款1000元，表示一份爱心。同时，李先生自己也向何雪薇捐款200元。[第2段]

8月12日，何雪薇接到了一位陌生人的电话，这位陌生人告诉何雪薇，他姓吴，家住下关，要捐款给她。了解了何雪薇的情况后，吴先生通过银行给何雪薇汇去了1000元钱。吴先生鼓励何雪薇："不要气馁，好好读书！"得知消息后，记者几经辗转电话联系到吴先生，想采访他，但被吴先生婉言拒绝，他说："这只是我的一点心意。"[第3段]

在《大理日报》看到何雪薇的故事后，一名姓李的先生联系到了何雪薇。他告诉何雪薇，想要帮助她顺利完成学业。何雪薇想知道李先生的名字，他说："叫我小李哥就行。"8月19日，李先生给何雪薇汇去了6000元钱。昨日，记者电话联系了李先生，李先生说："我将尽全力帮助何雪薇渡过难关。何雪薇大学5年，我将每年资助她。"[第4段]

据了解，本报8月10日B1版刊出关于何雪薇的报道后，引起了社会各界的广泛关注。云南网、新浪网大理频道、云龙电视台等媒体也相继对何雪薇作了报道。[第5段]（《自强不息何雪薇受关注　社会各界爱心人士纷纷伸援手》）

例（12）包含5段：第1段是导语，第2—4段是主体，第5段是结尾。由第5段可知，这一结尾是对"何雪薇受到社会广泛关注"这一新闻事件的归纳。

第三，以新闻事件中最不重要的信息作为结尾。

（13）本报阿克苏讯　10月19日，塔里木垦区十三团一辆个体经营的小客车被阿克苏地区第一运输公司客运站工作人员砸坏了。［第1段］

这天下午北京时间15点左右，十三团个体经营小客车在客运站门前街上稍停招揽旅客，慢行至离站约200米处，有几位旅客上车。客运站工作人员发现后，追上去将这辆车的后窗打碎，拔走车钥匙，接着把前挡风玻璃打碎，还用警棍打了司机王汉武。［第2段］

车上旅客为眼前发生的野蛮行为所震惊。一位名叫任胜友的乘客说，他活了几十年，还是第一次见到有人竟敢在光天化日之下野蛮砸车。围观的行人也议论纷纷，对客运站表示强烈不满。［第3段］

据了解，这样的事件在阿克苏并不是第一次发生。［第4段］

国营客运站工作人员为什么砸车打人呢？就是因为这些个体客车抢了他们的生意。［第5段］

记者到这家客运站调查。客运站一位负责人直言不讳地说，他们有60辆大客车，200余名职工。企业要生存，采用这种办法，也是被逼出来的。他还说，如果这些个体经营的小客车还拉他们的旅客，砸车的事件可能还会发生。这位负责人也承认，他们的做法是不对的，甚至是违法的，但为了企业生存，车站工作人员用此下策，领导也难以阻止。［第6段］

这起砸车打人事件的发生，恰在党的十四次全国代表大会闭幕的第二天。［第7段］（《客运车站人员野蛮追打　个体经营客车突遭横祸》）

例（13）包含7段：第1段是导语，第2—6段是主体，第7段是结尾。由第7段可知，这一结尾是对新闻事件发生时点的社会背景说明，与新闻事件自身的关联已很弱。该消息正是通过这一重要性明显下降的信息，标志了消息的结束。

第四，以对新闻事件的主题深化或评价等作为结尾。

（14）本报讯　11月14日，以搞活经营权，放开建设权为重点的宾川县水利产权制度改革，在试点乡——州城敲响公开拍卖产权的"第一槌"；老赵村村公所所属的一眼机井，以6400元一次性出让给宾居农场的农户郭小富。［第1段］

水利是农业的命脉，在缺水的宾川县更是如此。从新中国成立以来到目前，宾川先后建成中型水库3件，……。于是，宾川县委、县政府

将水利产权制度改革提上议事日程。[第 2 段]

从去年年末到今年年初，县委、县政府做了大量深入细致的调查工作……改革对象以小型水利工程为主，方式以拍卖产权为主，出让、租赁、承包多种形式并举。[第 3 段]

宾川水利产权制度改革，打破了以往"国家只管投资、农民只管使用"的状况，既减少了国家建设、维修的大笔费用，又提高了水利工程的利用率，让农民得到实惠。[第 4 段]（《宾川敲响水利产权改革"第一槌"》）

例（14）包含 4 段：第 1 段是导语，第 2—3 段是主体，第 4 段是结尾。由第 4 段可知，这一结尾是对新闻事件的意义的探讨。

第五，以对新闻事件的未来展望作为结尾。

（15）本报记者王存政吴国平报道 这是没有先例的。但是二团党委破了这个例——授予七名行政领导以"优秀政治连长"的称号，并颁发大红烫金的荣誉证书。[第 1 段]

团党委书记、政委沈德云说："对那些既抓生产又抓思想工作的行政领导，就是要大张旗鼓地表彰，让更多的人去重视思想工作。"[第 2 段]

据了解，被表彰的 7 人，是全团 37 个基层单位连长、厂长中的优秀代表。1989 年中，他们积极支持和协助指导员开展政治工作。年近六旬的加工厂厂长陈光炎，重视青年工作，建好文化活动设施，使厂里政治和文化生活十分活跃；十一连连长甘志军，除抓连队形势教育外，还长期坚持谈心活动，使 6 名彼此有意见的职工和睦相处。去年，这两个单位都跨入"双文明"的先进行列。[第 3 段]

<u>表彰优秀政治连长，是在今年元月 15 日二团 1989 年度思想政治工作研讨会年会上，17 名会员根据团党委的建议议定的。</u>据介绍，今后，这样的活动每年都要进行一次。[第 4 段]（《二团表彰 7 名优秀政治连长》）

例（15）包含 4 段：第 1 段是导语，第 2—3 段是主体，第 4 段是结尾。由第 4 段直线部分可知，这一结尾具有展望未来的性质，当然，这一结尾不纯粹是对未来的展望（波浪线部分）。

四　消息语篇的背景

背景是对新闻事件的补充。就语料所及，背景在内容上主要涉及五个方面。

第一，新闻事件的自然背景。如例（16）画线部分：

（16）本报讯　大理市凤仪镇东山村农民康茂德，以国家利益为重，发展家庭养猪业，今年1月至10月给国家和集市提供肥猪1000多头，成了全市贡献突出的养猪专业户。

<u>东山村地处粮食主产区凤仪坝子东部的半山坡，离集市约两公里路。这里，山清水秀，公路直通村子，方便防疫，方便采购，具有发展养猪业的优厚条件。</u>去年8月初，这个村31岁的农民康茂德筹集资金办商品猪场，到今年10月，先后投资15万元，建盖了猪圈近百间。康茂德充分利用集市猪源，购买架子猪采用科学方法饲养育肥，提高架子猪的利用率。月生猪存栏数由办场初期的150多头发展到现在的400多头，出栏肥猪月月增加，源源不断交售给国家和提供给市场。……（《国家扶持帮助个人自力更生　农民康茂德十个月交售肥猪一千多头》）

第二，新闻人物或新闻事物的相关背景。如例（17）（18）两例画线部分：

（17）本报花桥讯　城市青年女工李霞下岗后到农场去养鸡养猪，3年赚了十几万元，走上了一条勤劳致富之路。

今年4月30日，农一师召开大会命名表彰"十大青年能手"，李霞榜上有名。农一师党委书记、政委王宏年向能手们颁奖后发表讲话时，把李霞夸了一番，说她是下岗再就业职工和非公有制经营者的榜样。

<u>李霞出生在塔里木垦区的十一团农场。1983年中学毕业后，她进了城，先后在水电厂、饮食服务公司和食品厂工作。1994年5月，因为食品厂经营亏损，濒临倒闭，她下岗了。</u>……（《李霞到农场养鸡养猪致富》）

（18）本报讯　6月15日，从昆明往返大理的旅游专列，正式由浙江省台州市东洲包机有限公司等5家企业承包经营。这是我国火车客运首次实行所有权与经营权分离，把火车客运推向市场的改革新举措。

<u>昆明至大理K446/5次和大理至昆明K448/5次列车，为旅游热线列车，自1999年昆明世界园艺博览会投入营运以来，随着旅游旺淡季的变化而盈亏不均。</u>今年4月，昆明铁路客运公司首创全国列车客运承包经营之举，吸引了全国16家国有、集体、私营企业竞相要求承包。……

(《大理旅游专列由五家企业承包》)

第三，新闻事件的历史背景。如例（19）画线部分：

（19）本报讯 云南大理巍山彝族回族自治县青华乡各村委会的食堂，年初挂出了一份特殊启事："请就餐人员一律主动交费。"10个村委会由此展开的"村级无接待行动"，半年多来已为全乡节约经费近10万元。

<u>"一顿饭，一头牛，屁股坐着一层楼。"过去，农村招待上级干部尤其乡镇干部的吃喝费用已成为农民的一项软负担，严重影响了基层干部在群众中的形象。</u>今年1月，巍山县青华乡在广泛征求村社干部和群众意见的基础上，召开全乡干部职工大会进行专题讨论，决定在全乡10个村委会开展"村级无接待行动"，……（《青华乡实行"村级无接待行动"》）

第四，新闻事件的社会背景。如例（20）画线部分：

（20）本报讯 "我给市长反映的问题解决了，'市长专邮'真管用！"这是一位由浙江来云南大理市做电器生意的老板碰上问题后给大理市长写信，他没有花1分钱的邮资，所反映问题却在不到1个月的时间内得到妥善圆满的解决，惊喜之余他逢人便由衷发出的感叹。

<u>近年来，随着高速公路、铁路的开通以及飞机的通航，作为云南西部的开放城市，大理日益成为全国乃至世界关注的重点旅游城市。</u>为了更好树立这座集国家级历史文化名城、国家级风景名胜区、国家级自然保护区三顶桂冠于一身的南诏古城形象，吸引更多有识之士前来这块热土投资、建设，大理市政府把广开言路、诚听群众心声当作一件重要事情来做，他们面向社会适时开设了"市长专邮"……（《大理出新风："市长专邮"免邮票》）

第五，新闻事件的解析。消息通常只对新闻事件进行客观报道，不过，有时消息也会在客观报道的基础上，对新闻事件进行一些解析。这些解析不是新闻事件本身，因此应归入背景。如例（21）画线部分：

（21）本报阿克苏讯 农一师果园发展建设速度缓慢，已影响到本世纪末果品基地的建设规划，为此，农一师农业部门紧急呼吁对此不可等闲视之。

在7月初结束的农一师林牧业生产检查中，核实果木新种植实有面积仅有 2581 亩,这个数字只是 1994 年计划栽种面积的 64.55%。……

三团是农一师计划在 2000 年建园规划实现万亩果园团场中的一个,原有果园面积 3000 亩,今年上半年的统计,这个团仅有果园 4000 亩,增长速度远远落后于要求。……

园林部门反映,今年是农一师果木发展进程中关键的一年,而实际上却是历年来果木增长幅度最小的一年,这一状况令人担忧。……

<u>据了解,造成发展速度缓慢的主要原因:一是近两年来灾害性的气候影响造成果树大量减产或绝产。二是产品更新换代滞后,优质果品率低,市场销售困难。三是缺乏长远打算。栽种果木前期投入大,收益周期长,被视为福利性生产。</u>

农一师园林建设缓慢的状况引起师领导和有关部门的高度重视,并采取有效措施促进其发展。……(《农一师果园建设滑坡引起重视》)

第二节 消息语篇的复句与凸显等级

一 消息语篇的复句

句子可分单句、意合复句、形合复句三种。笔者所选择的 60 则消息共包含 853 个句子,其中,单句 314 个,约占 36.8%;意合复句 296 个,约占 34.7%;形合复句 243 个,约占 28.5%。可见,这 60 则消息中,若单句与复句相比,则复句占绝对优势;若单句、意合复句、形合复句三者相比,则单句最多,其次是意合复句,形合复句最少。可见,消息中,形合复句的数量并不占优势。即:形合复句不是消息中凸显的句子类型。

下面是消息中单句、意合复句、形合复句的举例。

(1) 64 岁的王勇良回忆了当时的情景。(《灭绝人寰五十年侵华日军施细菌 千里迢迢寻铁证日本友人访崇山》)

(2) 1942 年 10 月上旬,日军飞机由西而来,尾部撒下白烟,落到村里。(《灭绝人寰五十年侵华日军施细菌 千里迢迢寻铁证日本友人访崇山》)

（3）他们曾四次自费来华实地调查采访日军侵华罪行，并把调查结果以纪录影片、录像、宣传画册等形式广告于日本社会。(《灭绝人寰五十年侵华日军施细菌　千里迢迢寻铁证日本友人访崇山》)

形合复句，可分为首层形合复句和非首层形合复句。上述60则消息的243个形合复句中，首层形合复句共178例，约占形合复句总量的73%；非首层形合复句共65例，约占形合复句总量的27%。可见，就所考察的60则消息中的形合复句而言，首层形合复句占优势。

就层次而言，复句有单重与多重之分。在上述60则消息中，复句共539例，其中，单重复句232例，约占43%；多重复句307例，约占57%。可见，就所考察的60则消息中的复句而言，单重与多重均相对较多，多重更占优势。

二　消息语篇的凸显等级

由前文可知，消息可分导语、主体、结尾、背景四部分。凸显等级是语篇不同构成部分根据重要性不同而做的排序。因消息在篇章结构上有不同类型，所以，消息语篇的凸显等级也会因此而呈现出一定的差异。这种差异主要表现在导语与主体的重要性判定上。

对于"倒金字塔"结构的消息语篇而言，导语比主体重要；而在非"倒金字塔"结构的消息语篇中，导语通常是主体的概括或引子，重要性不及主体。结尾与背景的重要性等级，通常不会受到语篇结构的影响。无论在何种结构中，结尾的重要性都不及主体，而背景是对新闻事件的补充，在内容上并非新闻事件本身，因此在重要性上位居最后。

因此，在"倒金字塔"结构中，导语最重要，上述四种构成部分的凸显等级按重要性由高到低可排序为：

导语 > 主体 > 结尾 > 背景

基于上述凸显等级，对于"倒金字塔"结构的消息而言，可只保留导语，消息的新闻价值并不会受损。如：

（1）本报讯　220个武汉孩子从出生那一刻起，就沾上奥运会的喜庆。昨日，本报记者不完全统计了本市18家医院的产科数据，共有220个"奥运宝宝"降生。

湖北省妇幼保健院昨出生38个奥运宝宝；武汉市商职医院出生30个；市妇幼保健院出生21个。据介绍，这些"奥运宝宝"九成是通过剖腹产手术"定制"的。他们有的提前几天来到人世，有的推迟数天喜迎奥运。在武汉华西医院剖宫产下一对双胞胎姐妹花，在手术室门口被命名为"奥宝""运宝"。一些大龄产妇不畏身体风险，接近40岁高龄还敢抢生"奥运宝宝"。

武汉大学中南医院产科教授李家福介绍，市民"定制""奥运宝宝"的热情远远超过"定制"2000年"千禧宝宝"。当时，<u>不少医院为产妇提供礼品，出生数量也不及眼下一半</u>。(《武汉昨迎来220个"奥运宝宝"》)①

例（1）是相关消息的全部，共3段：第1段是导语，第2段是主体，第3段是结尾，第3段中画线部分是背景。该消息属"倒金字塔"结构，由内容可知，该消息可只保留导语而删除其他部分。

对于非"倒金字塔"结构的消息语篇而言，主体最重要。因此，在这种语篇结构中，上述四种构成部分的凸显等级为：

主体 > 导语 > 结尾 > 背景

基于上述凸显等级，对于非"倒金字塔"结构的消息语篇而言，若只保留导语，消息的新闻价值会受损。如：

（2）本报讯 "我给市长反映的问题解决了，'市长专邮'真管用！"这是一位由浙江来云南大理市做电器生意的老板碰上问题后给大理市长写信，他没有花1分钱的邮资，所反映问题却在不到1个月的时间内得到妥善圆满的解决，惊喜之余他逢人便由衷发出的感叹。

近年来，随着高速公路、铁路的开通以及飞机的通航，作为云南西部的开放城市，大理日益成为全国乃至世界关注的重点旅游城市。为了更好

---

① 该消息引自李未熟、高池主编《新闻通讯员实务》，武汉大学出版社2014年版，第53—54页。

树立这座集国家级历史文化名城、国家级风景名胜区、国家级自然保护区三顶桂冠于一身的南诏古城形象，吸引更多有识之士前来这块热土投资、建设，大理市政府把广开言路、诚听群众心声当作一件重要事情来做，他们面向社会适时开设了"市长专邮"，即凡是当地的群众或到大理来的外地人，碰上问题或看到某种不合理的现象，可以拿起笔来给市长或副市长写信，或提出意见、建议，或就某个问题进行批评，甚至可以对某些人和事进行检举、揭发。写信者寄信时无须付邮资，只要在信封右上角写明"市长专邮"四个字，不用贴邮票就可以投入邮箱寄送。

据了解，大理市自从开通"市长专邮"以来，共收到各方群众来信527件，每件都得到了认真的答复和落实，受到群众的普遍欢迎。(《大理出新风："市长专邮"免邮票》)

例(2)是相关消息的全部，共3段：第1段是导语，第2段是主体，第3段是结尾，第2段中画线部分是背景。例(2)属非"倒金字塔"结构，导语只是新闻事件中的一个典型事例，因此，这则消息不能只保留导语。

第三节 消息语篇的结构与复句运用

本节讨论消息的语篇结构对复句运用的影响。60则消息中，首层形合复句共178例，其中，导语19例，主体108例，结尾5例，背景46例。可见，复句在消息中的数量分布按由多到少可排序为：

主体>背景>导语>结尾

导致上述排序的主要原因，应是各构成部分篇幅的不同。一般而言，消息各构成部分按篇幅由大到小也呈现出上述排序。

一 主体与复句运用

60则消息中，主体中的首层形合复句共108例，分别为：时间47

例，递进 15 例，因果 10 例，目的 10 例，并列 8 例，连贯 8 例，转折 6 例，假设 2 例，条件 2 例。可见，主体中，数量占明显优势的复句类型是时间复句，约占主体复句总量的 43.5%；其次是递进复句，约占主体复句总量的 13.9%；最后是因果和目的，均约占 9.3%。

主体中时间复句最多，与主体的"叙事性"有较大关系。消息报道新闻事实，在表达方式上以"叙述"为主。也有研究认为，新闻就是一种叙事，而且是一种最典型、最普遍、最具影响力的叙事行为（范步淹，2000；蔡玮，2010：23）。叙事，最突出的表现就是按时间顺序将事件表达出来。因此，消息主体中，时间复句最多。如：

（1）当施沛锋和欧阳作臣得知这一消息后，翻山越岭风尘仆仆从宝华乡和无量乡赶到县城各自掏出准备好的 400 元学费，主动报名要求学习。（《农民自费学法律》）

（2）尹晓玲下水前，组委会举行了简短而又隆重的下水仪式，组委会和玉溪市江川、澄江两县的党政领导出席了下水仪式，并为尹晓玲壮行。（《尹晓玲直游抚仙湖取得成功》）

（3）目前，这 20 名特殊大学新生已抵关报到，9 月 20 日正式开课。当问及他们走出寺庙佛堂、跨入大学校园的感想时，来自四川的果照告诉记者，佛家弟子上大学深造，是改革开放的产物，是一件有益于社会的好事。（《走出佛门跨入高校 20 名和尚进入大理医学院深造》）

例（1）（2）（3）均来自相关消息的主体部分。例（1）表达了"先时+后时"关系，例（2）表达了"后时+先时"关系，例（3）表达了同时关系。

消息主体中，递进复句数量位居第二，也相对较多。这一点应与消息的新闻价值有关。消息虽具有叙事性，但与叙事语篇不同的是，消息是对"有新闻价值的事实"的叙述。消息的新闻价值当然体现在话题上，不过，新闻事件内部的层递关系也有助于表现消息的新闻价值。如：

（4）州委宣传部负责人在会上介绍了大理市"申魅"的历程，并就如何借"申魅"成功掀起新一轮对外宣传热潮作了部署。（《大理市荣获"最佳中国魅力城市"称号》）

（5）在州委书记张金康，州人大常委会副主任杨培香、苏文良，副州长舒自荣等领导的陪同下，检查组一行先后实地察看了洱海网箱养鱼、机动船只运营情况和引洱入滨工程，并认真听取了州环保局、洱管局对洱海水质监测、污染源治理和州林业局关于植被保护的汇报。(《省人大环保执法检查组考察洱海》)

例（4）出自相关消息主体部分。该消息的话题是大理市荣获"最佳中国魅力城市"称号，话题本身具有新闻价值。例（4）围绕这一话题展开，前分句介绍"申魅"历程，后分句介绍未来规划，后分句更进一步，所述内容社会价值更大、新闻性更强。例（5）同理。

消息主体中，因果和目的复句数量均位居第三，也与消息的叙事性有关。消息主体为了将新闻事实的前因后果、来龙去脉交代清楚，会用到因果复句和目的复句。分别如：

（6）由于工作做得较为周密，合同工拾花积极性高涨，全师至10月上旬拾花总量为去年同期的152.5%，首批新棉已打包待运出口。(《季节工已成为我师三秋生力军》)

（7）宾川县委、县政府为保证改革的积极稳妥推进，从11月1日起，以州城乡为试点，全面推进水利产权制度改革。(《宾川敲响水利产权改革"第一槌"》)

二　背景与复句运用

60则消息中，背景共出现46例首层形合复句，其中，时间13例，并列10例，因果7例，转折6例，目的4例，连贯3例，递进2例，假设1例。可见，消息背景中，时间复句最多，其次是并列复句。

消息背景中，时间复句最多，主要是因为背景通常会介绍与新闻事实相关的历史情况，而在追溯历史时有较大可能用到时间复句，如：

（8）李霞出生在塔里木垦区的十一团农场。1983年中学毕业后，她进了城，先后在水电厂、饮食服务公司和食品厂工作。(《李霞到农场养鸡养猪致富》)

例（8）出自《李霞到农场养鸡养猪致富》，该消息所报道的新闻事件是"李霞致富"。而例（8）是在追溯"李霞"的成长历程，属消息背景部分。由例（8）可知，在追溯历史时，用到了时间复句。

由前文可知，消息主体部分，时间复句也数量最多。尽管就数量而言，时间复句在消息主体与背景中均居首位，不过，二者在时间定位上明显不同。主体中的时间复句，其时间定位是新闻事件的发生时间；而背景中的时间复句，因常常是对相关历史的追溯，所以时间定位通常是在新闻事件之前，即过去时间。试比较：

（9）谈起此事时，阿克苏市爱国卫生运动委员会副主任孙在先显得很有信心。（《长尾巴的户粮关系被注销了》）

（10）日寇纵火后，还开枪打死打伤救火村民各一人。（《灭绝人寰五十年侵华日军施细菌　千里迢迢寻铁证日本友人访崇山》）

例（9）（10）两例均为时间复句。例（9）位于消息主体，是对新闻事件的报道；例（10）位于消息背景，是对新闻事件的历史追溯。

消息背景中，并列复句数量位居第二，也相对较多。这与背景是对新闻事件相关材料的补充，往往涉及较多方面有关。如：

（11）为了躲避日本鬼子的迫害，70岁的王润华当年是躲在石臼里才逃过搜捕的；73岁的郑冬妹藏在草丛里，搜查的刺刀差一点捅到身上；而今年74岁的张菊莲是趁鬼子去村里放火时，从林山寺中爬着逃出来的。（《灭绝人寰五十年侵华日军施细菌　千里迢迢寻铁证日本友人访崇山》）

例（11）出自相关消息的背景部分。由内容可知，该背景涉及多个人物，因此使用了并列复句。

三　导语与复句运用

60则消息中，导语共出现首层形合复句19例，其中，时间8例，并列4例，因果2例，连贯2例，递进1例，解说1例，转折1例。可见，时间和并列是消息导语中相对占优势的复句类型。

导语中时间复句最多，与导语的叙事性有关。导语概括新闻事实，通常需交代时间信息，因此出现时间复句的可能性较大。如：

（12）从1月15日起，当旅客踏上郑州开往北京的80次特快列车时，会发现原有挂在列车一端写有"旅客止步"的乘务人员宿营车，已被旅客使用的硬卧车取代。（《宿营车变为旅客硬卧车》）

（13）2月24日，南涧县第一期法律中等专业培训班结业了。当施沛锋和欧阳作臣两位青年农民领到了结业证书时,台下响起了热烈的掌声。农民自费学法律的佳话,很快传遍了全县彝家山寨。(《农民自费学法律》)

例(12)是相关消息的导语部分,该导语包含了两个时间信息:1)新闻事件发生的客观时间:1月15日;2)新闻事件内部的事件时间:当旅客踏上郑州开往北京的80次特快列车时。客观时间是导语通常所必需的,而事件时间是导语在概述新闻事件时往往用到的,因此导语中的时间复句相对较多。例(13)同理。

导语中并列复句数量位居第二,也与导语的叙事性有关。导语概括新闻事件,常常涉及多个方面,因此用到并列复句的可能性也相对较大。如:

(14)7月11日上午,大理市喜洲镇上作邑村近百亩连片水田田埂上,周围欢声四起,数千尾鱼苗被投到碧绿如洗的稻田中放养,同时来自全市各乡镇的11支代表队展开了现场薅秧技能比赛。(《大理市采取措施再现"鱼戏稻田间"景象》)

例(14)出自相关消息的导语部分,该导语交代两件事:鱼苗放养、薅秧比赛,二者之间是并列关系。

四 结尾与复句运用

60则消息中,只有10则在构成上包含结尾,且结尾一般篇幅较短,因此,本调查中结尾出现的首层形合复句数量很少,仅5例:并列3例,时间、转折各1例。因数据稀疏,这里不再分析结尾的优势复句类型。仅就上述复句各举一例。

(15)宾川水利产权制度改革,打破了以往"国家只管投资、农民只管使用"的状况,既减少了国家建设、维修的大笔费用,又提高了水利工程的利用率,让农民得到实惠。(《宾川敲响水利产权改革"第一槌"》)

(16)据了解,本报8月10日B1版刊出关于何雪薇的报道后,引起了社会各界的广泛关注。(《自强不息何雪薇受关注 社会各界爱心人士纷纷伸援手》)

(17)26日哄撵行为虽然平息了,到27日上午10时记者发稿时止,外地客商以当地个体户侵犯了他们的经商利益为由,仍然未能开门营业。

(《阿克苏市个体户哄撵外地客商愈演愈烈》)

第四节　消息语篇的类型与复句运用

一　消息下位语篇的复句运用

由本章第一节"消息语篇的复句"可知，从写作特点和表达形式入手，消息可分为：动态消息、综合消息、人物消息、特写性消息、解释性消息、述评性消息。下面从这六类消息入手，考察消息的下位分类是否会影响首层形合复句的使用。

严介生、王乃钧编著《消息精品选评》一书对消息进行了分类编排，笔者主要基于字数均衡从中选择各类消息各10则。①

---

① 10则动态消息，电脑统计共6189字，具体为：《武汉百里长堤巍然锁大江》《江苏9万多考生在特大洪涝灾害中无一缺考》《"女麦客王"出征陕甘宁》《首次土地公开拍卖在深圳举行》《平民百姓赢了政府机关》《杨飞飞隔铁窗与儿子同台唱戏》《交城枣树研究所贴钱向枣农传授新技术》《谁是"最紧张的观众"》《沈阳市防爆器械厂破产倒闭》《人类征服肝癌的一曲凯歌》。10则综合消息，电脑统计共10157字，具体为：《长江经济巨龙开始搏动》《三千苗胞出山　招财进宝百万》《百家"三资"企业调查表明：在华投资大有可为》《中国管理技术人才走向国际市场》《两万张地图走进清河县农家》《在超导体研究上的一场举世瞩目的角逐》《安徽省8万农民进城办第三产业》《北京地区长城失修严重》《我国8亿农民搞饭吃的旧局面开始发生了变化》《绿了章古台　白了少年头》。10则人物消息，电脑统计共8572字，具体为：《宫峰学成博士乐当"炉前工"》《查阿春不断帮助贫困农民勤劳致富》《青工冯杰作出了感人的抉择》《"十机部长"苏善和成为深受农民欢迎的农机专业户》《杨善卿坚持十年办露天英语班》《三块弹片作"遗产"》《河西区五名姑娘甘当磕灰工》《著名漫画家张乐平光荣入党》《农民李贵兴步行17天赴京捐款》《专业户王求晓夫妻双双考上大学》。10则特写性消息，电脑统计共8122字，具体为：《广东粮食市场掀开新一页》《鲜花为证》《半个世纪后的聚会》《总书记给火车司机打电话》《抢款大盗成过街鼠当场被擒　二万巨款撒向街头失而复得》《鲜花不知送给谁》《专员田间考县长》《三九雪天选代表》《华罗庚的最后一天》《陕北有煤海》。10则解释性消息，电脑统计共8735字，具体为：《湖北水利工程显示巨大威力》《给耕地建"档案"》《秦始皇陵考古工作又有重大突破》《中国计划生育工作已取得巨大进展》《八十年代的"上海速度"》《中国采取紧急措施拯救大熊猫》《大群蝴蝶南飞并非"不祥之兆"》《学习南京市绿化经验　要注意三点不足之处》《北京酱油为啥脱销》《农民都夸三中全会政策好》。10则述评性消息，电脑统计共10058字，具体为：《"东北现象"引起各方关注》《地方保护主义的"篱笆墙"非拆不可》《应当让国库券上市流通》《"烹饪王国"正面临挑战》《乒乓球"摇篮"何时再摇起来》《环卫工人日夜出动铲除垃圾山》《对水，要看得长远些》《中国谴责残害女婴的犯罪行为》《两千多双女鞋的遭遇说明了什么》《分清主流与支流　莫把"开头"当"过头"》。

上述不同类型的消息，其首层形合复句的使用情况如下。

第一，10则动态消息中，首层形合复句共35例。按数量由多到少依次为：时间17例，约占48.6%；转折5例，约占14.3%；递进4例，约占11.4%；因果3例，约占8.6%；条件2例，约占5.7%；连贯2例，约占5.7%；目的1例，约占2.9%；假设1例，约占2.9%。可见，本样本动态消息中，数量最多的是时间复句。动态消息中的时间复句如：

（1）个别考点因受淹临时改变后，市里通过广播、电视宣传，各校老师还通知到每个考生。（《江苏9万多考生在特大洪涝灾害中无一缺考》）

第二，10则综合消息中，首层形合复句共48例。按数量由多到少依次为：时间14例，约占29.2%；并列9例，约占18.8%；转折9例，约占18.8%；递进9例，约占18.8%；连贯5例，约占10.4%；目的2例，约占4.2%。可见，本样本综合消息中，数量最多的是时间复句。综合消息中的时间复句如：

（2）今年打田栽秧结束后，她们留下男劳力在家管理责任田，又纷纷出门上路了。（《三千苗胞出山　招财进宝百万》）

第三，10则人物消息中，首层形合复句共43例。按数量由多到少依次为：时间21例，约占48.8%；连贯7例，约占16.3%；递进5例，约占11.6%；目的5例，约占11.6%；转折3例，约占6.98%；并列2例，约占4.7%。可见，本样本人物消息中，数量最多的是时间复句。人物消息中的时间复句如：

（3）查阿春扶贫的事迹在县里传开后，曾有人问他图啥？（《查阿春不断帮助贫困农民勤劳致富》）

第四，10则特写性消息中，首层形合复句共42例。按数量由多到少依次为：时间10例，约占23.8%；因果7例，约占16.7%；并列7例，约占16.7%；转折6例，约占14.3%；连贯6例，约占14.3%；递进3例，约占7.1%；目的2例，约占4.8%；假设1例，约占2.4%。可见，本样本特写性消息中，数量最多的是时间复句。特写性消息中的时间复句如：

（4）一位老太婆逐一察看询问了各个品种的标价后，喃喃自语："听说从今天起粮食要涨价了，怎么不见涨？"（《广东粮食市场掀开新一页》）

第五，10则解释性消息中，首层形合复句共36例。按数量由多到少依次为：时间9例，占25%；因果9例，占25%；目的5例，约占13.9%；递进4例，约占11.1%；并列3例，约占8.3%；假设3例，约占8.3%；转折1例，约占2.8%；连贯1例，约占2.8%；条件1例，约占2.8%。可见，本样本解释性消息中，数量最多的是时间复句和因果复句，均分别占25%。解释性消息中的时间复句和因果复句，分别如：

（5）计划批准后，只给线，不拨料。（《北京酱油为啥脱销》）

（6）中国的计划生育政策完全符合中国的国情和人民的利益，所以才取得了如此巨大的成绩，才能得到了10亿人民的支持。（《中国计划生育工作已取得巨大进展》）

第六，10则述评性消息中，首层形合复句共61例。按数量由多到少依次为：并列13例，约占21.3%；转折12例，约占19.7%；因果10例，约占16.4%；时间8例，约占13.1%；连贯5例，约占8.2%；递进4例，约占6.6%；目的3例，约占4.9%；假设3例，约占4.9%；解说2例，约占3.3%；连锁1例，约占1.6%。可见，本样本述评性消息中，数量最多的是并列复句（约占21.3%），其次是转折复句（约占19.7%）、因果复句（约占16.4%），时间复句在数量上位居第四（约占13.1%）。述评性消息中，上述四类复句分别如：

（7）为此，黑龙江省已经制定了搞活大中型企业的8条措施，吉林省也开始实施企业组织结构和产品结构调整的"大动作"。（《"东北现象"引起各方关注》）

（8）今年头两个月工业生产虽有回升，但仍未摆脱困境。（《"东北现象"引起各方关注》）

（9）由于无力进行大规模技术改造，三分之二的设备落后于全国先进水平。（《"东北现象"引起各方关注》）

（10）当国家压缩基建规模，实行经济调整时，便显得船"沉"难掉头，适应不了市场的急剧变化。（《"东北现象"引起各方关注》）

二 叙事性与时间复句

由上述调查可知，在动态消息、综合消息、人物消息、特写性消息中，数量最多的均为时间复句。其中，动态消息、人物消息尤其如此，这两类中时间复句占近50%。而在解释性消息和述评性消息中，时间复句的地位明显下降，具体表现为：解释性消息中，时间复句和因果复句并列第一，均占25%；而在述评性消息中，时间复句位居第四。

动态消息、综合消息、人物消息、特写性消息均是以叙事为主的消息类型，因此，时间复句最具优势。而解释性消息、述评性消息，在内容上并不是以叙事为主。解释性消息，在报道新闻事实的基础上，侧重于说明新闻事实的原因，而述评性消息则是一种夹叙夹议的新闻文体，因此，在解释性消息中，用来说明因果关系的因果复句和用来表达时间关系的时间复句在数量上相对较多；而在述评性消息中，时间复句并不占据数量优势，即客观报道新闻事实的来龙去脉，不是述评性消息的主要内容。

简言之，上述六类消息可分两大类。第一，以叙事为主要内容的消息，如动态消息、综合消息、人物消息、特写性消息。这类消息中，时间复句占明显优势。第二，非单纯叙事的消息，如解释性消息、述评性消息。这类消息中，时间复句的地位会下降，其他类型复句的地位会上升。

第五节　本章小结

本章考察新闻报道中的复句运用，主要分析了四个问题。

第一，消息语篇的结构。

消息通常由四部分组成：导语、背景、主体、结尾。背景可固定在导语之后、主体之前，也可散布于导语、主体、结尾之中。

导语在消息中至关重要，这与消息的"倒金字塔"结构有关。导语有三种常见类型：1）导语是主要的新闻事件；2）导语是新闻事件的概括；3）导语是新闻事件的引介。

主体报道新闻事件，有四种常见结构类型：1）重要性递降结构；2）时间先后结构；3）"总—分"结构；4）并列结构。

结尾通常有五类：1）以新闻事件的结局作为结尾；2）以对新闻事件的归纳作为结尾；3）以新闻事件中最不重要的信息作为结尾；4）以对新闻事件的主题深化或评价等作为结尾；5）以对新闻事件的未来展望作为结尾。

背景对新闻事件予以补充，就内容而言，有五种常见类型：1）新闻事件的自然背景；2）新闻人物或新闻事物的相关背景；3）新闻事件的历史背景；4）新闻事件的社会背景；5）新闻事件的解析。

第二，消息语篇的复句与凸显等级。

若将句子分为单句和复句，则消息中复句占数量优势。若将句子分为单句、意合复句、形合复句，则消息中单句最多，其次是意合复句，形合复句最少。形合复句在消息中不占数量优势。形合复句，可分首层形合复句与非首层形合复句。就消息中的形合复句而言，首层形合复句占数量优势。复句可分单重与多重。就消息中的复句而言，单重与多重均相对较多，后者更占优势。

对于"倒金字塔"结构的消息而言，导语最重要，消息语篇的凸显等级表现为：导语＞主体＞结尾＞背景。对于非"倒金字塔"结构的消息而言，主体最重要，消息语篇的凸显等级表现为：主体＞导语＞结尾＞背景。

第三，消息语篇的结构与复句运用。

复句在消息各构成部分中的数量，按由多到少可排序为：主体＞背景＞导语＞结尾。消息的主体、背景、导语，均以时间复句为最多，这根源于消息的叙事性和新闻性。

第四，消息语篇的分类与复句运用。

消息语篇的类型对复句运用有明显影响。以叙事为主要内容的消息，如动态消息、综合消息、人物消息、特写性消息，时间复句占明显优势；而非单纯叙事的消息，如解释性消息、述评性消息，时间复句地位下降，其他类型复句地位上升。

第五章

新闻评论与复句运用

丁法章（2008：16）认为，新闻评论是媒体编辑部或作者对最新发生的有价值的新闻事件和有普遍意义的紧迫问题，运用分析和综合的方法，就事论理，就实论虚，有着鲜明针对性和引导性的一种新闻文体，是现代新闻传播工具经常采用的社论、评论、评论员文章、短评、编者按、专栏评论和述评等的总称，属于论说文的范畴。新闻评论包含不同的下位类型，范荣康（1988：187）将其分为五类：社论、本报评论员文章、短评、编后和编者按、专栏评论。这五类新闻评论在内容和结构上不尽相同，笔者以社论为语料来源，分析新闻评论中的复句运用。

为此，笔者从许中田主编《人民日报社论选：1978.12—1998.10》中选择了1993年至1998年的50篇人民日报社论。①

---

① 具体为：1)《用改革的办法解决新问题——论加强农村工作和深化农村改革》（1993年8月29日）；2)《为增加农民收入而努力——再论当前农村工作和深化农村改革》（1993年9月18日）；3)《坚持和发展毛泽东思想——纪念毛泽东同志一百周年诞辰》（1993年12月26日）；4)《艰苦奋斗 再创辉煌——元旦献词》（1994年1月1日）；5)《全党都要重视宣传思想工作》（1994年2月2日）；6)《把握好改革、发展和稳定的关系》（1994年3月13日）；7)《保持国民经济持续、快速、健康发展》（1994年3月19日）；8)《加大改革力度 强化土地管理》（1994年9月3日）；9)《新的伟大的工程——认真学习和贯彻党的十四届四中全会〈决定〉》（1994年9月30日）；10)《为胜利跨入二十一世纪而奋斗——国庆献辞》（1994年10月1日）；11)《牢记整体目标 贯彻整体部署——六论认真学习和贯彻四中全会〈决定〉》（1994年10月26日）；12)《总揽全局 乘势前进——元旦献辞》（1995年1月1日）；13)《向孔繁森同志学习》（1995年4月7日）；14)《科教兴国》（1995年5月22日）；15)《历史的昭示——纪念"七七"事变五十八周年》（1995年7月7日）；16)《和平与正义是不可战胜的——纪念中国人民抗日战争胜利五十周年》（1995年9月3日）；17)《世界妇女的希望——热烈（转下页）

第一节 新闻评论的结构

丁法章（2008：64）指出，新闻评论是议论文的派生体裁，它的基本要素就是议论文的三要素：论点、论据、论证。已有研究通常将新闻评论的结构分为开头、主体、结尾三部分，因新闻评论属于论证语篇，所以上述三部分又常称为引论、正论、结论（肖鸿波编著，2013：116；丁法章主编，1997：130）。尤其是社论，结构严谨、整饬，引论、正论、结论三部分通常一目了然。

就所考察的 50 篇社论而言，除 1 篇在结构上没有"结论"外，其余 49 篇在结构上均包含引论、正论、结论三部分。就篇幅而言，正论占绝对

（接上页）祝贺第四次世界妇女大会开幕》（1995 年 9 月 5 日）；18）《走向新世纪的中国——国庆献辞》（1995 年 10 月 1 日）；19）《维护和平促进发展——纪念联合国成立五十周年》（1995 年 10 月 24 日）；20）《论农业产业化》（1995 年 12 月 11 日）；21）《满怀信心夺取新胜利——元旦献辞》（1996 年 1 月 1 日）；22）《揽世纪风云 谋兴国大计——祝贺八届全国人大四次会议开幕》（1996 年 3 月 5 日）；23）《中非携手迈向未来——祝贺江主席对非洲六国的历史性访问圆满成功》（1996 年 5 月 24 日）；24）《迎香港回归 创美好未来》（1996 年 6 月 30 日）；25）《跨世纪大业与中国共产党——"七一"献辞》（1996 年 7 月 1 日）；26）《打好扶贫攻坚战》（1996 年 9 月 27 日）；27）《把祖国建设得更美好——国庆献辞》（1996 年 10 月 1 日）；28）《开创精神文明建设的新局面——祝贺党的十四届六中全会胜利闭幕》（1996 年 10 月 11 日）；29）《"港人治港"的重要体现——祝贺香港特别行政区第一任行政长官产生》（1996 年 12 月 17 日）；30）《把握大局 再接再厉 同心同德 开拓前进——元旦献辞》（1997 年 1 月 1 日）；31）《坚定不移地发展乡镇企业》（1997 年 1 月 16 日）；32）《深切悼念敬爱的邓小平同志 缅怀功绩继承遗志共创伟业》（1997 年 2 月 26 日）；33）《深化改革与工人阶级——庆祝"五一"国际劳动节》（1997 年 5 月 1 日）；34）《中华民族的百年盛事——热烈庆祝香港回归祖国》（1997 年 7 月 1 日）；35）《承前启后 继往开来——热烈祝贺党的十五大开幕》（1997 年 9 月 12 日）；36）《高举邓小平理论伟大旗帜阔步前进——热烈祝贺的十五大胜利闭幕》（1997 年 9 月 19 日）；37）《跨世纪的坚强领导核心》（1997 年 9 月 20 日）；38）《满怀信心 开拓前进——国庆献辞》（1997 年 10 月 1 日）；39）《从社会主义初级阶段的实际出发》（1997 年 10 月 10 日）；40）《中美关系发展的新阶段——热烈祝贺江泽民主席对美国的国事访问圆满成功》（1997 年 11 月 5 日）；41）《努力开创金融改革和发展新局面》（1997 年 11 月 21 日）；42）《在十五大精神指引下胜利前进——元旦献辞》（1998 年 1 月 1 日）；43）《稳定和加强农业》（1998 年 1 月 10 日）；44）《发挥优势 大展宏图——热烈祝贺全国政协九届一次会议闭幕》（1998 年 3 月 15 日）；45）《全局的大事，重要的任务》（1998 年 5 月 18 日）；46）《统一思想 凝聚力量——纪念中国共产党诞生 77 周年》（1998 年 7 月 1 日）；47）《开展声势浩大的打击走私斗争》（1998 年 7 月 16 日）；48）《强大的凝聚力》（1998 年 9 月 7 日）；49）《发扬抗洪精神 促进各项工作——国庆献辞》（1998 年 10 月 1 日）；50）《努力开创我国农业和农村工作新局面——热烈祝贺党的十五届三中全会胜利闭幕》（1998 年 10 月 15 日）。上述 50 篇社论，电脑统计共 95505 字，平均每篇约 1910 字。

优势,是社论的主体;引论多为社论第 1 自然段,也可以是社论开头若干自然段;结论多为社论最后 1 个自然段,也可以为社论末尾的若干自然段。

一 新闻评论的引论

引论是新闻评论的开头,通常提出问题、亮明观点。就所考察的 50 篇社论来看,引论主要有三种情况。

第一,开门见山,亮明观点。

(1) 抓住机遇,深化改革,扩大开放,促进发展,保持稳定,是今年全党和全国工作的大局,各项工作都要服从和服务于这个大局。把握好改革、发展和稳定的关系,对完成今年各项任务至关重要。(《把握好改革、发展和稳定的关系》)

例 (1) 是相关社论的引论,由内容可知,该引论开门见山,亮明了观点。

第二,陈述新闻事件,为下文作铺垫。

(2) 经国务院任命,香港特别行政区第一任行政长官业已产生。这是香港历史上的一件大事,是全国和国际社会关注的一件大事。它标志着香港新时代的即将到来。我们向 600 多万港人和第一任行政长官董建华先生表示热烈的祝贺!(《"港人治港"的重要体现——祝贺香港特别行政区第一任行政长官产生》)

例 (2) 是相关社论的引论,由内容可知,该引论重在陈述"香港特别行政区第一任行政长官产生"这一新闻事件。

第三,凸显写作缘由。

(3) 把加强农业放在发展国民经济的首位。这是党的十四届五中全会《建议》提出的必须贯彻的九条重要方针之一。《建议》还指出,落实这个方针,实现农业现代化,是我国整个现代化进程中最艰巨的任务。从今天开始,本报将连续发表山东省潍坊市实行农业产业化的系列报道。我们希望他们的经验能够作为各地进一步做好农村经济工作的参考。(《论农业产业化》)

例 (3) 是相关社论的引论。该社论比较全面地论述了农业产业化的产生背景、内容、地位、意义以及实施等相关问题。由例 (3) 可知,该引论主要交代了两项内容：1）农业产业化的政策背景；2）山东潍坊的农业产业化系列报道，并且，该引论明确指出了山东潍坊农业产业化系列报道的写作初衷，即为各地进一步做好农村经济工作提供参考。上述对山东潍坊农业产业化系列报道写作初衷的交代，同时也暗示了《论农业产业化》这篇社论的写作缘由，即希望广大读者关注农业产业化这一问题，并参与讨论，践行落实。

当然，也有一些引论兼有上述多种类型。

（4）洪水滔滔，南北为患。人水相搏，气壮山河。面对长江、松花江、嫩江水域出现的特大洪水，三江抗洪军民万众一心，顽强拼搏，严防死守，顶住了一次又一次洪峰的冲击，为确保沿江重要城市和交通干线的安全，确保人民生命财产的安全，作出了重大贡献，取得了决定性胜利。

刚刚过去的60天，是情势逼人、艰苦拼搏的60天，是威武雄壮、气吞山河的60天。洪水终被降伏，山河为之动容，历史为之沉思。中国人民在同特大洪水殊死搏斗中向全世界展示了一个形象、一个真理，那就是：中国人民具有强大的凝聚力。（《强大的凝聚力》）

（5）在西藏高原，在齐鲁大地，几个月来，一个响亮的名字传遍了城乡，印入了众人心田，激起了层层波涛，这个名字就是孔繁森。

孔繁森同志生前是西藏阿里地区地委书记。他两次赴藏，历时十载，为西藏的建设、发展和稳定做出了突出的贡献，同藏族人民建立了深厚的感情，去年11月不幸以身殉职，谱写了一曲感人至深的奉献之歌、奋斗之歌。人民群众热爱他、敬佩他、怀念他、学习他，称他为"新时期的雷锋""90年代的焦裕禄"。

今天，本报发表了孔繁森同志事迹的长篇通讯，希望共产党员特别是领导干部都认真读一读，认真想一想，更好地发扬新时期的创业精神，以实际行动向孔繁森同志学习。（《向孔繁森同志学习》）

例（4）是相关社论的引论，包括两个自然段。由内容可知，该引论既陈述了相关新闻事件，又开宗明义，亮明了观点。例（5）是相关社论的引论，包括三个自然段，由内容可知，该引论既陈述了相关新闻事件，又交代了社论的写作缘由。

二　新闻评论的正论

正论，也叫"本论"，是新闻评论展开论证说理的部分，是新闻评论的主体。就所考察的 50 篇社论而言，正论部分的结构主要有五种：并列结构、递进结构、分总结构、总分结构、总分总结构。下面分别予以交代。

第一，正论部分为并列结构。如《稳定和加强农业》，正论包括 3 个自然段，具体分为 3 个部分：

第一部分，即第 1 自然段，论述"坚持把农业放在经济工作首位不动摇"；

第二部分，即第 2 自然段，论述"坚决稳定落实党在农村的各项基本政策"；

第三部分，即第 3 自然段，论述"结合自身的实际，创造性地开展工作"。

上述三部分之间是并列关系。

第二，正论部分为递进结构。如《论农业产业化》，正论包含 13 个自然段，具体可分为 5 个部分：

第一部分，即第 1—5 自然段，论述"为什么提出农业产业化问题"；

第二部分，即第 6—8 自然段，论述"什么是农业产业化"；

第三部分，即第 9—10 自然段，论述"农业产业化在农村工作中地位如何"；

第四部分，即第 11 自然段，论述"农业产业化的内涵和意义是什么"；

第五部分，即第 12—13 自然段，论述"如何实施农业产业化"。

由上述五部分的内容可知，各部分之间是层层递进的关系。

第三，正论部分为分总结构。如《坚定不移地发展乡镇企业》，正论包含 8 个自然段，具体可分为 4 个部分：

第一部分，即第 1—2 自然段，论述"发展乡镇企业是一项伟大实践"；

第二部分，即第 3—4 自然段，论述"乡镇企业面临着机遇，更面临

着挑战";

第三部分,即第 5—7 自然段,论述"正确处理改革、发展与提高的关系,是乡镇企业的发展原则";

第四部分,即第 8 自然段,总说国家发展乡镇企业的意义、原则和决心。

不难看出,前三部分与第四部分之间是分总结构。

第四,正论部分为总分结构。如《为增加农民收入而努力》,正论包含 3 个自然段,具体可分为 3 个部分:

第一部分,即第 1 自然段,总说增加农民收入是大事,是综合性工程;

第二部分,即第 2 自然段,论述增加农民收入这一问题的重要性和紧迫性;

第三部分,即第 3 自然段,论述增加农民收入需各级干部转变观念。

以上三部分,第一部分是总,第二、三部分是分,整体是总分结构。

第五,正论部分为总分总结构。如《深切悼念敬爱的邓小平同志 缅怀功绩继承遗志共创伟业》,正论包含 7 个自然段,具体可分为 6 个部分:

第一部分,即第 1—2 自然段,总说邓小平同志的领袖地位和伟大一生;

第二部分,即第 3 自然段,论述"邓小平同志的伟大业绩";

第三部分,即第 4 自然段,论述"邓小平同志的伟大理论";

第四部分,即第 5 自然段,论述"邓小平同志的伟大风格";

第五部分,即第 6 自然段,论述"邓小平同志的伟大理想";

第六部分,即第 7 自然段,总说邓小平同志的伟大理论、伟大风格、伟大理想永远照亮中国人民。

可以看出,上述六个部分在结构上属于总分总结构。

三 新闻评论的结论

结论,是社论的收尾部分。就所考察的 50 篇社论而言,结论大致可分为四类:1)以总结概括为结论的主要内容;2)以号召鼓舞为结论的主要内容;3)以总结概括和号召鼓舞为结论的主要内容;4)以表达祝愿为结论的主要内容。分别如下面四例：

（6）农业产业化的工作，在我国一些地区主要是经济比较发达的地区，实际已经有了若干年的实践，各地使用的概念不完全一样，大路子基本相同，且都有自己的创造，取得了明显的成果。实践证明，这种生产经营方式，不仅经济发达地区可以搞，欠发达地区也可以搞。当然，就全国来看，这还是一个新事物，还需要在实践中继续探索，不断总结经验，也需要在理论上深入研究。本报拟拿出相当的版面，继续报道各地农业产业化的做法和经验。潍坊的系列报道只是一个开头，希望大家关心这个问题，并参与这个有重要意义问题的讨论。(《论农业产业化》)

（7）20世纪即将过去，21世纪就要来临。回顾过去，岁月峥嵘；展望未来，任重道远。让我们更加紧密地团结在以江泽民同志为核心的党中央周围，更高地举起邓小平理论旗帜，加强党的思想建设、组织建设和作风建设，更加有力地凝聚12亿人民的智慧和力量，迎接新的挑战，夺取新的胜利。(《统一思想 凝聚力量——纪念中国共产党诞生77周年》)

（8）新中国创建和发展的历史经验表明，我们国家的前途命运同我们的党息息相关。只要党的路线、方针、政策是正确的，我们的国家就兴旺发达，蒸蒸日上。党的十五大表明，我们的旗帜是如此光辉，我们的目标是如此明确，我们的党是如此坚强有力，我们的社会主义祖国的明天一定会更加美好。让我们高举邓小平理论伟大旗帜，更加紧密地团结在以江泽民同志为核心的党中央周围，不屈不挠，艰苦奋斗，开拓前进，不断夺取建设有中国特色社会主义伟大事业的新胜利！(《满怀信心 开拓前进——国庆献辞》)

（9）预祝大会圆满成功！(《世界妇女的希望——热烈祝贺第四次世界妇女大会开幕》)

第二节　新闻评论与复句运用

一　社论的复句类型

前文已述，笔者以社论为语料来源，分析新闻评论中的复句运用。

50篇社论，共包含1832个句子，其中，单句607例，约占33.1%；复句1225例，约占66.9%。可见，社论中，复句占明显优势。在1225例复句中，形合复句388个，约占31.7%；意合复句837例，约占68.3%，可见，社论中的复句，以意合复句占明显优势。就单句（607例）、形合复句（388例）、意合复句（837例）三者对比而言，意合复句最多，约占45.7%；其次是单句，约占33.1%；形合复句最少，约占21.2%。可见，社论中，意合复句的数量最多，其次是单句，形合复句的数量最少。

下面是社论中单句、意合复句、形合复句的举例，分别为：

（1）党的建设、廉政建设、民主法制建设和社会主义精神文明建设大大加强。（《承前启后　继往开来——热烈祝贺党的十五大开幕》）

（2）党的十五大，是在我国改革开放和社会主义现代化建设的重要时期召开的具有重大意义的大会，是承前启后，继往开来，保证全党坚持党的基本理论，坚定不移地沿着十一届三中全会以来正确路线胜利前进的历史性大会。（《承前启后　继往开来——热烈祝贺党的十五大开幕》）

（3）这五年，将是新的机遇与挑战并存的五年，也必将是中国共产党和中国人民有更大作为，改革开放和社会主义现代化建设迈出更大步伐的五年。（《承前启后　继往开来——热烈祝贺党的十五大开幕》）

50篇社论中，形合复句共388例，其中，首层形合复句314例，约占80.9%；非首层形合复句74例，约占19.1%。可见，就本调查而言，社论中出现的形合复句，以首层形合复句占绝对优势。下面是首层形合复句、非首层形合复句的举例。

（4）要把党的路线、方针、政策化为群众的实际行动，必须相信群众、依靠群众，尊重群众的首创精神，同时要注意倾听群众的呼声，关心群众的疾苦，帮助群众排忧解难，把群众中日益高涨的热情引导好、保护好、发挥好。（《满怀信心　开拓前进——国庆献辞》）

（5）人民政协拥有大批高水平的人才，不但包括一批经验丰富的各方面的领导骨干，还集中了各个领域卓有成就的专家、学者，被誉为高水平的"人才库""智力库"。（《发挥优势　大展宏图——热烈祝贺全国政协九届一次会议闭幕》）

就层次而言，复句有单重与多重之分。50篇社论中，复句共1225例。其中，单重复句636例，约占51.9%；多重复句589例，约占48.1%。可见，单重复句与多重复句均相对较多，差距不大。下面是单重复句与多重复句的举例。

（6）农民衣食住行明显改善，生活水平日益提高。（《为增加农民收入而努力——再论当前农村工作和深化农村改革》）

（7）农民富裕了，农业发展了，国家才会繁荣，城乡人民的日子才会过得更好。（《为增加农民收入而努力——再论当前农村工作和深化农村改革》）

就首层形合复句的类型而言，50篇社论共出现首层形合复句314例，按数量由多到少排列，依次为：并列91例，约占29.0%；假设42例，约占13.4%；递进38例，约占12.1%；条件34例，约占10.8%；时间32例，约占10.2%；因果27例，约占8.6%；目的23例，约占7.3%；转折20例，约占6.4%；连锁3例，约占0.96%；解说2例，约占0.64%；连贯2例，约占0.64%。可大致排序为：

并列＞假设/递进/条件/时间＞因果/目的/转折＞连锁/解说/连贯

二 复句在一般立论文和社论中的使用差异

由第二章"论证语篇与复句运用"可知，论证语篇可分立论文与驳论文两种。由于本章所选社论均为立论文，因此，下面将上述社论的复句使用情况与第二章立论文的复句使用情况作一对比，进一步分析社论的复句运用特点。

由第二章相关内容可知，立论文在复句使用上有如下排序：

转折＞假设＞并列/因果＞条件/连贯/递进＞时间/目的/解说

对比上面两个排序可以看出，一般立论文与社论在复句运用上具有明显共性，主要表现在三个方面。

首先，并列、假设均为上述排序中位置靠前的复句类型，即这两类复句在一般立论文和社论中均占数量优势。

其次，因果、条件、递进均为上述排序中位置居中的复句类型，即这三类复句在一般立论文和社论中也都相对较多。

最后，解说、连锁在上述排序中均位于末端或没有出现，即这两类复句在一般立论文和社论中均居数量劣势。

由上面两个排序也可看出，一般立论文与社论在复句运用上的差异主要表现在以下几点。

第一，一般立论文中，转折复句数量第一，但社论中，转折复句明显不占优势。

由第二章可知，转折复句在论证语篇中主要有两种功能：1）表达正反对比的论证方法；2）表达正反对比的事实根据。

社论以报社或杂志社的名义对重大问题发表评论，其鲜明的立场和态度常使社论在创作时更多采用直接、正面的论证方式，正反对比的论证方法不如一般立论文常见。同时，社论是带有权威性的坚守党性原则的评论文章，其事实论据通常是国家和社会层面的重大事件，就事理而言它们可以具有内在矛盾性但不如一般立论文普遍，即：从事实论据看，社论对转折复句的需求没有一般立论文高。

第二，一般立论文有一定数量的连贯复句，但社论中连贯复句最少。

论证语篇凸显逻辑性，因此连贯复句不占优势。不过，在事实论据中，因叙述事件的需要，会用到连贯复句。如：

(8) 展望古今中外，有哪一个成功人士不是战胜了无数的挫折与困难，有哪一位仁人贤士不是经过痛苦的洗礼而随随便便成功的呢？越王勾践，忍受着被灭国的耻辱，承担着复国的重任，卧薪尝胆，承受了多少常人难以忍受的磨炼，最终战胜吴王夫差，复兴了越国。(《磨炼是一种财富》)[1]

例(8)出自《磨炼是一种财富》，这是高中生写的一篇立论文。由例(8)可知，以"最终"为标志的连贯复句，叙述了越王勾践的事情，在立论文中充当论据。

---

[1] 该例出自刘青文主编《高中生议论文精华》，北京教育出版社2013年版，第154页。

社论中连贯复句最少，与社论的性质有关。社论享有重要的政治地位，是关系时事的论评，因此，社论中的事实论据多是关系国计民生的重大事实，而不是具体的某个人或某件事。社论通过罗列这些重大事实，申明观点，引导舆论。因此，在社论中，诸如一般立论文那样，通过记叙一件事，由这件事结果的好与坏来自然呈现观点的写法比较少见。如：

（9）<u>一些地方违背农民的意愿，随意调整农民的承包地，引起农民不满；农民负担过重的现象在不少地方仍然存在；不按保护价敞开收购农民余粮的情况在一些地方也不同程度存在</u>。这些问题必须切实加以纠正。党的农村政策一个基本出发点，是保护农民利益、充分调动农民积极性。（《稳定和加强农业》）

（10）刚刚过去的一年是"八五"计划的最后一年，是值得纪念的一年。<u>"八五"期间，在邓小平同志1992年重要谈话和党的十四大精神指引下，社会主义现代化建设开创了振奋人心的新局面。国民经济迅速发展。综合国力明显增强。经济体制改革取得突破性进展。对外开放总体格局基本形成。人民生活显著改善。科技、教育、文化和各项社会事业蓬勃发展。社会主义精神文明建设和民主法制建设也取得了新的成就。1995年，我们提前实现了国民生产总值翻两番的宏伟任务，为"八五"计划画了一个举世称道的句号</u>。伟大的祖国在建设有中国特色社会主义的大道上走得稳健，走得豪迈，全国各族人民无不为之鼓舞，为之自豪。（《满怀信心夺取新胜利——元旦献辞》）

例（9）中，事实论据（画线部分）列举了当前事关农民利益的一些不良现象，是社论展开评论的基础。例（10）中，事实论据（画线部分）列举了"八五"时期的主要成就，由此表达了"'八五'计划最后一年是值得纪念的"这种观点。由例（9）（10）两例可以看出，社论的事实论据，多是不同方面重大事实的罗列，时间上的先后关系并不凸显。因此，在社论的事实论据中，连贯复句不占优势。

第三，一般立论文中时间复句很少，但社论有一定数量的时间复句。

论证语篇凸显逻辑性，因此时间复句一般很少。社论存在一定数量的时间复句，主要是因为社论属于新闻语体，具有明显的时效性，交代清楚重大事件或社会现象的时间点是必要的，因此会借助时间复句。如：

（11）今年1月26日香港特别行政区筹委会成立后，对香港恢复行使主权的各项准备工作已进入倒计时实施的关键阶段，任务更加繁重。（《迎香港回归　创美好未来》）

（12）1921年，我们党刚刚成立时，只有几十个党员，在党派众多的中国政治舞台上，显得那样弱小。（《跨世纪大业与中国共产党——"七一"献辞》）

第四，一般立论文中目的复句很少，但社论有一定数量的目的复句。

表明立场、申明观点是一般立论文与社论的共性，但二者的政治地位具有天壤之别。国家政策、社会运行是社论的写作素材，阐述国家政策、指导人民行动是社论的应有之义，因此，把国家政策的意图解释清楚，把人民行动的目标交代清楚，就社论而言就是理所当然的了，即社论中出现目的复句的可能性更大。如：

（13）为了尽快消除贫困，我国政府在1994年制订了《国家八七扶贫攻坚计划》，明确要求集中人力、物力、财力，用7年左右的时间，基本解决农村8000万贫困人口的温饱问题，并提出了一系列重大政策措施。（《打好扶贫攻坚战》）

（14）在考察和选拔干部时，要重实绩、看实效，以促进干部作风的改进。（《满怀信心夺取新胜利——元旦献辞》）

第三节　社论的结构与复句运用

本节讨论社论的结构对复句运用的影响。由前可知，社论分引论、正论、结论三部分。50篇社论中首层形合复句共313例，其中，引论9例，正论284例，结论20例。可见，社论不同部分按复句由多到少可排序为：

正论＞结论＞引论

上述排序与社论各部分论证性质的强弱有关，同时也明显受到各部分篇幅的影响。

一 社论的正论与复句运用

50篇社论的正论中，首层形合复句共284例，其中，并列80例，假设40例，递进33例，时间31例，条件28例，因果25例，目的22例，转折20例，连锁3例，解说1例，连贯1例。可见，就所考察的社论正论而言，数量上占据前两位的是：并列复句，约占28.2%；假设复句，约占14.1%。

社论的正论部分，以并列复句为最多，主要是因为：从两个或多个相同或相近的方面出发予以论述，从而增强论证力量，这种论述方式在社论正论中比较常见。

在社论正论的80例并列复句中，表示相同或相近关系的占多数，表示相反或相对关系的较少。具体而言，以"也"为标记的最多，有46例；其余按数量由多到少分别是："而"8例，"同时"6例，"又"6例，"既……又……"5例，"不是……而是……"5例，"反之/相反"3例，"是……不是……"1例。下面分别各举一例：

（1）巨大的成就，辉煌的业绩，给人以力量，也给人以深刻启迪。（《满怀信心夺取新胜利——元旦献辞》）

（2）改革开放以来，内地经济的持续发展成为香港经济保持繁荣的十分重要的因素，而香港作为内地通往世界的桥梁，对我国经济的发展和对外开放总体格局的形成起到了重要作用。（《迎香港回归 创美好未来》）

（3）要尽快把家庭联产承包为主的生产责任制法律化，使农户与土地的关系更加明确，以保证农民对农业长远投资的热情；同时，建立和完善土地使用权的流转制度，以促进土地的高效利用，土地产出率不断提高。（《用改革的办法解决新问题——论加强农村工作和深化农村改革》）

（4）我们是在国民经济高速运行中推进经济体制改革的，又要在加快体制转换的过程中保持国民经济快速增长。（《保持国民经济持续、快速、健康发展》）

（5）宣传思想工作既是十分重要、十分光荣的工作，又是相当艰巨、比较清苦的工作。（《全党都要重视宣传思想工作》）

(6) "一国两制"不是权宜之计，而是一项基本国策。(《迎香港回归 创美好未来》)

(7) 在突出抓好党的组织建设的同时，切不可丝毫放松或忽视党的思想建设和作风建设，相反，要以加强组织建设的实际行动促进思想建设和作风建设，保证思想建设和作风建设取得成效。(《牢记整体目标 贯彻整体部署——六论认真学习和贯彻四中全会〈决定〉》)

(8) 这种关系应当是平等的，相互尊重的，不是排他的。(《中美关系发展的新阶段——热烈祝贺江泽民主席对美国的国事访问圆满成功》)

社论的正论部分，假设复句的数量位居第二，原因主要是：社论在论证过程中，会相对常见地运用虚拟的"前提—结果"来层层推进自己的观点，或通过虚拟的"前提—结果"来证明观点的正确。上述两种情况分别如：

(9) 一切从社会主义初级阶段的实际出发，就要坚定不移地全面贯彻党在社会主义初级阶段的基本路线和基本纲领。初级阶段，就是不发达的阶段。这种不发达不是只表现在一两个方面，而是如同党的十五大报告所阐明的初级阶段的九个特征那样，表现在经济、政治、文化生活的各个方面。……

一切从社会主义初级阶段的实际出发，就要坚持解放思想、实事求是的思想路线，历史地、客观地、全面地分析我国国情，运用社会主义初级阶段的理论去观察分析、解决改革开放和现代化建设中的各种问题。"中国现在处于并将长期处于社会主义初级阶段"的科学论断，揭示了社会主义事业的长期性和艰巨性。……(《从社会主义初级阶段的实际出发》)

(10) <u>建设有中国特色社会主义的事业是十二亿中国人民的伟大事业</u>。没有广大人民群众的热情支持和积极参与，我们的事业就不能成功。现在摆在我们面前的首要任务，就是学习、宣传和贯彻落实党的十五大精神，……(《满怀信心 开拓前进——国庆献辞》)

例（9）是相关社论的其中两段，该社论的总论点即标题"从社会主义初级阶段的实际出发"，例（9）是从两个不同角度论述总论点，这两个不同角度即两个分论点，均为自然段首句，且均由假设复句充当。

可见，这里假设复句的作用，是通过虚拟的"前提—结果"来层层推进社论的观点。例（10）是相关社论中的一段，首句（画线部分）是该段的分论点，整个自然段围绕这一分论点展开。以"就"为标志的假设复句，通过虚拟"没有人民群众支持和参与→事业不能成功"这一情形，从相反的方面出发，证明了分论点的正确。

在社论正论的 40 例假设复句中，以"就"为标记的 29 例，以"如果……，（就）……"为标记的 5 例，以"否则"为标记的 3 例，以"一旦"为标记的 2 例，以"如果说"为标记的 1 例。可见，"就"单用的假设复句，在社论正论中相对最多。在假设关系的标记上，"如果"是强标记，词义本身就明确了假设义；"就"是弱标记，"就"本身只有承上启下的连贯义，假设关系由语境得出。所以，就本调查而言，社论正论中的假设复句，虽具数量上的相对优势，但在形式标记上以弱标记居多。

如前所述，新闻报道与新闻评论是新闻媒体的两大支柱，消息是新闻报道的典型形式，社论是新闻评论的典型形式，因此笔者以消息和社论为例，来探讨新闻报道与新闻评论在复句运用上的特点。下面，就社论正论与消息主体中的复句运用作一简要对比。

由第四章第三节可知，消息主体中，数量最多的是时间复句，而由上可知，社论正论中，数量最多的是并列复句。这种优势复句的不同，具有明显的语篇动因。

消息属于叙事语篇，叙事语篇凸显时间性，因此在消息主体中，时间复句呈数量优势；而社论属于论证语篇，论证语篇凸显逻辑性，就本节调查结果看，社论正论凸显的是并列关系。

二 社论的结论与复句运用

50 篇社论中，结论共出现首层形合复句 20 例，其中，并列 7 例，条件 6 例，递进 3 例，假设 2 例，因果 2 例。可见，相对而言，社论结论中，并列复句和条件复句相对较多。下面各举一例：

（11）70 年代末，农村改革作为启动点，引发了全国的改革大潮；如今，农村又发出了新的呼唤。（《用改革的办法解决新问题——论加强

农村工作和深化农村改革》）

（12）只要我们坚持深化改革，加强科学管理，认真扎实工作，我国的土地使用制度改革和土地管理工作就一定会出现一个新的局面。（《加大改革力度　强化土地管理》）

社论结论中，并列复句相对较多，主要是因为结论具有总结全篇的作用，所以会借助并列复句对相关内容予以概括，如例（11）。社论结论中，条件复句也相对较多，则主要是因为社论的结论常常具有鼓动性，因此会借助条件复句，向读者提出行动的要求，并描绘由此带来的美好前景，如例（12）。

三　社论的引论与复句运用

50篇社论，引论部分篇幅最小，这在很大程度上限制了首层形合复句的出现。就本调查而言，引论共出现首层形合复句9例，其中，并列3例，递进2例，时间1例，目的1例，解说1例，连贯1例。因数据稀疏，这里不再分析社论引论中复句的使用特点。仅就上述复句各举一例：

（13）这些问题已经引起党中央、国务院的高度重视，也正在引起各方面的重视和关注。（《为增加农民收入而努力——再论当前农村工作和深化农村改革》）

（14）双方同意建立两国元首定期会晤制度，并签订了一些经贸合作协议。（《中美关系发展的新阶段——热烈祝贺江泽民主席对美国的国事访问圆满成功》）

（15）正值全党全国人民认真学习邓小平理论，集中精力贯彻党的十五大精神，积极落实十五大提出的各项任务的时候，党中央、国务院召开了国有企业下岗职工基本生活保障和再就业工作会议。（《全局的大事，重要的任务》）

（16）为了促进世界和平与发展的崇高事业，中美两国应该加强合作，努力建立面向21世纪的建设性的战略伙伴关系。（《中美关系发展的新阶段——热烈祝贺江泽民主席对美国的国事访问圆满成功》）

（17）中国人民在同特大洪水殊死搏斗中向全世界展示了一个形象、一个真理，那就是：中国人民具有强大的凝聚力。（《强大的凝聚力》）

（18）具有划时代意义的中国共产党第十五次全国代表大会刚刚胜利闭幕，我们又迎来了中华人民共和国成立四十八周年的节日。(《满怀信心　开拓前进——国庆献辞》)

第四节　新闻评论的类型与复句运用

新闻评论有不同的分类角度。根据已有研究（姜淮超主编，2003：119；王振业、李舒，2009：115—123；张玉川，2011：192—216），主要有以下几种：

1）根据体裁，将新闻评论分为社论、评论员文章、短评、专栏评论、编者按、新闻述评等；

2）根据表达方式，将新闻评论分为立论性评论、驳论性评论、阐述性评论、解释性评论、提示性评论；

3）根据媒介，将新闻评论分为报刊新闻评论与广播电视新闻评论；

4）根据内容，将新闻评论分为政治评论、军事评论、国际评论、社会评论、文教评论、经济评论、艺术评论等；

5）根据署名与否，将新闻评论分为不署名评论与署名评论，前者如社论、评论员文章、编者按、编后；后者如专栏评论、记者述评。

本节主要从体裁、表达方式、媒介三个角度出发，考察新闻评论的下位分类对复句运用是否产生影响以及产生何种影响。

一　新闻评论的体裁类型与复句运用

由上文可知，就体裁而言，新闻评论可分为社论、评论员文章、短评、专栏评论、编者按、新闻述评。编者按具有依附性，不是独立的新闻评论。新闻述评兼有新闻报道的特点，不是典型的新闻评论。因此，本节在考察新闻评论的体裁对复句使用的影响时，不考虑编者按和新闻述评。同时，从语料获取的便宜性出发，因"人民网"有现成的社论、评论员文章、专栏评论栏目（《今日谈》《人民论坛》），不过没有短评栏目，所以也暂不考察短评。至此，本节考察的新闻评论的体裁是社论、评论员文章、专栏评论。

为排除时间因素对语料的干扰,笔者以"人民网"2019—2020年的新闻评论为语料来源,任意选择社论20篇,评论员文章20篇,专栏评论20篇(其中《今日谈》10篇,《人民论坛》10篇),[①] 考察其中首层

[①] 20篇社论具体为:《凝聚智慧力量 迈上新的征程——热烈祝贺十三届全国人大三次会议胜利闭幕》(《人民日报》2020年5月29日);《决胜全面小康 共襄复兴伟业——热烈祝贺全国政协十三届三次会议胜利闭幕》(《人民日报》2020年5月28日);《凝心聚力决胜全面小康——写在"五一"国际劳动节》(《人民日报》2020年5月1日);《奋力抓好"三农"工作 确保如期实现全面小康》(《人民日报》2020年2月6日);《续写"一国两制"成功实践新篇章——热烈祝贺澳门回归祖国二十周年》(《人民日报》2019年12月20日);《为实现中华民族伟大复兴提供有力保证》(《人民日报》2019年11月1日);《奋斗的史诗 复兴的伟力——热烈庆祝中华人民共和国成立七十周年》(《人民日报》2019年10月1日);《共同谱写新时代人民共和国壮丽凯歌》(《人民日报》2019年9月30日);《奋力书写人民政协事业新篇章——庆祝人民政协成立七十周年》(《人民日报》2019年9月20日);《牢记初心使命 奋进复兴征程——热烈祝贺中国共产党成立九十八周年》(《人民日报》2019年7月1日);《为新时代党的历史使命而努力奋斗》(《人民日报》2019年6月1日);《让五四精神在新时代放射新的光芒——纪念五四运动一百周年》(《人民日报》2019年5月4日);《书写新时代劳动者新的荣光——写在"五一"国际劳动节》(《人民日报》2019年5月1日);《铭记伟大变革 激扬奋进力量——纪念西藏民主改革六十周年》(《人民日报》2019年3月28日);《凝心聚力共创美好新时代——热烈祝贺全国政协十三届二次会议胜利闭幕》(《人民日报》2019年3月14日);《激发制度活力 凝聚复兴伟力——热烈祝贺十三届全国人大二次会议开幕》(《人民日报》2019年3月5日);《同心建言资政 同向凝聚共识——热烈祝贺全国政协十三届二次会议开幕》(《人民日报》2019年3月3日);《决胜全面建成小康社会 推进乡村全面振兴》(《人民日报》2019年2月20日);《推进祖国和平统一进程的重大宣示》(《人民日报》2019年1月3日);《创造无愧于伟大新时代的新辉煌——元旦献词》(《人民日报》2019年1月1日)。20篇评论员文章具体为:《解决好群众操心事烦心事揪心事》(《人民日报》2020年6月13日);《用双手创造更加美好的新生活》(《人民日报》2020年6月12日);《全面小康一个民族都不能少》(《人民日报》2020年6月11日);《中国抗击疫情伟大斗争的真实叙事》(《人民日报》2020年6月8日);《共同构建人类卫生健康共同体——论学习贯彻习近平总书记在专家学者座谈会上重要讲话》(《人民日报》2020年6月7日);《强化公共卫生体系的科技支撑——论学习贯彻习近平总书记在专家学者座谈会上重要讲话》(《人民日报》2020年6月6日);《牢牢植根人民——论坚持以人民为中心的发展思想》(《人民日报》2020年6月5日);《坚持预防为主 改革完善疾病预防控制体系——论学习贯彻习近平总书记在专家学者座谈会上重要讲话》(《人民日报》2020年6月5日);《不断造福人民——论坚持以人民为中心的发展思想》(《人民日报》2020年6月4日);《构建起强大的公共卫生体系——论学习贯彻习近平总书记在专家学者座谈会上重要讲话》(《人民日报》2020年6月4日);《紧紧依靠人民——论坚持以人民为中心的发展思想》(《人民日报》2020年6月3日);《打造引领新时代对外开放的鲜明旗帜和重要门户》(《人民日报》2020年6月2日);《坚持人民至上——论坚持以人民为中心的发展思想》(《人民日报》2020年6月2日);《依法惩治"港独""黑暴"是民心所向》(《人民日报》2020年6月1日);《维护国家安全没有"双重标准"》(《人民日报》2020年5月31(转下页)

形合复句的使用情况。

（一）社论与复句

20 篇社论中首层形合复句共 71 例，具体为：并列 17 例，约占 23.9%；假设 17 例，约占 23.9%；条件 17 例，约占 23.9%；递进 6 例，约占 8.5%；转折 5 例，约占 7.0%；时间 3 例，约占 4.2%；因果 3 例，约占 4.2%；连锁 2 例，约占 2.8%；连贯 1 例，约占 1.4%；目的 0 例；解说 0 例。按数量由多到少可大致排序为：

并列/假设/条件＞递进/转折＞时间/因果＞连锁/连贯/目的/解说

下面就上述排序中的各类复句，分别各举一例。

（1）时间是最忠实的记录者，也是最客观的见证者。（《续写"一国两制"成功实践新篇章——热烈祝贺澳门回归祖国二十周年》）

（2）当代中国青年要有所作为，就必须投身人民的伟大奋斗。（《让五四精神在新时代放射新的光芒——纪念五四运动一百周年》）

（接上页）日）；《坚决反对外部势力干预香港事务》（《人民日报》2020 年 5 月 30 日）；《真抓实干 埋头苦干——努力完成全年经济社会发展主要目标任务》（《人民日报》2020 年 5 月 28 日）；《守土有方 积极作为——努力完成全年经济社会发展主要目标任务》（《人民日报》2020 年 5 月 27 日）；《化危为机 危中寻机——努力完成全年经济社会发展主要目标任务》（《人民日报》2020 年 5 月 26 日）；《万众一心 攻坚克难——努力完成全年经济社会发展主要目标任务》（《人民日报》2020 年 5 月 22 日）。20 篇专栏评论中，来自《今日谈》10 篇，具体为：《尊重敬佑每一个生命》（《人民日报》2020 年 4 月 17 日）；《团结合作才是抗疫正道》（《人民日报（海外版）》2020 年 4 月 17 日）；《疫情防控要"坚持再坚持"》（《人民日报》2020 年 4 月 13 日）；《打开通道不等于解除防控》（《人民日报》2020 年 4 月 8 日）；《为中小企业雪中送炭》（《人民日报》2020 年 4 月 20 日）；《在奋勇搏击中放飞青春梦想》（《人民日报》2020 年 5 月 4 日）；《"为鄂下单"彰显深情》（《人民日报》2020 年 5 月 6 日）；《善用"十个指头弹钢琴"》（《人民日报》2020 年 5 月 31 日）；《美景，就在身边》（《人民日报》2020 年 6 月 10 日）；《遵循规律建设美丽乡村》（《人民日报》2020 年 2 月 28 日）。来自《人民论坛》10 篇，具体为：《奉公守法，何惧之有？》（《人民日报》2020 年 6 月 13 日）；《稳定有保障 香港更繁荣》（《人民日报》2020 年 6 月 12 日）；《把群众冷暖放在心上》（《人民日报》2020 年 6 月 11 日）；《苦练内功 化危为机》（《人民日报》2020 年 6 月 10 日）；《为"生命至上"倾尽全力》（《人民日报》2020 年 6 月 9 日）；《集中力量啃下脱贫硬骨头》（《人民日报》2020 年 5 月 27 日）；《疫情暴露美国民主实质》（《人民日报》2020 年 5 月 26 日）；《"扶一把老百姓"》（《人民日报》2020 年 5 月 25 日）；《蓄积不畏难的攻坚精神》（《人民日报》2020 年 5 月 20 日）；《中国式民主行得通很管用》（《人民日报》2020 年 5 月 21 日）。

（3）同心建言资政，才能以协商民主凝聚强大正能量。(《同心建言资政　同向凝聚共识——热烈祝贺全国政协十三届二次会议开幕》)

（4）这是不屈不挠、长期奋斗的果实，更是启航新征程、扬帆再出发的动员。(《决胜全面小康　共襄复兴伟业——热烈祝贺全国政协十三届三次会议胜利闭幕》)

（5）治理中国这样一个大国不容易，但我们交出了一份优异的答卷。(《奋斗的史诗　复兴的伟力——热烈庆祝中华人民共和国成立七十周年》)

（6）当日历翻开新的一页，崭新的一年开始了。(《创造无愧于伟大新时代的新辉煌——元旦献词》)

（7）我们愿意以最大诚意、尽最大努力争取和平统一的前景，因为以和平方式实现统一，对两岸同胞和全民族最有利。(《推进祖国和平统一进程的重大宣示》)

（8）劳动者的知识和才能积累越多，创造能力就越大。(《书写新时代劳动者新的荣光——写在"五一"国际劳动节》)

（9）中国共产党一经成立，就义无反顾肩负起"为中国人民谋幸福、为中华民族谋复兴"的历史使命。(《奋斗的史诗　复兴的伟力——热烈庆祝中华人民共和国成立七十周年》)

（二）评论员文章与复句

20篇评论员文章中首层形合复句共99例，具体为：并列23例，约占23.2%；时间21例，约占21.2%；假设17例，约占17.2%；条件16例，约占16.2%；递进8例，约占8.1%；转折6例，约占6.1%；连锁4例，约占4.0%；因果2例，约占2.0%；目的2例，约占2.0%；连贯0例；解说0例。按数量由多到少可大致排序为：

并列/时间＞假设/条件＞递进/转折＞连锁/因果/目的/连贯/解说

下面就上述排序中的各类复句，分别各举一例。

（10）中西医结合、中西药并用，是这次疫情防控的一大特点，也是中医药传承精华、守正创新的生动实践。(《强化公共卫生体系的科技

支撑——论学习贯彻习近平总书记在专家学者座谈会上重要讲话》）

（11）参加十三届全国人大三次会议内蒙古代表团审议时，习近平总书记深情赞颂人民伟力，热情讴歌中国人民。（《紧紧依靠人民——论坚持以人民为中心的发展思想》）

（12）没有全民健康，就没有全面小康。（《构建起强大的公共卫生体系——论学习贯彻习近平总书记在专家学者座谈会上重要讲话》）

（13）只有全面加强国际合作，共同构建人类卫生健康共同体，凝聚起战胜疫情强大合力，才能赢得这场人类同重大传染性疾病斗争的最终胜利。（《共同构建人类卫生健康共同体——论学习贯彻习近平总书记在专家学者座谈会上重要讲话》）

（14）习近平总书记十分牵挂，强调"越是发生疫情，越要注意做好保障和改善民生工作"，并作出一系列重要指示、提出一系列明确要求。（《解决好群众操心事烦心事揪心事》）

（15）人类终将战胜疫情，但重大公共卫生突发事件对人类来说不会是最后一次。（《强化公共卫生体系的科技支撑——论学习贯彻习近平总书记在专家学者座谈会上重要讲话》）

（16）越是乱云飞渡、风吹浪打，越要凝心聚力、群策群力。（《紧紧依靠人民——论坚持以人民为中心的发展思想》）

（17）中国共产党之所以能够发展壮大，中国特色社会主义之所以能够不断前进，正是因为始终坚持一切为了人民、一切依靠人民。（《紧紧依靠人民——论坚持以人民为中心的发展思想》）

（18）我们推动经济社会发展，归根到底是为了不断满足人民群众对美好生活的需要。（《不断造福人民——论坚持以人民为中心的发展思想》）

（三）专栏评论与复句

20篇专栏评论（《今日谈》10篇，《人民论坛》10篇）中首层形合复句共111例，具体为：并列28例，约占25.2%；递进16例，约占14.4%；条件14例，约占12.6%；时间14例，约占12.6%；转折11例，约占9.9%；假设10例，约占9.0%；因果7例，约占6.3%；目的4例，约占3.6%；连锁4例，约占3.6%；连贯3例，约占2.7%；解说0例。按数量由多到少可大致排序为：

并列 > 递进/条件/时间 > 转折/假设 > 因果/目的/连锁/连贯/解说

下面就上述排序中的各类复句,分别各举一例。

(19)美国疫情发展到今天的严重地步,完全是美国政府应对失策造成的,也充分反映出那些口是心非的美国政客对待民众生命安全的冷漠态度。(《为"生命至上"倾尽全力》)

(20)然而,美国一些政客的选择,不仅损害了本国民众的生命安全与健康,也放任了疫情在全球的蔓延,更让世人看清了美国民主的本来面目。(《疫情暴露美国民主实质》)

(21)不管是赢得疫情防控的最终胜利,还是如期全面建成小康社会,根本的动力都在人民。(《"扶一把老百姓"》)

(22)当立法正式落地实施,国家安全的底线将更清晰,是非标准将更明确,人为制造的对立与内耗将会更少,全社会将轻装前行、聚精会神谋发展。(《稳定有保障 香港更繁荣》)

(23)变局带来严峻挑战,但也孕育着新的机遇。(《苦练内功 化危为机》)

(24)如果连科学事实、民众健康都要让位于狭隘的政治私利,这样的民主制度,又怎么好意思到处推销?(《疫情暴露美国民主实质》)

(25)伟大的事业之所以伟大,不仅因为这种事业是正义的、宏大的,而且因为这种事业不是一帆风顺的。(《蓄积不畏难的攻坚精神》)

(26)国家安全立法,正是为了让广大香港市民有"免予恐惧"的自由。(《奉公守法,何惧之有?》)

(27)在冲刺时刻,越是使命必达,越应昂扬再接再厉的冲刺劲头、砥砺舍我其谁的冲锋意识。(《集中力量啃下脱贫硬骨头》)

(28)澳门特别行政区早在2009年就完成了基本法第23条立法,其后又成立了澳门特别行政区维护国家安全委员会。(《奉公守法,何惧之有?》)

对比上面社论、评论员文章、专栏评论三个排序可以看出,这三类新闻评论在复句运用上具有明显的一致性,突出表现在三个方面:

第一，并列复句在三类新闻评论中，数量均最高；

第二，连锁、连贯、目的、解说，这四类复句在三类新闻评论中，数量均最低；

第三，假设、条件、递进、转折、时间、因果，这几类复句在上述三个排序中或有差异，但一般游移在最高等级与最低等级之间，位置相对居中。

综上所述，就本调查而言，社论、评论员文章、专栏评论在首层形合复句的使用上，并未呈现出明显不同。并且，上述三方面共性，与本章第二节以50篇《人民日报》社论为样本的复句调查结果基本一致。

二 新闻评论的表达类型与复句运用

前文已述，根据表达方式，新闻评论可分为立论性评论、驳论性评论、阐述性评论、解释性评论、提示性评论。

据王振业、李舒（2009：123—174），立论性评论与驳论性评论是相对应的两种基本类型；立论性评论的特点是以倡导为宗旨，以正面说理为主要手段；驳论性评论则以批评、反驳、揭露、抨击为基本论说手段；阐述性评论的论述重点通常是解释、阐发有关政策、精神等；解释性评论则以新事物、新问题或重大新闻事件为论述对象，以客观地分析、解释、说明为主要论说手段，以帮助人们解惑释疑、正确认识和对待有关事物为论说目标；提示性评论则是一种着眼于提出问题，点明问题实质和意义，指明可能的发展趋向，借以提醒人们注意、引起重视，进而考虑如何正确对待的评论。

笔者以王振业、李舒（2009）分析上述五类新闻评论时所列举的新闻评论为语料来源，在小范围内初步调查了上述五类新闻评论在复句使用上是否存在差异。其中，立论性评论有6篇，[①] 驳论性评论有7

---

① 具体为：《实践是检验真理的唯一标准》（《光明日报》1978年5月11日），《回答一个问题——翻两番为什么是能够实现的》（《人民日报》1982年10月18日），《再论雷锋》（《中国青年报》1981年3月5日），《新闻工作者要"深入"》（《人民日报》1994年5月26日），《认识有先后》（《人民日报》1984年8月8日），《自营专业户是新型个体经济——三论》（《人民日报》1984年6月21日）。这6篇评论，电脑统计共22235字，平均每篇约3706字。

篇,① 阐述性评论有 13 篇,② 解释性评论有 6 篇,③ 提示性评论有 4 篇。④

上述各类新闻评论中,提示性评论的语料有些欠缺,这在一定程度上会影响提示性评论中复句运用的考察。下面仅在上述语料范围内,对各类新闻评论的复句使用作一分析。

(一) 立论性评论与复句

6 篇立论性评论中,首层形合复句共 166 例。其中,并列 48 例,约占 28.9%;转折 24 例,约占 14.5%;因果 21 例,约占 12.7%;递进 18 例,约占 10.8%;时间 16 例,约占 9.6%;条件 14 例,约占 8.4%;假设 11 例,约占 6.6%;目的 8 例,约占 4.8%;连贯 2 例,约占 1.2%;选择 2 例,约占 1.2%;解说 2 例,约占 1.2%。按数量由多到少可大致排序为:

---

① 具体为:《别了,司徒雷登》(新华社 1949 年 8 月 18 日),《偏见在发臭——斥詹姆斯·肯尼森》(《人民日报》1982 年 10 月 15 日);《反对官僚主义要坚决》(《人民日报》1987 年 8 月 8 日);《前车之鉴》(《人民日报》1993 年 8 月 28 日);《"人走茶凉"属正常》(《新民晚报》1998 年 9 月 8 日);《坚决制止低俗炒作行为》(《云南日报》2004 年 4 月 19 日);《有感于李准改名》(《新民晚报》1984 年 4 月 30 日)。这 7 篇评论,电脑统计共 13116 字,平均每篇约 1874 字。

② 具体为:《牢记农业是基础》(《人民日报》1992 年 6 月 19 日);《千万不可忽视农业》(《人民日报》1992 年 12 月 9 日);《当前落实知识分子政策的关键》(《人民日报》1982 年 10 月 21 日);《反腐败斗争要坚持不懈》(《人民日报》1994 年 12 月 16 日);《把全党的工作重点转移到现代化建设上来》(《人民日报》1978 年 12 月 25 日);《坚定不移地继续执行三中全会的方针政策》(《人民日报》1981 年 1 月 19 日);《一座伟大的历史丰碑——北京奥运会成功的启示之一》(《人民日报》2008 年 8 月 27 日)、《一次空前的友谊盛会——北京奥运会成功的启示之二》(《人民日报》2008 年 8 月 28 日)、《一笔丰富的精神遗产——北京奥运会成功的启示之三》(《人民日报》2008 年 8 月 29 日)、《一次重要的发展机遇——北京奥运会成功的启示之四》(《人民日报》2008 年 8 月 30 日)、《一次崭新的扬帆起航——北京奥运会成功的启示之五》(《人民日报》2008 年 8 月 31 日);《市场经济是民生经济》(《人民日报》2008 年 9 月 23 日);《把农业放在首位要体现在增加投入上》(《人民日报》1994 年 12 月 28 日)。这 13 篇评论,电脑统计共 23976 字,平均每篇约 1844 字。

③ 具体为:《卡特反通货膨胀计划和经济学界的争论》(《人民日报》1980 年 3 月 17 日);《财政困难解析》(《人民日报》1993 年 8 月 20 日);《税收流失透视》(《人民日报》1993 年 8 月 21 日);《个人所得税改革走到前台》(《人民日报》1993 年 8 月 24 日);《分税制是必然选择》(《人民日报》1993 年 8 月 25 日);《"心理贫穷"的社会危害性,您知道吗?》(《文汇报》2008 年 7 月 25 日)。这 6 篇评论,电脑统计共 12079 字,平均每篇约 2013 字。

④ 具体为:《有些案件为什么长期处理不下去?》(《福建日报》1982 年 2 月 7 日);《一个警号》(《人民日报》1983 年 7 月 11 日);《深圳火灾"三个为什么"的推测》(《检察日报》2008 年 9 月 23 日);《关爱残疾人能持久否?》(《瞭望东方周刊》2008 年 9 月 23 日)。这 4 篇评论,电脑统计共 3699 字,平均每篇约 925 字。

并列＞转折/因果/递进＞时间/条件/假设＞目的/连贯/选择/解说

下面就上述排序中的各类复句，分别各举一例。

（29）马列主义、毛泽东思想是我们批判修正主义的锐利武器，也是我们论证的根据。（《实践是检验真理的唯一标准》）

（30）毫无疑问，十二大提出的宏伟目标不是空想，但也不是轻易可以实现的。（《实践是检验真理的唯一标准》）

（31）实践是不断发展的，因此作为检验真理的标准，它既具有绝对的意义，又具有相对的意义。（《实践是检验真理的唯一标准》）

（32）当时我国青少年的道德面貌，不但使年长者感到欣慰，而且使国外的朋友们为之鼓舞。（《再论雷锋》）

（33）当人们发现上当受骗之后，有的人就产生了"看穿了"的想法，认为人都是自私的，世界上没有大公无私的好人。（《再论雷锋》）

（34）只有"深入"，我们新闻工作者才能为建设有中国特色社会主义的伟大事业做出应有的贡献。（《新闻工作者要"深入"》）

（35）如果只讲按劳分配，不各尽所能，就会滋长"按酬付劳"、"向钱看"、斤斤计较的思想。（《再论雷锋》）

（36）他为少先队当校外辅导员，是为了祖国下一代健康成长。（《再论雷锋》）

（37）消灭了剥削，消灭了阶级，崭新的社会主义制度建立起来了，人与人的关系也就发生了根本的改变。（《再论雷锋》）

（38）究竟是生活在一个人人关心集体，处处充满为人民服务热情的社会里幸福，还是生活在尔虞我诈、你争我夺的环境里幸福？（《再论雷锋》）

（39）马克思主义者总是自觉地把个人融入到伟大的进步的集体事业中，向群众汲取智慧和力量，也就是在无限的为人民服务中不断使个性得到完美的发展。（《再论雷锋》）

（二）驳论性评论与复句

7篇驳论性评论中，首层形合复句共90例，其中，转折21例，约占

23.3%；并列 15 例，约占 16.7%；假设 12 例，约占 13.3%；时间 10 例，约占 11.1%；因果 10 例，约占 11.1%；递进 9 例，约占 10%；条件 8 例，约占 8.9%；目的 2 例，约占 2.2%；选择 2 例，约占 2.2%；连锁 1 例，约占 1.1%。按数量由多到少可大致排序为：

转折 > 并列/假设/时间/因果/递进/条件 > 目的/选择/连锁

下面就上述排序中的各类复句，分别各举一例。

（40）这很可能欺骗诚实的美国读者，特别是那些没有来过郑州和郑州大学的读者，但却欺骗不了任何了解事实真相的人，包括在我们这儿生活和工作过的美国人和其他外国人。（《偏见在发臭——斥詹姆斯·肯尼森》）

（41）这不是荣誉而是耻辱。（《偏见在发臭——斥詹姆斯·肯尼森》）

（42）如果肯尼森先生真正出于善意，批评和指出这些消极的东西，我们当然十分欢迎。（《偏见在发臭——斥詹姆斯·肯尼森》）

（43）大邱庄问题出来后，一时成为舆论热点，在国内外反响很大。（《前车之鉴》）

（44）据说，因为近来报刊上出现李准的名字比较多，很多读者弄不清楚。（《有感于李准改名》）

（45）美国的空军控制了全中国，并从空中拍摄了全中国战略要地的军用地图。（《别了，司徒雷登》）

（46）不论你名气和功绩多大，都没有超越宪法和法律的权力。（《前车之鉴》）

（47）事实上，肯尼森先生为了哗众取宠，在文章中已经不只是虚构或误解，而是不折不扣地造谣和无中生有地诽谤。（《偏见在发臭——斥詹姆斯·肯尼森》）

（48）朱自清一身重病，宁可饿死，不领美国的"救济粮"。（《别了，司徒雷登》）

（49）名气和功绩越大，越要学法、懂法、守法，越应该成为行为的楷模，执法的榜样。（《前车之鉴》）

(三) 阐述性评论与复句

13 篇阐述性评论中，首层形合复句共 134 例。其中，并列 41 例，约占 30.6%；递进 18 例，约占 13.4%；假设 15 例，约占 11.2%；条件 14 例，约占 10.4%；转折 14 例，约占 10.4%；因果 12 例，约占 9.0%；时间 9 例，约占 6.7%；目的 7 例，约占 5.2%；解说 1 例，约占 0.75%；连贯 1 例，约占 0.75%；选择 1 例，约占 0.75%；连锁 1 例，约占 0.75%。按数量由多到少可大致排序为：

并列 > 递进/假设/条件/转折 > 因果/时间/目的 > 解说/连贯/选择/连锁

下面就上述排序中的各类复句，分别各举一例。

(50) 农业的喜讯，给全国人民以欣慰，也为迎接党的十四大胜利召开献上一份厚礼。(《牢记农业是基础》)

(51) 不要以为农村改革已经大功告成，更不要忘记了农业的重要性。(《牢记农业是基础》)

(52) 如果这是指从一个阶级到另一个阶级的世界观的改造，那么，这样提出问题本身就是完全错误的。(《当前落实知识分子政策的关键》)

(53) 从今以后，只要不发生大规模的外敌入侵，现代化建设就是全党的中心工作。(《把全党工作的着重点转移到现代化建设上来》)

(54) 总的说来，在以调整为中心的一段时间内，改革的步骤要放慢一点，但这决不是在方向上有任何改变。(《坚定不移地继续执行三中全会的方针政策》)

(55) 北京奥运会之所以被称为"中国改革开放的新界标"，是因为它传递着今日中国走向世界的强烈愿望。(《一次崭新的扬帆启航——北京奥运会成功的启示之五》)

(56) 今年年初邓小平同志重要谈话精神传达以后，全国人民欢欣鼓舞，热情很高，干劲很大。(《牢记农业是基础》)

(57) 在新的形势下，为了巩固和加强农业这个基础，必须继续走改革之路。(《牢记农业是基础》)

(58) 90年代，我国农业面临着一个重大的变化，即从以追求产品数量增长转向以追求效益为主、高产优质高效并重。(《牢记农业是基础》)

(59) 有些同志一看见有人贴大字报，给领导提了意见，或者看到有些大字报，问题提得不大妥当，就说成是妨碍安定团结。(《把全党工作的着重点转移到现代化建设上来》)

(60) 宁可少上几个工业项目，把工业的速度放慢点，也要优先保证农业。(《把农业放首位要体现在增加投入上》)

(61) 越是发展市场经济，越要重视发展农业。(《把农业放首位要体现在增加投入上》)

（四）解释性评论与复句

6篇解释性评论中，首层形合复句共54例。其中，并列15例，约占27.8%；转折14例，约占25.9%；时间6例，约占11.1%；递进5例，约占9.3%；因果5例，约占9.3%；目的4例，约占7.4%；假设3例，约占5.6%；连贯2例，约占3.7%。按数量由多到少可大致排序为：

并列/转折＞时间＞递进/因果/目的/假设＞连贯

下面就上述排序中的各类复句，分别各举一例。

(62) 这当中，既有对微观经济活动和某些事务管得过多过细的问题，也有在宏观管理方面做得不够，需要加强的地方。(《财政困难解析》)

(63) 出现税收增长滞后于经济增长的原因是多方面的，但主要原因是税收流失。(《税收流失透视》)

(64) 当偏执发展到严重程度时，导致犯罪的概率也逐渐增大。(《"心理贫穷"的社会危害性，您知道吗？》)

(65) 共和党的总统竞选人和民主党的肯尼迪，最近纷纷指责卡特把美国经济带到"灾难的边缘"，甚至把它同一九二九年的大危机相提并论。(《卡特反通货膨胀计划和经济学界的争论》)

(66) 可正由于杨佳的偏执心理使然，报复的欲望不断膨胀，半年之后做出了令人发指的暴行。(《"心理贫穷"的社会危害性，您知道吗？》)

(67) 实行结构性改革，修订政府各种规章制度，以鼓励提高生产

率，增加储蓄与加强科研。(《卡特反通货膨胀计划和经济学界的争论》)

（68）而流转税一旦变相承包，便使税收的大头受到冲击。(《税收流失透视》)

（69）改革后的个人所得税制模式应先采用分项税制，待条件成熟，再过渡到综合税制。(《个人所得税改革走到前台》)

（五）提示性评论与复句

4篇提示性评论中，首层形合复句共21例。其中，并列7例，约占33.3%；转折5例，约占23.8%；假设5例，约占23.8%；递进1例，约占4.8%；时间1例，约占4.8%；因果1例，约占4.8%；选择1例，约占4.8%。按数量由多到少可大致排序为：

并列＞转折/假设＞递进/时间/因果/选择

下面就上述排序中的各类复句，分别各举一例。

（70）当前，既有农业改革中出现的许多新问题，又有过去未能解决好而遗留下来的老问题，也有过去曾经解决过而今天又露头的既旧又新的问题。(《一个警号》)

（71）沔阳县发生的大面积撂荒的事情，当然是个别现象，但是透过这件事反映出来的问题，却具有代表性。(《一个警号》)

（72）如果拖拖沓沓，让问题成了堆再去动手处理，那样，工作就会非常被动，并且可能使农业改革取得的成果受到损害。(《一个警号》)

（73）就建立有中国特色的社会主义现代化农业这个战略目标来说，当前的农业改革只能说仅仅是起步，在某些重要方面，甚至还没有入门。(《一个警号》)

（74）当矛盾一开始露头时，就要抓紧调查研究，善于同群众商量，及时加以解决。(《一个警号》)

（75）由于存在着"猫腻"，在法律成为摆设、监管成为"服务"的背景下，所谓的督查在某种"默契"下成为走过场的形式，专项行动对之毫无行动也就在情理之中了。(《深圳火灾"三个为什么"的推测》)

（76）是经营者目无法纪、胆大包天呢，还是经营者虽目中有法，

但以为此地之法不足畏?(《深圳火灾"三个为什么"的推测》)

综上所述,由上面五个排序可以看出,因表达方式不同而区分的新闻评论下位语篇,在复句运用上具有明显共性,同时也有一定的差异,不过共性更为显著。

共性突出表现在三个方面:

第一,除驳论性评论外,并列复句在各类新闻评论中,数量均最多;

第二,解说、连贯、选择、连锁这四类复句,如在上述各类新闻评论中出现,通常数量最少;

第三,转折、因果、递进、时间、条件、假设、目的这几类复句,在上述各类新闻评论的数量排序中通常居中。不过,对于这一共性而言,个别地方有出入,具体为:1)条件复句在解释性评论样本中没有出现;2)条件和目的复句在提示性评论样本中没有出现。提示性评论样本,语料数量欠缺,可暂不讨论。解释性评论中,条件复句没有出现,这一点可从解释性评论的定义出发予以分析。

解释性评论以新事物、新问题或重大新闻事件为论述对象,以客观的分析、解释、说明为主要论说手段(王振业、李舒,2009:161)。可见,解释性评论的讨论对象通常是已然的,讨论方式通常是客观的,即已然和客观是解释性评论的突出特点。这显然与条件复句的表义特点不符。关于这一点,还有一个辅助证明,即假设复句在解释性评论中的使用。由上文解释性评论的复句数量排序"并列/转折＞时间＞递进/因果/目的/假设＞连贯"可知,假设复句在解释性评论中也非常受限,位居倒数第二。假设复句与条件复句,在性质上比较接近,假设复句在解释性评论中使用受限,应该也是解释性评论的已然与客观的特点所致。

差异主要表现在转折复句上,在驳论性评论中,转折复句最多,而在上述其他类型的新闻评论中,并列复句最多。

由第二章可知,转折复句在论证语篇中主要有两种用途:1)表达正反对比的论证方法;2)表达正反对比的事实根据。在驳论性评论中,为了驳斥、批评某种认识、观点或者现象,在论证时往往需要兼顾肯定和否定两个方面,即通过正反对比阐明观点的论证方法更加常见。同时,驳斥性评论中的事实论据,在事理上内部包含悖逆的情形也更为普遍:

正是这种事理内部的矛盾性,使得驳论性评论有了驳斥的客观依据。

简言之,驳论性评论中转折复句数量最多,主要原因仍在于驳论性评论的篇章属性。

三　新闻评论的媒介类型与复句运用

根据媒介不同,新闻评论可分报刊新闻评论与广播电视新闻评论。广播电视新闻评论是以广播电视为媒体载体,综合运用声音、画面等手段,就新近发生的事件、重大社会问题、公众普遍关注的问题等发表意见、做出分析判断或述评的一种新闻评论的形式(郝朴宁、覃信刚主编,2013:10)。

报刊新闻评论与广播电视新闻评论,在表达内容与精神内核上是一致的,但在媒介载体与传播形式上不同。报刊新闻评论主要通过文字表达评论,而广播电视新闻评论具体又分广播新闻评论和电视新闻评论,前者主要通过声音表达评论,后者则可综合运用图像、声音、文字等多种手段表达评论。

媒介不同,信息的承载与传播方式也不同。本节旨在考察对于新闻评论而言,媒介的不同是否会影响其中的复句运用。

(一)广播新闻评论与复句运用

笔者在王振业、李舒选编《新闻评论作品选》中未经特意挑选收集广播新闻评论19篇。[①] 这19篇中首层形合复句共89例,其中,并列20

[①] 具体为:《三问中部》(中央人民广播电台2005年3月30日),《信用是本　道德为先》(中央人民广播电台2001年6月18日),《思想政治工作重在创新》(中央人民广播电台2000年7月24日),《49%大于51%的启示》(天津人民广播电台1997年12月12日),《增强名牌意识　弘扬爱国主义》(江苏经济电台1995年12月20日),《从中小学教师的呼声谈起》(中央人民广播电台1994年4月24日),《"五爱"是当前道德建设的基本要求》(中央人民广播电台1986年11月13日),《美国决定退出教科文组织说明了什么?》(中国国际广播电台1983年12月30日),《绝不允许有"特殊公民"》(中央人民广播电台1980年10月17日),《莫把"衙门"抬下乡》(湖南益阳县广播站1986年5月21日),《微笑的美》(上海人民广播电台1984年,具体播出日期原书缺),《丛飞,应是一群人》(上海人民广播电台2006年4月25日),《"沪语危机"并不是坏事》(上海人民广播电台2006年3月3日),《让"图书漂流"活动漂流文明》(上海人民广播电台2005年12月11日),《想起"雨伞道德"》(上海人民广播电台2006年4月3日),《细节里看上海》(上海人民广播电台2006年3月21日),《媒体要警惕信任危机》(上海人民广播电台2006年1月22日),《崇高与低下》(上海人民广播电台2005年12月2日),《钱学森不上名人录》(上海人民广播电台2005年11月4日)。上述19篇评论,电脑统计共15751字,平均每篇829字。

例，约占 22.5%；转折 18 例，约占 20.2%；假设 12 例，约占 13.5%；递进 10 例，约占 11.2%；因果 10 例，约占 11.2%；时间 9 例，约占 10.1%；条件 5 例，约占 5.6%；目的 2 例，约占 2.2%；连贯 1 例，约占 1.1%；解说 1 例，约占 1.1%；选择 1 例，约占 1.1%。按由多到少可大致排序如下：

并列/转折＞假设/递进/因果/时间＞条件/目的/连贯/解说/选择

下面就上述排序中的复句各举一例。

(77) 市场经济是法制经济，又是信用经济。(《信用是本 道德为先》)

(78) 据统计，目前我国每年订立合同 40 亿份左右，但履约率只有 50% 多。(《信用是本 道德为先》)

(79) 如果一个人红妆素裹，目现凶光，就会令人觉得又可怕，又讨厌了。(《微笑的美》)

(80) 名牌意识不仅仅是种思想观念，名牌不仅仅是有价的经济利益，更包含着无价的民族尊严。(《增强名牌意识 弘扬爱国主义》)

(81) 近年来，由于党中央三令五申，特权现象同过去一些年相比逐渐有所克服。(《绝不允许有"特殊公民"》)

(82) 这位领导了解情况后，果断表示鼓励和支持。(《49% 大于 51% 的启示》)

(83) 一句话，只有实现政治制度的民主化、法制化，特权问题才有可能彻底解决。(《绝不允许有"特殊公民"》)

(84) 输出牌子的目的，主要是为了控制股份和占领市场。(《增强名牌意识 弘扬爱国主义》)

(85) 我们希望以此为开端，使社会成为一个天然图书馆，最终让社会能够漂流书香、漂流知识、漂流文明。(《让"图书漂流"活动漂流文明》)

(86) 据权威人士分析，发达国家对发展中国家的经济战略有三部曲，那就是输出产品、输出资本和输出牌子。(《增强名牌意识 弘扬爱

国主义》）

（87）现阶段道德建设，究竟是围绕着社会主义的思想原则进行，还是不分阶段、不分层次地在一切人群中提倡共产主义道德标准？（《"五爱"是当前道德建设的基本要求》）

（二）电视新闻评论与复句运用

笔者在王振业、李舒《新闻评论作品选》中未经特意挑选收集电视新闻评论 7 篇。[①] 作为电视节目，电视新闻评论的表现手段要比广播新闻评论、报刊新闻评论丰富。就呈现于书面上的文字而言，电视新闻评论通常由以下几部分组成：1）主持人；2）节目嘉宾；3）解说；4）记者；5）事件相关人。其中，主持人和节目嘉宾通常是在节目现场，他们的语言属于偏正式的口语体；记者和事件相关人通常是在新闻事件现场，他们的语言属于偏随意的口语体；电视新闻评论中的解说，是事先撰写好的，虽由口语播出，但书面色彩比较明显。有些电视新闻评论在文字构成上还有引子和编后语，这里一并放入解说。

记者与事件相关人，通常是作为对话双方出现，因此下面将二者归为一类予以统计。

就笔者所调查的 7 篇电视新闻评论而言，各部分首层形合复句的使用情况如下所示。

第一，主持人。本样本中，主持人语言共 4104 字，出现首层形合复句共 25 例，具体为：转折 11 例；并列 5 例；连贯 3 例；递进 3 例；时间 1 例；假设 1 例；因果 1 例。

第二，节目嘉宾。本样本中，节目嘉宾语言共 2616 字，出现首层形合复句共 18 例，具体为：转折 12 例；时间 2 例；目的 1 例；连贯 1 例；递进 1 例；因果 1 例。

第三，解说。本样本中，解说语言共 7640 字，出现首层形合复句共

---

① 具体为：《"王啸飞燕"》（中央电视台 2006 年 5 月 1 日），《揭开医药回扣的黑幕》（中央电视台 2006 年 2 月 27 日），《海啸周年：为了纪念与希望》（中央电视台 2005 年 12 月 26 日），《欠债咋就不还钱》（黑龙江电视台 2004 年 12 月 19 日），《无影工程何以竣工》（中央电视台 2003 年 8 月 5 日），《造林还是"造字"》（湖北十堰电视台 2002 年 11 月 15 日），《寻思后府》（吉林电视台 2001 年 12 月 15 日）。

54 例，具体为：转折 14 例；并列 9 例；时间 8 例；递进 7 例；因果 7 例；连贯 3 例；目的 3 例；解说 2 例；假设 1 例。

第四，记者和事件相关人。本样本中，记者和事件相关人语言共 8834 字，出现首层形合复句共 42 例，具体为：因果 16 例；递进 7 例；并列 6 例；时间 3 例；转折 3 例；目的 2 例；条件 2 例；连贯 2 例；假设 1 例。

由上述调查结果可知，主持人、节目嘉宾、解说，这三者均以转折复句为最多，记者和事件相关人则以因果复句为最多。上述优势类型不难理解。电视新闻评论就内容组成而言，包含事实还原和事实评论两部分。记者和事件相关人主要通过语言还原新闻事实，而主持人、节目嘉宾、解说则都可对事实进行评论。还原新闻事实，必然会对新闻事件的前因后果予以说明，因此使用因果复句的机会更多；而入选电视新闻评论的新闻事件，往往引起社会较大关注、带有较大争议，对其进行评论通常需兼顾正方和反方，即使用转折复句的机会更多，因此主持人、节目嘉宾、解说这三者的语言中，转折复句数量最多。由此可见，在电视新闻评论中，各类人物有不同的角色定位，这种定位对他们的语言表达有明显影响。

下面就主持人、节目嘉宾、解说、记者和事件相关人这四者中的优势复句，各举一例。

（88）我们相信，这件事情早晚都要解决，但是早解决比晚解决好，彻底解决比留着尾巴好，因为老百姓心里有杆秤，这杆秤不能倾斜太久。（《欠债咋就不还钱》）

（89）斯里兰卡接受援助是比较多的，但是存在一个很明显的资金管理问题。（《海啸周年：为了纪念与希望》）

（90）虽然，这些年国家不断对原有政策进行着调整，但迅猛发展的医药市场早已挣脱了现有机制本身具备的控制能力。（《揭开医药回扣的黑幕》）

（91）在现实中，法院在当地还要依靠政府，所以就造成了政府对法律的这种蔑视的态度。（《欠债咋就不还钱》）

若整体统计电视新闻评论中的复句使用情况，即将上述主持人、节目嘉宾、解说、记者和事件相关人这四类情况加和，那么7篇电视新闻评论共出现首层形合复句139例，具体为：转折40例，约占28.8%；因果25例，约占18.0%；并列20例，约占14.4%；递进18例，约占12.9%；时间14例，约占10.1%；连贯9例，约占6.5%；目的6例，约占4.3%；假设3例，约占2.2%；解说2例，约占1.4%；条件2例，约占1.4%。按数量由多到少可大致排序为：

转折＞因果/并列/递进/时间＞连贯/目的/假设/解说/条件

前文对广播新闻评论中的复句使用调查，也得出一个排序，重抄如下：

并列/转折＞假设/递进/因果/时间＞条件/目的/连贯/解说/选择

将二者作对比，可以看出明显的共性。主要表现在：不同复句在上述两个排序中所处的等级绝大多数是相同的，具体为：转折复句均处第一等级，因果、递进、时间均处第二等级，连贯、目的、解说、条件、选择均处第三等级。只有并列、假设的等级排序呈现出差异：并列复句在广播新闻评论中数量最多，而在电视新闻评论中处于第二等级；假设复句在广播新闻评论中处于第二等级，而在电视新闻评论中处于第三等级。

总体而言，广播新闻评论与电视新闻评论在不同类型复句的数量等级排序上呈现出明显共性。即就笔者的初步调查看，广播与电视这种媒体的差异，对新闻评论中的复句运用并未产生明显影响。

下面，笔者将对报刊新闻评论与广播电视新闻评论再作一对比。

将本章第四节有关社论、评论员文章、专栏评论的复句调查结果合并，即是本调查报刊新闻评论样本的复句面貌。具体为：这三者中首层形合复句共281例，其中，并列68例，约占24.2%；条件47例，约占16.7%；假设44例，约占15.7%；时间38例，约占13.5%；递进30例，约占10.7%；转折22例，约占7.8%；因果12例，约占4.3%；连锁 10 例，约占 3.6%；目的 6 例，约占 2.1%；连贯 4 例，约占 1.4%；解说 0 例。按数量由多到少可大致排序为：

并列＞条件/假设/时间/递进＞转折/因果/连锁/目的/连贯/解说

将本章第四节有关广播新闻评论、电视新闻评论的复句调查结果合并，即是本调查广播电视新闻评论样本的复句面貌。具体为：这二者中首层形合复句共 228 例，其中，转折 58 例，约占 25.4%；并列 40 例，约占 17.5%；因果 35 例，约占 15.4%；递进 28 例，约占 12.3%；时间 23 例，约占 10.1%；假设 15 例，约占 6.6%；连贯 10 例，约占 4.4%；目的 8 例，约占 3.5%；条件 7 例，约占 3.1%；解说 3 例，约占 1.3%；选择 1 例，约占 0.44%。按数量由多到少可大致排序为：

转折＞并列/因果/递进/时间＞假设/连贯/目的/条件/解说/选择

对比报刊新闻评论与广播电视新闻评论两个序列可以看出，二者的共性与差异都相对突出。下面分别予以分析。

第一，报刊新闻评论与广播电视新闻评论在复句运用上的共性。

这种共性主要表现在并列、递进、时间、连贯、目的、解说、选择、连锁这几类复句上。具体而言，并列复句在上述两类新闻评论中排序均比较靠前，递进、时间在上述两类排序中均位于居中，连贯、目的、解说、选择、连锁则在上述两类排序中均数量相对较少。

在新闻评论中，从并列角度出发叙述新闻事件、评价新闻事件的情形相对常见，因此，无论是广播电视新闻评论还是报刊新闻评论，并列复句都相对较多。从并列角度出发叙述新闻事件的如例（92）（93）（94）。

（92）这种情况被有些媒体大声疾呼为"沪语危机"，也有些专家为此深感不安。（广播新闻评论《"沪语危机"并不是坏事》）

（93）医院里三金片的药价是平价药房药价的 200% 多，而老百姓常用的板蓝根和罗红霉素的价格则超过了 300%。（电视新闻评论《揭开医药回扣的黑幕》）

（94）今天是中国人民抗日战争胜利50周年纪念日，也是世界反法西斯战争胜利50周年纪念日。（报刊新闻评论《和平与正义是不可战胜的》）

从并列角度出发评价新闻事件的如例（95）（96）（97）。

（95）保护名牌，创造名牌，是物质文明和精神文明的生动体现，也是爱国主义的具体表现。（广播新闻评论《增强名牌意识 弘扬爱国主义》）

（96）看病难，看病贵的问题一直是挂在老百姓嘴边的老话题，而在医药界普遍存在的医药回扣现象，则是药价偏高的直接原因之一。（电视新闻评论《揭开医药回扣的黑幕》）

（97）我们的一切工作，都是为了人民群众的利益，也只有真心实意地依靠群众才能做好。（报刊新闻评论《满怀信心夺取新胜利》）

同理，在新闻评论中，从递进的角度出发叙述新闻事件、评价新闻事件也相对常见，但递进与并列相比，前者表义更为具体，后者表义相对宽泛，因此，无论是广播电视新闻评论还是报刊新闻评论，递进复句在数量排序中往往居中，位于并列复句之后。从递进角度出发叙述新闻事件的如例（98）（99）（100）。

（98）1974年，教科文组织曾谴责以色列改变耶路撒冷的历史面貌，并将其开除出该组织欧洲集团。（广播新闻评论《美国决定退出教科文组织说明了什么？》）

（99）根据目前掌握的情况，方机不但收受了当地某医药企业价值130万元的房产两处，而且占有了该企业49%的干股。（电视新闻评论《揭开医药回扣的黑幕》）

（100）双方同意建立两国元首定期会晤制度，并签订了一些经贸合作协议。（报刊新闻评论《中美关系发展的新阶段》）

从递进角度出发评价新闻事件的如例（101）（102）（103）。

（101）名牌意识不仅仅是种思想观念，名牌不仅仅是有价的经济利益，更包含着无价的民族尊严。（广播新闻评论《增强名牌意识 弘扬爱国主义》）

（102）这种造字运动不但违背了村民意愿，而且花费的人力财力是相当惊人的。（电视新闻评论《造林还是"造字"》）

（103）做好宣传思想工作不仅是宣传思想部门和宣传思想工作者的

任务，而且是全党特别是党的各级领导机关的任务。（报刊新闻评论《全党都要重视宣传思想工作》）

新闻评论离不开新闻事件，而在介绍新闻事件时，往往用到表示新闻事件发生时间的时间复句。正因为如此，无论是广播电视新闻评论还是报刊新闻评论，时间复句均占有一定数量，往往在数量排序中居于中间位置。分别如：

（104）这位领导了解情况后，果断表示鼓励和支持。（广播新闻评论《49%大于51%的启示》）

（105）石头标语建成后，他们村根本没上山植过树。（电视新闻评论《造林还是"造字"》）

（106）今年1月26日香港特别行政区筹委会成立后，对香港恢复行使主权的各项准备工作已进入倒计时实施的关键阶段，任务更加繁重。（报刊新闻评论《迎香港回归 创美好未来》）

最后，连贯、目的、解说、选择、连锁，这些复句在广播电视新闻评论、报刊新闻评论中数量均相对较少。这是因为这些复句的表义类型与新闻评论的论证语篇的表义需求不够契合。连贯复句多用来表示事件在时间上的先后关系，而对事件先后关系的叙述多见于叙事语篇而非论证语篇。目的复句表示行为的主观意图，解说复句表示解释、说明，选择复句表示选择关系，而连锁复句受表义与形式所限，适用范围非常有限。目的、解说、选择、连锁，这些复句与新闻评论"叙述并评论新闻事件"的表义需求不够契合。因此，这些复句在报刊新闻评论与广播电视新闻评论中均数量较少。

第二，报刊新闻评论与广播电视新闻评论在复句运用上的差异。

这种差异主要表现在两个地方：1. 转折、因果在广播电视新闻评论中相对较多，而在报刊新闻评论中相对较少；2. 条件、假设在报刊新闻评论中相对较多，而在广播电视新闻评论中相对较少。下面分别说明。

1. 转折、因果在广播电视新闻评论中相对较多，而在报刊新闻评论中相对较少。

广播电视新闻评论中，转折复句相对较多，这可能与广播电视新闻评论的选题有较大关系。为了吸引大众，有争议的、受到社会普遍关注的新闻事件更容易成为广播电视的节目选题。因为这些选题自带争议，所以在叙述和评价时用到转折复句的可能性更大。而报刊新闻评论，特别是作为本节调查样本的社论、评论员文章、专栏评论，前二者代表官方立场，以弘扬主旋律为主，内容上以正面论述为主，只有专栏评论的话题常可是有争议的事件。即总的来看，社论、评论员文章、专栏评论中，正反对比的论证方法和具有内在矛盾的事实论据相对较少，因此，这三者中转折复句也相对较少。

同时，广播电视新闻评论是视听传播，一看而过，一听而过，不像书面文字那样可以反复回味，因此对于广播电视新闻评论而言，有责任更加明确地交代出事件的前因后果，这可能是广播电视新闻评论中因果复句相对更多的原因所在。

2. 条件、假设在报刊新闻评论中相对较多，而在广播电视新闻评论中相对较少。

广播电视的受众是普通百姓，信息传递的主渠道是声音、画面，因此，所传播的内容不宜过深，也不宜过于抽象。报刊则不同。报刊的受众具有一定的文化水平和阅读能力，报刊上的文字事先经过打磨，受众在阅读时也有反复琢磨的空间，因此，与广播电视相比，报刊在表达严密的逻辑推理和抽象的信息内容方面具有优势。条件复句、假设复句是对虚拟世界的表达，这种虚拟推理的思维加工难度更大，因此更适合于报刊新闻评论。

综上所述，媒介不同，对新闻评论中的复句运用有一定影响，但总的来看，不同媒介中，新闻评论在复句运用上的共性是更为主要的事实。

下面，笔者将对新闻报道与新闻评论中的复句运用作一对比。这里以"动态消息"作为新闻报道的代表，以"社论"作为新闻评论的代表，通过对比动态消息与社论的复句运用，考察新闻报道与新闻评论在复句使用上的异同。

由本书第四章第三节可知，所考察的60则动态消息中，首层形合复句共178例，其中，时间69例，约占38.8%；并列25例，约占14.0%；因果19例，约占10.7%；递进18例，约占10.1%；转折14例，约占7.9%；目的14例，约占7.9%；连贯13例，约占7.3%；假设 3 例，约占 1.7%；条件 2 例，约占 1.1%；解说 1 例，约占 0.56%。按数量由多到少可大致排序为：

时间＞并列/因果/递进＞转折/目的/连贯＞假设/条件/解说

根据本章第二节，所考察的 50 篇社论中的首层形合复句，按数量由多到少可大致排序为：

并列＞假设/递进/条件/时间＞因果/目的/转折＞连锁/解说/连贯

对比上面两个序列可以看出，动态消息与社论在复句运用上既有相同之处，又有差异。相同之处主要表现在：递进、转折、目的、解说、连锁这几类复句在上述两个排序中所处等级相同。如递进复句，在上述两个排序中均处第二等级，其他以此类推。不同之处主要表现在时间、并列、因果、连贯、假设、条件这几类复句上，这些复句在上述排序中的位置差异体现了消息与社论的不同的篇章属性。

动态消息中时间复句最多，而社论中则并列复句最多。由此可见，动态消息是时间性凸显的语篇类型，而社论则不是。

因果、连贯两类复句在动态消息的排序中，位置更加靠前。如因果复句在动态消息排序中处于第二等级，而在社论排序中处于第三等级。连贯复句同理。因果、连贯两类复句在动态消息中数量相对较多，显然也是由动态消息的语篇属性决定的。动态消息旨在提供事件性信息，因此会相对更多地用到表达事件前因后果或者时间先后的复句类型。

假设、条件两类复句在社论的排序中，位置更加靠前。如假设复句在社论排序中处于第二等级，而在动态消息排序中处于第四等级。条件复句同理。这种差异同样是由社论与动态消息的语篇属性所造成。社论重在分析评论，动态消息重在客观叙述，因此假设、条件这些表示虚拟推理的复句类型会更多见于社论。

上面动态消息与社论在复句使用上的异同，是新闻报道与新闻评论在复句使用上异同情况的一个缩影。由上述分析可知，新闻报道与新闻评论虽都属于新闻语体，但二者在语篇类型上却有明显不同，新闻报道主要提供事实性信息，属于叙事语篇；新闻评论主要提供意见性信息，属于论证语篇。由此，二者在表达方式上明显不同：新闻报道以记叙为主要表达方式，新闻评论中的议论则是不可或缺的表达方式。动态消息与社论在复句运用上的差异，根源于二者语篇类型的不同。

第五节　本章小结

本章考察新闻评论中的复句运用，主要分析了四个问题。

第一，新闻评论的结构。

新闻评论通常包含引论、正论、结论三部分。引论主要有三种：1) 开门见山，亮明观点；2) 陈述新闻事件，为下文作铺垫；3) 凸显写作缘由。正论有五种常见结构：并列结构、递进结构、分总结构、总分结构、总分总结构。结论主要有四类：总结概括、号召鼓舞、总结概括与号召鼓舞、表达祝愿。

第二，新闻评论与复句运用。

社论中，意合复句最多，其次是单句，形合复句最少。社论中的形合复句以首层形合复句占绝对优势。社论中单重复句与多重复句均相对较多，差距不大。

社论中的复句，按数量由多到少可大致排序为：并列＞假设/递进/条件/时间＞因果/目的/转折＞连锁/解说/连贯。

一般立论文与社论，在复句运用上具有明显共性，主要表现在：1) 并列、假设在一般立论文和社论中均占数量优势；2) 因果、条件、递进在一般立论文和社论中也都相对较多；3) 解说、连锁在一般立论文和社论中均居数量劣势。

一般立论文与社论，在复句运用上也存在差异，主要表现在：1) 一般立论文中，转折复句数量第一，但社论中转折复句明显不占优势；2) 一般立论文有一定数量的连贯复句，但社论中连贯复句最少；3) 一般立论文中时间复句很少，但社论有一定数量的时间复句；4) 一般立论文中目的复句很少，但社论有一定数量的目的复句。

第三，社论的结构与复句运用。

社论不同部分按复句由多到少可排序为：正论＞结论＞引论。正论中，数量占据前两位的复句类型是并列和假设。结论中，并列和条件复句相对较多。

第四，新闻评论的下位分类与复句运用。

（一）从体裁分类看，本章考察了社论、评论员文章、专栏评论中的复句运用。

上述三类新闻评论在复句运用上具有明显共性，主要表现在：1) 并列复句在上述三类中数量均最高；2) 连锁、连贯、目的、解说在上述三类中数量均最低；3) 假设、条件、递进、转折、时间、因果在上述三类排序中位置相对居中。

（二）从表达类型的分类看，本章考察了立论性评论、驳论性评论、阐述性评论、解释性评论、提示性评论中的复句运用。

上述五者在复句运用上具有明显共性，也有一定的差异，共性更显著。

共性主要表现在：1) 除驳论性评论外，并列复句在上述新闻评论中，数量均最多；2) 解说、连贯、选择、连锁，如在上述五类中出现，通常数量最少；3) 转折、因果、递进、时间、条件、假设、目的，在上述五类的数量排序中通常居中。

差异主要表现在转折复句上。驳论性评论中转折复句最多，而在上述其他类型的新闻评论中，并列复句最多。

（三）从媒介类型的分类看，本章考察了广播新闻评论、电视新闻评论、报刊新闻评论的复句运用。

1) 广播新闻评论与电视新闻评论

二者在复句运用上呈现出明显共性。就本调查而言，未见广播与电视这种媒体差异对复句运用产生明显影响。

2) 报刊新闻评论与广播电视新闻评论

报刊新闻评论与广播电视新闻评论在复句运用上既有共性，又有差异。共性主要表现在：并列复句在上述两类排序中均比较靠前，递进、时间在上述两类排序中均位于居中,连贯、目的、解说、选择、连锁则在上述两类排序中均相对居后。差异主要表现在:转折、因果在广播电视新闻评论中相对较多,条件、假设在报刊新闻评论中相对较多。

由本调查看,媒介对新闻评论中的复句运用有一定影响,但总的来看,不同媒介的新闻评论在复句运用上的共性更突出。

结　　语

　　语篇的整体意义，不仅来自语篇的构成部分，还受制于语篇的宏观结构。语篇的宏观结构对语篇的整体意义具有决定作用。语篇类型不同，语篇的宏观结构也不同。

　　语篇的宏观结构，是语篇的全局性结构，决定了语篇的展开方式，体现了语篇的认知图示。而复句作为一种语法单位，表现的是分句与分句之间的逻辑语义联系，在篇章的结构与语义层级上属于微观层面，不过，语篇的宏观结构对于复句这种微观层面的连贯关系也有明显的制约。语篇的宏观结构也正是在包括复句在内的微观连贯的基础上，才得以建构、实现。

　　叙事语篇、论证语篇、说明语篇代表了三种语篇类型，新闻报道在语篇类型上属于叙事语篇，新闻评论在语篇类型上属于论证语篇。一般而言，叙事语篇中，连贯复句最具优势；新闻报道中，时间复句最具优势。连贯复句、时间复句，凸显的都是"时间性"，可见叙事语篇与新闻报道在复句运用上具有相似性。同时，一般而言，论证语篇中，转折复句最具优势；新闻评论中，并列复句最具优势。转折复句、并列复句，凸显的都是"逻辑性"，可见论证语篇与新闻评论在复句运用上具有相似性。

　　下面以叙述语篇、论证语篇、说明语篇为抓手，归纳语篇类型对复句运用的制约。

　　叙事语篇是故事性语篇，语篇主干凸显"时间性"；论证语篇是说服性语篇，语篇主干凸显"逻辑性"；说明语篇是解释性语篇，语篇主干凸显"条理性"。语篇类型不同，篇章属性也不同。这对其复句运用产生了明显制约，突出表现在三个方面：第一，语篇类型对复句数量的影响；第二，语篇结构对复句分布的影响；第三，语篇类型对复句及物性的影响。[①]

第一节 语篇类型对复句数量的影响

语篇类型不同，对复句的需求也不同。也可以反过来说，不同类型复句，对不同类型语篇的语义表达的契合度不同。这一点在不同类型语篇的前景部分表现得尤为突出。前景是不同类型语篇的核心和主线，最典型地呈现出不同类型语篇的篇章属性，因而语篇类型对复句运用的制约在前景中表现得尤为突出。

本书第一章第五节以幼儿故事为语料，对叙述语篇的前景复句进行了调查。根据该调查结果，可将叙事语篇前景中各类复句按由多到少的顺序排列如下：

连贯＞转折＞并列＞递进/因果＞目的/条件＞假设/选择

结合第一章第五节相关调查数据和上述排序可知，连贯复句在叙述语篇中占绝对优势。其他类型复句均相对较少，并呈现出上述序列中的等级状况。

刘云、李晋霞（2017）以初、高中议论文为语料，对论证语篇的前景复句进行了调查。由该文相关数据，可将论证语篇前景中各类复句按由多到少的顺序排列如下：

转折＞因果/顺承/假设/并列/递进＞条件/目的/选择

[①] 本章原载《对外汉语研究》2023 年第 27 期，题为《语篇宏观结构对复句运用的制约》。有改动。

结合刘云、李晋霞（2017）相关数据和上述排序可知，在论证语篇中各类复句的数量相对均衡，没有诸如叙述语篇那样在数量上占绝对优势的复句类型。相比较而言，转折复句最多。其他类型复句呈现出上述排序中的等级状况。

本书第三章第四节以初中语文教材中的说明文（或相当水平的说明文）为语料，对说明语篇前景复句的使用情况进行了调查。根据第三章第四节的数据，可将说明语篇前景中各类复句按由多到少的顺序排列如下：

因果 > 转折/假设/并列 > 时间/连贯/递进 > 条件/目的/解说/选择

结合数据和上述排序可知，说明语篇前景中各类复句的数量相对均衡，也没有出现叙事语篇中某类复句占绝对优势的情况。相比较而言，因果复句最多。

对比叙事语篇、论证语篇、说明语篇的前景复句调查结果，可以看出语篇类型对复句运用的明显影响。

叙事语篇是故事性语篇，而复句表达的是各类逻辑关系，因为复句不能很好地满足叙事语篇的表达需要，所以在叙事语篇中复句的数量一般较少。不过，连贯复句是一个例外，因为连贯复句可表达事件在时间上的先后关系，因此较好地契合了叙事语篇的"时间性"的篇章属性和表达需求。因此，在叙事语篇中，尽管普遍而言各类复句均较为少见，但连贯复句却独树一帜，占显著优势。

论证语篇是说服性语篇，凸显逻辑性。显然，复句与论证语篇的篇章属性是吻合的，因此，论证语篇中复句的种类比较丰富，数量比较均衡。同时，因为论证语篇是说服性语篇，即通过论证说服别人，因此，在论证时往往兼顾正面、反面两个方面。所以，在论证语篇中，表达正、反两个方面的转折复句，更占数量优势。

说明语篇是解释性语篇，凸显条理性。不难看出，复句与说明语篇的篇章属性也是吻合的。换言之，说明语篇与论证语篇虽然是不同的两种语篇类型，但二者都是思维富有理性、内容比较抽象的语篇类型，具有一定的相似性,[①] 与思维富有感性、内容形象具体的叙事语篇不同。也正因为说明语篇是一种解释性语篇,在表达上注重条理性,因此,在说明语篇中复句种类也比较丰富,数量也比较均衡。同时,因为说明语篇是为了向读者解释清楚一种事物或者一种事理,所以用来表达事物或事理内在因果关系的因果复句,在数量上更胜一筹。

上述内容可简要列表如下:

表6-1　　　　　　　　语篇类型对复句使用的制约

语篇类型	语篇性质	凸显特征	优势复句
叙事语篇	故事性语篇	时间性	连贯复句
论证语篇	说服性语篇	逻辑性	转折复句
说明语篇	解释性语篇	条理性	因果复句

第二节　语篇结构对复句分布的影响

由笔者的研究来看,根据形合复句这一语法指标,可将语篇分为两类:复句敏感型语篇、复句非敏感型语篇。复句敏感型语篇中,不同类型复句在数量上相对均衡,复句总量相对较大;复句非敏感型语篇中,不同类型复句在数量上并不均衡,复句总量相对较小。复句敏感型语篇中,语篇结构对复句分布有明显影响,复句非敏感型语篇中,语篇结构对复句分布没有明显影响。

就叙事语篇、论证语篇、说明语篇三者而言,叙事语篇是复句非敏感型语篇,论证语篇、说明语篇是复句敏感型语篇。[②]

叙事语篇就结构而言,可分为序幕、开端、发展、高潮、结局、尾

---

① 我国文章学有把议论文和说明文统称为"论说体"的做法,Longacre(1996)的语篇分类方案中,说明语篇包括我们常说的议论文和说明文(实用性说明文除外),这些都表明论证语篇与说明语篇具有明显的相似之处。

② 叙事语篇、论证语篇、说明语篇中,不同类型复句在数量上的均衡性及复句总量,上文已述。这里不再重复。

声六部分。由于故事情节所具有的时间性和不可预期性，不同构成部分均以连贯和转折为优势复句类型，篇章结构对复句类型未呈现出明显的选择性。

论证语篇就结构而言，可分为引论、本论、结论三部分。引论往往是在兼顾正、反两个方面的基础上点明论题、亮明观点，因此转折复句相对较多。本论中正反对比论证、虚拟论证这些论证方法比较常见，因此本论中转折和假设复句相对较多。结论多用来总结或重申观点，因此因果复句相对较多。

说明语篇就结构而言，可分为导引、点题、主体、总结、延伸五部分。总结、延伸在样本中篇幅十分有限，因此未作考察。就导引、点题、主体而言，"导引与点题"为了引起读者的兴趣，往往需要交代说明对象的奇异之处，因此转折复句相对较多；"主体"则因阐释事物或事理的需要与"对比说明"这一常见说明方法的运用，因果和转折复句相对较多。

由此可见，语篇结构对复句分布的影响，在论证语篇和说明语篇中表现明显，而在叙述语篇中没有明显表现。

第三节　语篇类型对复句及物性的影响

本书所说的及物性，指 Hopper 与 Thompson（1980）所提出的 10 项语法语义特征。这 10 项特征对小句的语法语义属性进行了比较全面的归纳，可作为复句句法语义分析的一个工具。

从篇章语法的研究来看，及物性最早运用于叙事语篇分析。不过，由于及物性是一个具有普遍适用性的研究工具，所以针对其他语篇的及物性研究也逐渐出现。由已有研究可知，叙事语篇前景呈"高及物性"，说明语篇前景呈"低及物性"（Hopper, Thompson, 1980；Longacre, Hwang, 2012：189—190）。

由 Longacre（1996）的语篇分类体系可知，叙事语篇与论证语篇、说明语篇在"事件时间序列"和"施事导向"这两个指标上的赋值呈对立格局，具体为：叙述语篇［＋事件时间序列；＋施事导向］，论证语篇/说明语篇［－事件时间序列；－施事导向］。由此可以推知，论证语篇前景也呈现出"低及物性"。

语篇类型不同，及物性表现也有所不同。语篇类型的及物性属性会制约其中复句的句法语义特征。

本书第一章第五节对叙事语篇前景复句的及物性进行了调查，结果是，叙事语篇前景复句具有"高及物性"。

本书第二章第五节对论证语篇前景复句的及物性进行了调查，结果是，论证语篇前景复句具有"低及物性"。

对比叙述语篇、论证语篇中前景复句的及物性调查结果，可以看出，叙事语篇前景具有高及物性，叙事语篇前景中的复句也呈现出高及物性；论证语篇前景具有低及物性，论证语篇前景中的复句也呈现出低及物性。即语篇的宏观及物性属性会在语篇前景中的复句这一微观的语法项目上表现出来。虽然宏观与微观之间是相辅相成的，但是若追问决定因素的话，那应该是语篇的宏观属性决定了其内部的微观的语法表现。

在分析不同类型语篇前景复句的及物性表现时，笔者感觉语篇内容的具体与抽象、语篇话题的生命度、语篇话题的通指与单指也是鉴别语篇类型、刻画复句特征的有效指标。

叙事语篇前景复句中，小句的谓语动词以具体动作动词占绝对优势，小句的主语以高生命度特征、单指特征占绝对优势。即叙述语篇前景复句具有"语义具体""生命度高""单指"这三个明显特征。

论证语篇前景复句中，小句的谓语动词在"抽象—具体"维度上没有明显的偏向性，小句的宾语以"谓词性宾语"最多，可见，前景复句在表义内容上偏向抽象。同时，论证语篇前景复句中，小句的主语在生命度特征上，略微偏向高生命度，以"通指"特征占明显优势。即论证语篇前景复句具有"语义略偏抽象""生命度略微偏高""通指"这三个明显特征。

说明语篇前景复句中，小句的谓语动词在"抽象—具体"维度上的表现受制于说明语篇的具体类型：事物说明文以"具体动作"占优势，事理说明文以"抽象动作"占优势。同时，说明语篇前景复句中，小句的主语在生命度特征上以"无生"为优势特征,在"单指—通指"特征上以"通指"为绝对优势。即说明语篇前景复句具有"语义抽象/具体""无生""通指"三个明显特征。

上述内容可简要列表如下:

表6-2　　　　　　不同类型语篇前景复句的相关语法特征

相关语法特征 前景复句	抽象—具体	生命度	单指—通指
叙事语篇前景复句	具体	高	单指
论证语篇前景复句	略偏抽象	略微偏高	通指
说明语篇前景复句	具体/抽象	无生	通指

不难看出,上述不同类型语篇前景复句在抽象—具体、生命度、单指—通指上的表现,其实是不同类型语篇在上述三个语法特征上的表现。以叙事语篇为例,叙述语篇的语义内容通常是具体的而非抽象的,叙述语篇的篇章主角通常是具有高生命度特征的人,并且这个主角在叙述语篇中是独一无二的,具有单指特征。论证语篇、说明语篇同理。由此可见,不同类型语篇前景复句的微观语法表现,仍明显受制于不同类型语篇的宏观语法特征。由此可进一步看出,语篇类型对复句运用的制约。

总之,篇章视野下的汉语复句研究是一个值得深入开掘的课题,本书只是一个开端,虽取得了一些认识,但局限性仍十分明显。我们将在今后继续思考这一问题。

参考文献

一 著作

蔡玮：《新"新闻语体"研究》，学林出版社2010年版。
曹逢甫：《主题在汉语中的功能研究——迈向语段分析的第一步》，语文出版社1998年版。
常秀英：《消息写作》，北京广播学院出版社1989年版。
常秀英：《消息写作教程》，中国广播电视出版社1995年版。
陈纪宁主编：《21世纪应用文写作大全》，内蒙古大学出版社2002年版。
陈向华、梁耀新编著：《作文的开头和结尾》，中山大学出版社1994年版。
陈信春：《单句复句划界研究》，河南大学出版社1990年版。
陈亚丽：《文章学新探——面向未来的写作技法》，科学技术文献出版社1995年版。
陈中干：《现代汉语复句研究》，语文出版社1995年版。
戴国祥编：《说明文写作知识》，河南人民出版社1983年版。
戴耀晶：《现代汉语时体系统研究》，浙江教育出版社1997年版。
丁法章：《新闻评论教程》（第4版），复旦大学出版社2008年版。
丁法章主编：《新闻评论学》（第二版），复旦大学出版社1997年版。
范荣康：《新闻评论学》，人民日报出版社1988年版。
范学望：《巧用范文教习作》，福建教育出版社2014年版。
方仁工、陈昌富编著：《议论文写作技巧》，华东师范大学出版社1992年版。
方雪琴：《新时期优秀新闻作品评析》，武汉大学出版社2010年版。
郭宏才编著：《议论文写作指导》，四川大学出版社2016年版。
郭志良：《现代汉语转折词语研究》，北京语言文化大学出版社1999

年版。

郭中：《现代汉语复句关联标记模式的类别研究》，社会科学文献出版社 2019 年版。

杭州大学中文系中国语文教研室：《写作教程》，杭州大学中文系中国语文教研室 1981 年版。

郝朴宁、覃信刚主编：《广播电视新闻评论》，重庆大学出版社 2013 年版。

黄伯荣、廖旭东主编：《现代汉语》（第 4 版），高等教育出版社 2007 年版。

姜淮超主编：《新闻评论教程》，中国政法大学出版社 2003 年版。

金梦玉主编：《新闻采访报道教程》，中国传媒大学出版社 2012 年版。

匡鹏飞：《时间词语在复句中的配对共现研究》，华中师范大学出版社 2008 年版。

蓝鸿文、马向伍编著：《新闻语言分析》，中国物资出版社 1989 年版。

黎锦熙、刘世儒：《汉语语法教材第 3 编：复式句和篇章结构》，商务印书馆 1962 年版。

黎运汉：《现代汉语语体修辞学》，广西教育出版社 1989 年版。

李晋霞：《相似复句关系词语对比研究》，中国社会科学出版社 2015 年版。

李临定：《现代汉语动词》，中国社会科学出版社 1990 年版。

李元授、白丁：《新闻语言学》，新华出版社 2001 年版。

廖雪琴、郑贵兰主编：《优秀新闻作品选读》（第二版），华中科技大学出版社 2014 年版。

蔺羡璧主编：《文章学》，南开大学出版社 1985 年版。

刘大保：《社论写作》，中国广播电视出版社 2000 年版。

陆鉴三、归瀚章主编：《作文法词典》，浙江教育出版社 1995 年版。

罗进军：《现代汉语有标复句层次关系信息化研究》，科学出版社 2021 年版。

马清华：《并列结构的自组织研究》，复旦大学出版社 2005 年版。

孟琮、郑怀德、孟庆海、蔡文兰编：《汉语动词用法词典》，商务印书馆 1999 年版。

内蒙古大学汉语系、内蒙古师范学院中文系编：《消息和通讯》，吉林人民出版社 1980 年版。

彭杰编著：《议论文的写作方法与技巧》，山西人民出版社1989年版。
邵敬敏主编：《现代汉语通论》，上海教育出版社2001年版。
沈爱国：《消息写作学》，浙江大学出版社1996年版。
孙移山主编：《文章学》，档案出版社1986年版。
孙智华、于黎冰、胡畔主编：《实用新闻写作教程》，吉林大学出版社2012年版。
王德春、陈瑞端：《语体学》，广西教育出版社2000年版。
王维贤、张学成、卢曼云、程怀友：《现代汉语复句新解》，华东师范大学出版社1994年版。
王序良编著：《说明文写法指导》，教育科学出版社1993年版。
王振业、李舒：《新闻评论写作教程》（修订二版），中国广播电视出版社2009年版。
王作昌主编：《写作考试概要》，辽宁大学出版社1989年版。
吴道文：《议论文写作技巧》，汕头大学出版社1999年版。
吴为章编著：《句群与表达》，中国物资出版社1988年版。
席嘉：《近代汉语连词》，中国社会科学出版社2010年版。
肖鸿波编著：《新闻评论学》，复旦大学出版社2013年版。
肖任飞：《现代汉语因果复句优先序列研究》，中国社会科学出版社2010年版。
邢福义：《汉语复句研究》，商务印书馆2001年版。
徐秋英、霍焕民：《说明文写作技巧》，中国青年出版社1994年版。
徐阳春：《现代汉语复句句式研究》，中国社会科学出版社2002年版。
许立群：《从"单复句"到"流水句"》，学林出版社2018年版。
杨金兰：《新约古希腊语教程》，四川大学出版社2010年版。
杨荫浒主编：《文章结构论》，吉林文史出版社1990年版。
姚双云：《复句关系标记的搭配研究》，华中师范大学出版社2008年版。
姚双云：《自然口语中的关联标记研究》，中国社会科学出版社2012年版。
姚双云：《关联标记的语体差异性研究》，世界图书出版有限公司北京分公司2017年版。
袁晖、李熙宗主编：《汉语语体概论》，商务印书馆2005年版。

张玉川：《新闻评论学》，四川大学出版社 2011 年版。

赵恩芳、唐雪凝：《现代汉语复句研究》，山东教育出版社 1998 年版。

周刚：《连词与相关问题》，安徽教育出版社 2002 年版。

周静：《现代汉语递进范畴研究》，北京广播学院出版社 2007 年版。

朱斌主编：《复句研究评论集》（上、下），汕头大学出版社 2018 年版。

［荷］托伊恩·A. 梵·迪克：《作为话语的新闻》，曾庆香译，华夏出版社 2003 年版。

［美］屈承熹：《汉语篇章语法》，潘文国等译，北京语言大学出版社 2006 年版。

Biber and Douglas, *Variation across Speech and Writing*, Cambridge: Cambridge University Press, 1988.

Eve Sweetser, *From Etymology to Pragmatics: Metaphorical and Cultural Aspects of Semantic Structure*, Cambridge: Cambridge University Press, 1990.

Fauconnier, G., *Mental Spaces: Aspects of Meaning Construction in Natural Language*, Cambridge: Cambridge University Press, 1994.

Givón, T., *Syntax: a Functional-Typological Introduction*, Vol. II, Amsterdam: John Benjamins, 1990.

Grimes, Joseph E., *The Thread of Discourse*, The Hague: Mouton, 1975.

Hopper, Paul J. and Elizabeth C. Traugott, *Grammaticalization*, Cambridge: Cambridge University Press, 2003.

Hyland, Ken, *Metadiscourse*, 外语教学与研究出版社 2008 年版。

Longacre, Robert E., *The Grammar of Discourse*, New York: Plenum, 1996.

Longacre, Robert E. and Shin Ja J. Hwang, *Holistic Discourse Analysis*, Dallas, Texas: SIL International, 2012.

Schiffrin, Deborah, *Discourse Markers*, Cambridge: Cambridge University Press, 1987.

Stein, D. and S. Wright, *Subjectivity and Subjectivisation*, Cambridge: Cambridge University Press, 1995.

W. Croft, *Radical Construction Grammar: Syntactic Theory in Typological Perspective*, Oxford: Oxford University Press, 2001.

二　论文

陈平：《释汉语中与名词性成分相关的四组概念》，《中国语文》1987 年第 2 期。

储泽祥、陶伏平：《汉语因果复句的关联标记模式与"联系项居中原则"》，《中国语文》2008 年第 5 期。

范步淹：《新闻叙事学刍议》，《新闻前哨》2000 年第 12 期。

方梅：《自然口语中弱化连词的话语标记功能》，《中国语文》2000 年第 5 期。

方梅：《篇章语法与汉语篇章语法研究》，《中国社会科学》2005 年第 6 期。

贺阳：《汉语主从复句的语序变化与印欧语言的影响》，《长江学术》2008 年第 4 期。

李晋霞：《叙事语篇的"前景—背景"与动词的若干语法特征》，《汉语学习》2017 年第 4 期。

李晋霞：《从篇章角度看复句与句群的差异》，《汉语学报》2020 年第 1 期。

李晋霞：《试论"副词性小句是话题"》，《语文研究》2022 年第 4 期。

李晋霞、刘云：《"由于"与"既然"的主观性差异》，《中国语文》2004 年第 2 期。

李晋霞、刘云：《复句类型的演变》，《汉语学习》2007 年第 2 期。

李晋霞、刘云：《论汉语复句分类的形式特征》，《语文研究》2017 年第 3 期。

李晋霞、刘云：《叙事语篇与论证语篇的体貌差异》，《当代修辞学》2018 年第 2 期。

廖秋忠：《篇章中的论证结构》，《语言教学与研究》1988 年第 1 期。

刘云：《复句关系词语离析度考察》，《语言教学与研究》2008 年第 6 期。

刘云：《复句自动分析的目标和意义》，《宁夏大学学报》2009 年第 3 期。

刘云、李晋霞：《论证语篇的"前景—背景"与汉语复句的使用》，《华中师范大学学报》2017 年第 4 期。

马庆株：《自主动词和非自主动词》，《中国语言学报》1988 年第 3 期。

邵敬敏：《建立以语义特征为标志的汉语复句教学新系统刍议》，《世界汉语教学》2007 年第 4 期。

沈家煊：《"有界"与"无界"》，《中国语文》1995 年第 5 期。

沈家煊：《复句三域"行、知、言"》，《中国语文》2003 年第 3 期。

沈家煊：《"零句"和"流水句"——为赵元任先生诞辰 120 周年而作》，《中国语文》2012 年第 5 期。

史有为：《从指称—陈述与典型性看单复句及其接口》，《语言科学》2022 年第 4 期。

苏宏元：《新闻文体的基本特征》，《江苏社会科学》1999 年第 1 期。

孙良明：《历代注释书句法逻辑语义关系分析——兼说汉语语法单复句区分自身存在的"破绽"和建立"并列语法结构"》，《山东师范大学学报》（人文社会科学版）2010 年第 1 期。

陶红印：《操作语体中动词论元结构的实现及语用原则》，《中国语文》2007 年第 1 期。

徐晶凝：《如何在流水句中划定句子的边界——兼谈单句、复句、句群的划分问题》，《语言教学与研究》2023 年第 4 期。

张伯江：《以语法解释为目的的语体研究》，《当代修辞学》2016 年第 6 期。

张寿康：《说明文略说》，《中学语文教学》1979 年第 1 期。

朱庆祥：《从序列事件语篇看"了$_1$"的隐现规律》，《中国语文》2014 年第 2 期。

Biber and Douglas, "A typology of English texts", *Linguistics*, Vol. 27, No. 1, January 1989, pp. 3–44.

Dry, Helen Aristar, "Foregrounding: an assessment", In S. J. J. Hwang and W. R. Merrifield (eds.), *Language in Context: Essays for Robert E. Longacre*, Arlington: SIL and University of Texas, 1992, pp. 435–450.

Hopper, Paul J., "Aspect and foregrounding in discourse", In Talmy Givón (ed.), *Syntax and Semantics: Discourse and Syntax*, New York: Academic Press, 1979, pp. 211–241.

Hopper, Paul J. and Sandra A. Thompson, "Transitivity in grammar and discourse", *Language*, Vol. 56, No. 2, June 1980, pp. 251-299.

Mann, W. C. and Thompson, S. A., "Rhetorical structure theory: toward a functional theory of text organization", *Text*, Vol. 8, No. 3, August 1988, pp. 243-281.

附录一

复句关系词语

下列复句关系词语主要依据邢福义《汉语复句研究》,黄伯荣、廖旭东《现代汉语》和邵敬敏《现代汉语通论》。

并列:既……又(也)……,又……又……,有时……有时……,一方面……(另)一方面,一边……一边……,一会儿……一会儿……,不是……而是……,是……不是……,也,又,同时,同样,另外;

连贯(顺承):刚……(就)……,一……(就)……,首先(起先,先),然后,后来,后(之后),接着,接下来,跟着,继而,于是,终于,最后,结果,便,就,又,其次,再次,一是,二是,三是;

选择:是……还是……,不是……就是……,要么……要么……,要不……要不……,与其……不如……,宁可(宁肯、宁愿)……也不……,或(者),或(是),还不如,倒不如;

递进:不但(不仅)……而且(还)……,不但……反而……,尚且……何况(更不用说)……,别说(不要说)……连(就是)……,而且,并且,并,尚且,何况,况且,甚至,更,以至,甚至于,更何况;

条件:只要……(就)……,只有……(才)……,无论(不论,不管,任凭)……都……,就,才,(要)不然,否则;

假设:如果(假如,倘若,若是,若,要是,万一,一旦)……那么(就)……,即使(就是,就算,纵使,纵然,哪怕)……也……,那(么),就,则,的话;

因果：因为（由于）……所以（因此，因而，以致）……，之所以……是因为……，既然……那么（就）……，因为，由于，是因为，是由于，所以，因此，因而，以致，致使，从而，以至于，可见；

目的：以，以便，以求，用以，借以，好，为了，为的是，以免，免得，省得，以防；

转折：虽然（虽是，虽说，虽，尽管，固然）……但是（但，可是，然而，却）……，虽然，但（是），然而，可（是），却，只是，不过，相反，反之。

附录二

主要语料来源

蔡生光、周承义编著：《说明文读写知识》，山东教育出版社1988年版。

陈纪宁主编：《21世纪应用文写作大全》，内蒙古大学出版社2002年版。

大理日报社编：《大理日报丛书：1982—2012获奖新闻作品选》，云南大学出版社2014年版。

高星云主编：《出彩好作文·高中生议论文论点论据论证大全》，湖南教育出版社2016年版。

郭虹：《初中生作文能力培养与课堂教学设计》，中南大学出版社2016年版。

郭宏才编著：《议论文写作指导》，四川大学出版社2016年版。

何宝民主编、朱荫柱选评：《千字说明文选读》，海燕出版社1986年版。

胡子贵、陈留顺、李荣吉编著：《晨钟暮鼓·百篇获奖新闻作品赏析》，陕西人民出版社1998年版。

金贤编：《初中生记叙文》，百花文艺出版社2005年版。

蓝雪涛主编：《中外经典诵读诗文集锦》，电子科技大学出版社2017年版。

黎明、于辰文编选：《中国民间故事》，中国少年儿童出版社1994年版。

李未熟、高池主编：《新闻通讯员实务》，武汉大学出版社2014年版。

刘根主编：《塔里木报获奖新闻作品》，新疆人民出版社2004年版。

刘青文主编：《高中生议论文精华》，北京教育出版社2013年版。

刘珍珍、胡卉、刘金路等编：《初中生分类作文全辅导（7年级）》，重庆出版社2014年版。

刘再平编著：《议论文法门》，西安交通大学出版社2014年版。

齐峰主编：《说明文精选精评》，陕西师范大学出版社1993年版。

瑞雅编著：《宝贝最爱听的睡前好故事·棒棒糖卷》，上海科学普及出版社2014年版。

瑞雅编著：《宝贝最爱听的睡前好故事·泡泡糖卷》，上海科学普及出版社2014年版。

时雁行、赵育民主编：《怎样阅读说明文》，农村读物出版社1986年版。

史亚田主编：《高中生作文综合训练》，东北师范大学出版社1996年版。

孙智华、于黎冰、胡畔主编：《实用新闻写作教程》，吉林大学出版社2012年版。

王剑冰、翟秀海主编：《金榜作文·议论文》，东北师范大学出版社1998年版。

王建军主编：《创新作文训练系列（高中）》，武汉大学出版社2001年版。

王序良编著：《说明文写法指导》，教育科学出版社1993年版。

王学东：《让作文教学更有效——王学东写作教学手记》，西南师范大学出版社2013年版。

王振业、李舒选编：《新闻评论作品选》，中国广播电视出版社2007年版。

吴爱麟主编：《议论大全》，延边人民出版社1999年版。

肖海峰、吴鸿基、徐令宣、李顺谟选编：《说明文选读》，湖北少年儿童出版社1985年版。

许中田主编：《人民日报社论选：1978.12—1998.10》，人民日报出版社 1998 年版。

严介生、王乃钧编著：《消息精品选评》，中国广播电视出版社 1996 年版。

严喜长等编写：《怎样写说明文》，华夏出版社 2000 年版。

阳泉日报主编：《阳泉日报获奖新闻作品选》，中国社会出版社 2008 年版。

余良丽主编：《中学生作文一本全》（精编版），北京工业大学出版社 2015 年版。

余良丽主编：《中学生分类作文一本全》，北京工业大学出版社 2015 年版。

张寿康、田增科编著：《说明文选读》，河南人民出版社 1991 年版。

张小龙编著：《申论 80 分经典范文 100 篇》，教育科学出版社 2011 年版。

中考命题研究小组编著：《一本必胜：中考记叙文课外阅读》，青岛出版社 2009 年版。

钟添贵主编：《现代实用文写作大全》，远方出版社 2002 年版。

周文涛主编：《高中生满分作文 1000 篇》，湖南教育出版社 2013 年版。

后　　记

　　复句是汉语语法研究的重要内容之一，国内外的相关研究成果均比较丰富。复句由若干分句构成，在一定程度上具有语篇的性质，同时复句存在于语篇之中，是语篇的产物。因此，从篇章切入是汉语复句研究一个比较适宜的路径。我们尝试从语篇类型和语篇结构出发，综合运用篇章语法、功能语法和文章学等理论与方法，动态地分析语篇对复句的制约，以期较为精细地刻画复句在实际语篇中的使用规律。

　　我们的学术训练始于华中师范大学，华中师范大学的邢福义先生一辈子以复句为学术根据地，受邢先生影响，我们也一直关注复句，研究复句。先后在《中国语文》《当代语言学》《世界汉语教学》《语言科学》《语言研究》《语言教学与研究》《汉语学报》《语文研究》《当代修辞学》《汉语学习》等刊物上发表50余篇有关复句研究的论文。先后主持过多个与复句有关的项目，刘云主持的有：（1）2005年度教育部人文社科项目"面向中文信息处理的汉语复句研究"（项目编号：05JC740040）；（2）2008年霍英东教育基金会第十一届高等院校青年教师基金项目"汉语复句的自动分析及其应用"（项目编号：111097）；（3）2015年度教育部人文社科项目"篇章视野下的汉语复句研究"（项目编号：15YJA740029）；（4）2016年度教育部人文社会科学重点研究基地重大项目"基于小句中枢理论的有标复句层次关系自动识别研究"（项目编号：16JJD740013）；（5）2019年度国家社会科学基金项目"汉语复句与语篇类型的选择关系研究"（项目编号：19BYY011）。李晋霞主持的有：（1）2004年度国家社会科学基金项目"复句关系词语的语法化与主观化"（项目编号：04CYY010）；（2）2010年度国家社会科学基金项目"相似复句关系词语对比研究"（项目编号：10BYY065）；（3）2019年度教育部人文社科项目"汉语故事的篇章语法研究"（项目编号：10BYY065）；(4) 2019 年度国家社科基金后期资助项目"汉语叙事语篇的篇章结构与句法功能研究"（项目编号：19FYYB034）。这其中有复句的本体研究（包括共时研究、历时研究），有复句的信息处理研究，有复句的篇章特征研究。我们始终把复句作为一个学术根据地，以跑马拉松的精神，持续不断地深挖这个富矿。

本书部分章节，曾以单篇论文的形式在学术期刊上发表，书中已注明，具体内容在统稿时又有些许增删，如造成不便还请诸位方家、师友谅解。由于本书是合作研究的成果，加上篇章视野下的汉语复句研究值得深入开掘的课题很多，我们的思考只是阶段性的，研究还不深入，局限和不当之处在所难免，敬请批评指正。

本书的出版得到华中师范大学文学院中国语言文学一流学科建设经费的资助。

感谢责任编辑的辛勤付出。